음울한 무협지
황제에게 잡혀간 소녀

노후 불안 일본에서 답을 찾다

초고령사회
일본에서 찾은
시니어케어
비즈니스 리포트

나미선 지음

매일경제신문사

들어가며

불안은 어떻게 기회가 되었을까

퇴직 후 몇 년 동안 수입은 없고 저축만 줄어드는 시간을 상상해본 적이 있습니까?

병원비 청구서가 두려워지고, 하루 종일 말 한마디 하지 않은 채 저녁을 맞이하는 날들이 이어지는 모습 말입니다.

노후가 두려운 이유는 어쩌면 단순합니다. 아직 제대로 알지 못하기 때문입니다.

2025년, 한국은 전체 인구 중 65세 이상 고령자가 20%를 넘어서며 초고령사회에 들어섰습니다. 불과 10년 뒤인 2035년에는 그 비율이 30%에 이를 것으로 전망됩니다. 일본이 같은 수준에 도달하는 데 20년이 걸렸던 것을 감안하면, 우리는 절반의 시간 만에 같은 길을 걷고 있는 셈입니다.

세계에서 가장 먼저 초고령사회를 경험한 일본은 기존의 방식만으로는 늘어나는 고령 인구를 감당하기 어렵다는 현실과 마주했습니다. 가족이 맡던 돌봄은 더 이상 유지되기 힘들었고, 연금 재정은 한계에 부딪혔으며, 고립과 외로움 같은 정서적 문제도 사회 전반으로 확산되었습니다. 그러나 일본은 이 상황을 단순한 위기로만 두지 않았습니다. 불안을 해결하려는 시도들이 새로운 산업으로 발전한 것입니다.

돌봄은 가족의 몫에서 사회 전체가 함께 책임지는 서비스로 바뀌었고, 연금에 의존하던 노후 대비는 금융·자산운용·민간연금으로 다각화되었습니다. 또한 고립과 외로움은 커뮤니티·정서 케어·디지털 플랫폼 같은 새로운 서비스로 이어지며 시장을 만들었습니다. 처음에는 불안을 덜기 위해 시작된 서비스들이 시간이 지나며 사회적 인프라가 되고, 결국 하나의 산업으로 자리 잡은 것입니다.

저는 애널리스트로서 늘 인구 구조의 변화가 사회와 산업의 지형을 어떻게 바꾸는지에 주목해왔습니다. 일본을 연구하면서 고령화가 단순히 복지 차원의 문제가 아니라, 금융·주거·돌봄·인간관계 전반을 뒤흔드는 구조적 전환임을 확인했습니다. 지난 3년 동안 저는 일본의 시니어 금융, 주거, 돌봄 산업을 다룬 심화 리서치 보고서를 매년 발간하며, 시니어를 돌봄의 대상이 아닌, 새로운 고객이자 시장의 주체로 바라보는 다양한 시도들을 꾸준히 살펴왔습니다. 치매 대응 금융 서비스, 프레일 예방 프로그램, 종활(終活) 산업, 정서적 케어 플랫폼 등은 그 과정에서 마주한 일본의 변화된 모습이었습니다.

이 책은 바로 그 연구의 연장선에 있습니다. 보고서를 읽은 한 출판사 편집장이 제게 이렇게 말했습니다. "이 내용을 한 권의 책으로 정리해 한국 독자들에게 전달해보면 어떨까요?" 그 한마디가

이 책의 시작이 되었습니다.

이 책에서 이야기하는 것들

이 책은 시니어케어를 단순한 복지나 돌봄의 문제로 바라보지 않습니다. 누구나 노년에 마주하게 되는 세 가지 불안—건강, 경제(돈), 고독(외로움)을 중심으로 이를 어떻게 산업적 기회로 바꿀 수 있는지를 다룹니다.

1장 '일본이 앞서 겪은 노후 불안의 세 가지 키워드'에서는 일본의 통계와 실제 사례를 바탕으로 건강·경제·고독이 어떻게 노년기의 핵심 불안으로 자리 잡았는지를 보여줍니다.

2장부터 4장까지는 불안을 기회로 바꾼 일본의 해법을 다룹니다. 정부 정책과 지자체의 실험, 기업의 혁신, 지역사회의 협력, 개인의 자조적 실천까지 일본이 축적해온 다양한 해결 전략을 구체적으로 정리했습니다.

5장 '초고령사회 일본은 마지막 10년을 어떻게 준비했을까'에서는 80세 이후 본격적으로 시작되는 돌봄·요양 단계부터 종활(終活) 문화까지, 생애 마지막 여정을 존엄하게 준비하기 위한 실질적 방법을 제시합니다.

6장 '초고령사회 일본에서 찾는 시니어 비즈니스의 길'에서는 단순한 생계형 창업이 아닌, 초고령사회라는 구조적 변화 속에서 열리는 새로운 시장과 창업 아이디어를 제시합니다.

이 책은 이런 분들을 위해 쓰였습니다

- 이미 시니어 세대에 들어섰거나 곧 노후를 맞이할 예비 시니어
- 부모님의 돌봄과 생활 지원을 고민하는 가족
- 초고령사회 정책을 기획하는 연구자와 행정가
- 시니어 산업에서 새로운 기회를 찾는 기업과 창업자
- 은퇴 이후 제2의 무대를 꿈꾸는 모든 사람

노후 불안은 누구에게나 다가옵니다. 그러나 그 불안의 상당수는 아직 경험해보지 못했기 때문에, 그리고 충분히 알지 못하기 때문에 생겨나는 것입니다. 일본이라는 선행 사례를 통해 우리는 다가올 현실을 미리 확인하고, 지금부터 준비할 수 있습니다.

고령사회는 피할 수 없는 흐름입니다. 하지만 준비된 사람과 그렇지 않은 사람의 노후는 전혀 다른 길로 나아갑니다. 이 책이 독자 여러분이 불안을 넘어, 존엄하고 단단한 노후로 나아가는 든든한 출발점이 되기를 바랍니다.

2025년 11월
나미선

목차

들어가며 불안은 어떻게 기회가 되었을까 4

1장

일본이 앞서 겪은 노후 불안의 세 가지 키워드:
건강, 돈, 외로움

초고령사회 속, 일본 시니어들의 일상은 어떻게 달라졌나 14
노후 3대 불안, 피할 수 없는 그림자 28

2장

건강에 대한 불안, 일본은 어떻게 극복했을까:
건강 불안을 기회로 바꾸다

잃어버린 활력을 되찾기 위한 건강 돌봄의 여정 40
건강 불안을 기회로 바꾼 일본의 실천들 68

3장

노후 파산의 불안, 일본은 어떻게 극복했을까:
경제 불안을 기회로 바꾸다

일의 의미를 다시 찾고, 노후를 다시 설계하다 96
공공과 민간이 함께 만든 노후 경제 해법 106
기업과 시장이 만들어낸 노후 생존 전략 120
노후 파산의 불안을 이겨내는 개인의 실천 전략 178

4장

노후 고독의 불안, 일본은 어떻게 극복했을까: 관계 불안을 기회로 바꾸다

단절을 다시 회복하여 함께하는 삶으로　192
고독 불안을 기회로 만든 일본의 극복 솔루션　198

5장

초고령사회 일본은 마지막 10년을 어떻게 준비했을까

80세 이후, 어떻게 살아갈 것인가　220
초고령기의 시작: 살던 곳에서 계속되는 돌봄　224
본격 요양기: 시설과 가족을 잇는 돌봄 생태계　239
생애 말기: 종활(終活)과 삶의 마무리 설계　259
기술로 확장되는 요양, 케어테크의 미래　274

6장

초고령사회 일본에서 찾는
시니어 비즈니스의 길

100세 시대, 새로운 시장과 기회가 열린다 286

시니어를 이해하는 네 가지 렌즈로 고객을 다시 정의하다 290

일본 시니어 비즈니스 25년의 발자취 304

한국은 지금 어디에 서 있는가 311

네 가지 키워드로 시니어 비즈니스의 기회를 찾다 317

일본 사례가 보여주는 시니어 비즈니스의 7가지 포인트 327

90일 안에 그려보는 시니어 비즈니스 스케치 340

영감 노트: 한국형 시니어 비즈니스 아이디어 350

감사의 글   363
참고문헌   364

1장

일본이 앞서 겪은
노후 불안의 세 가지 키워드

: 건강·돈·외로움

초고령사회 속,
일본 시니어들의 일상은
어떻게 달라졌나

2025년 일본 노년의 모습을 들여다보다

2005년, 일본은 65세 이상 인구 비율이 20%를 넘어서며 본격적인 초고령사회에 진입했다. 마치 거대한 고래가 천천히 심해로 잠수하듯 일본 사회는 지난 20년 동안 묵직하면서도 꾸준한 변화를 겪어왔다.

2025년 현재, 길거리에서 흰머리의 노인들을 마주치는 일은 더 이상 낯선 풍경이 아니다. 그러나 그들의 삶의 모습은 20년 전 우리가 상상했던 노인의 모습과는 사뭇 다르다. 활력 넘치는 액티브 시니어에서부터 일상적인 돌봄이 절실한 케어 시니어에 이르기까지 일본 시니어들의 자화상은 훨씬 다층적이고 입체적인 모습으로 자리 잡았다.

2005년 당시 초고령사회 진입은 일본 사회 전체에 큰 경고음처럼 다가왔다. 단카이 세대(일본의 1차 베이비붐 세대)의 대규모 은퇴로 인한 '2007년 문제'는 노동력 감소와 연금 재정 악화를 우려하게 만들었다. 당시의 시니어들은 은퇴 후 집에서 조용히 여생을 보내거나 가족의 보살핌을 받는 수동적 존재로 여겨지는 경우가 많았다.

하지만 지금은 상황이 달라졌다. 단카이 세대를 중심으로 한 시니어들은 오히려 기존의 통념을 깨고 사회의 전면에 등장하고 있다. 가장 눈에 띄는 변화는 액티브 시니어의 부상이다. 건강 수명이 늘어나고 사회 참여 의식이 높아지면서, 은퇴 후에도 왕성하게 활동하는 시니어들이 크게 늘어난 것이다. 여행과 스포츠, 봉사와 학습, 심지어 스마트폰과 SNS를 활용한 디지털 소통까지 일상화되며 인생은 70부터라는 말이 실감 나게 되었다.

이 변화는 긍정적인 흐름이기도 하다. 2005년만 해도 휴대전화조차 낯설었던 노인들이 이제는 스마트폰으로 검색과 쇼핑, SNS를 통해 친구들과 소통을 자유롭게 하고 있다. 디지털 기술을 능숙하게 다루며 세상과 이어지는 모습은 20년 전에는 상상하기 힘들었던 풍경이다.

그러나 밝은 면만 있는 것은 아니다. 초고령사회가 깊어질수록 그늘도 짙어졌다. 특히 75세 이상 후기 고령자의 급증으로 치매, 거동 불편, 만성질환 등으로 인해 타인의 도움이 필요한 이들이 크게 늘어나고 있다. 핵가족화와 부양 능력의 약화로 가족만의 돌봄은 한계에 부딪혔고, 사회적 돌봄 시스템과 전문 간병 서비스 확충이 필수 과제로 떠올랐다.

이를 해결하기 위해 일본 사회는 지난 20년간 다양한 해법을 모색해 왔다. 고령자 고용 촉진 정책으로 액티브 시니어의 사회 참여를 독려하고, 연금과 의료 제도를 개혁해 지속 가능한 사회 보장 체계를 구축하려는 노력이 이어졌다. 또한 AI·로봇 기술을 활용한 돌봄 시스템과 지역포괄케어시스템(커뮤니티 케어)을 통해 의료, 요양, 생활 지원을 지역 단위에서 통합적으로 제공하려는 시도도 꾸준히 진행되고 있다.

2025년 일본의 자화상은 빛과 그림자가 공존하는 초고령사회라 할 수 있다. 활기찬 인생 2막을 열어가는 액티브 시니어들은 고령화 사회가 지닌 가능성을 보여주지만, 동시에 늘어나는 케어 시니어와 그들을 위한 사회적 지원의 과제는 여전히 무겁게 남아 있다. 지난 20년의 시행착오와 경험은 값진 자산이 되었지만, 앞으로 더욱 깊어질 초고령화의 파도 앞에서 일본 사회는 한층 더 지혜롭고 유연한 대응을 요구받고 있다.

20년 후, 일본 사회의 풍경은 또 어떻게 달라져 있을까? 지금 우리가 마주한 장면은 그 긴 여정의 중간 지점일지도 모른다.

액티브 시니어부터 케어 시니어까지

2025년 일본 열도는 상징적인 전환점을 맞이하고 있다. 한때 베이비 붐이라는 거대한 흐름 속에서 일본 경제 성장을 이끌었던 단카이 세대가 모두 만 75세를 맞이하며 본격적인 후기고령기에 진입한 것이다. 그러나 75세라는 동일한 나이로 묶였다고 해서 이들의 삶이 모두 같지는 않다. 여전히 건강을 유지하며 사회활동이나 여가를 적극적으로 즐기는 액티브 시니어가 있는 반면 일상적인 보살핌과 요양이 필요한 케어 시니어도 적지 않다.

이처럼 노인이라는 하나의 단어로는 담아낼 수 없는 다양한 욕구와 생활 방식을 지닌 고령층의 존재는 초고령사회 일본이 직면한 복합적인 현실을 그대로 보여준다. 한 세대 안에서 자립과 돌봄, 활동과 의존이 공존하는 모습은 마치 한 편의 인간 드라마를 보는 것 같다.

일본의 단카이 세대와 한국의 베이비붐 세대

일본 시니어 변화의 흐름을 이야기할 때 빼놓을 수 없는 거대한 존재가 바로 단카이 세대(団塊の世代)다. 이들은 제2차 세계대전 직후인 1947년부터 1949년 사이에 태어난 1차 베이비붐 세대로 일본 사회의 경제 성장과 함께 격동의 시대를 온몸으로 겪어왔다.

마치 거대한 태풍의 눈처럼 일본 사회의 인구 구조에서 묵직한 존재감을 드러내는 이들의 은퇴는 사회 전반에 걸쳐 거대한 파장을 일으켰다. 한때 'Made in Japan'의 신화를 써 내려가며 일본 경제의 심장이었던 단카이 세대는 은퇴 후에도 식지 않는 열정으로 제2의 인생을 개척하는 액티브 시니어라는 새로운 바람을 불어넣는가 하면, 젊은 세대에게는 값진 경험과 지식을 아낌없이 나누어 주며 끈끈한 세대 간의 유대감을 형성하기도 했다.

하지만 세월의 흐름 속에서 건강상의 어려움을 겪거나 배우자와 사별하는 등 개인적인 변화를 맞이하며 이전과는 다른 형태의 지원과 관심을 필요로 하는 시니어들도 늘어나고 있다.

한때 일본 사회의 빛나는 주역이었던 단카이 세대가 겪는 이러한 다층적인 변화는 우리가 무심코 사용하는 노인이라는 단어가 얼마나 많은 개인의 이야기를 담고 있는지 여실히 보여준다. 흔히 시니어 혹은 노인이라는 단어로 뭉뚱그려 표현하지만 그들은 결코 획일적인 집단이 아닌, 각자의 고유한 삶의 궤적과 현재의 상황에 따라 다채로운 모습으로 존재하는 독립적인 주체들이다.

이러한 일본의 단카이 세대의 모습은 우리의 1차 베이비붐 세대와도 많이 닮아 있다. 1955년부터 1963년 사이에 태어나 한국 사회의 압축 성장을 이끌었던 그들 역시 2020년대 이후 본격적인 고령층으로 진입하며 일본과 같은 비슷한 사회적 변화와 과제를 마주하고 있기 때문이다. 활발한 사회 활동을 이어가는 액티브 시니어의 모습과 점차 커져가는 돌봄의 필요성은 일본의 단카이 세대의 삶을 반영하는 하나의 거울처럼 다가온다.

액티브 시니어부터 케어 시니어까지 그들의 삶의 방식과 가치관, 사회적 역할은 천차만별이다. 마치 같은 나이테를 가진 나무라도 저마다 다른 모양으로 자라듯 일본의 시니어들은 각자의 개성과 경험을 바탕으로 다채로운 삶의 풍경을 만들어가고 있다.

단카이 세대가 만든 새로운 노후 라이프 스타일

지난 20여 년 동안 일본 사회는 단카이 세대의 고령화와 함께 커다란 변화를 겪어왔다. 그 변화는 인구 구조를 넘어 산업, 소비,

문화, 가치관 전반으로 확장되었다. 단카이 세대는 고령사회의 새로운 기준을 만든 주역이자 변화를 이끌어온 세대였다. 이들의 등장은 시니어 산업을 성장시켰을 뿐 아니라 고령자를 돌봄의 대상으로만 바라보던 시각을 바꾸어 적극적인 소비자이자 사회의 중요한 경제 주체로 자리매김하게 했다.

무엇보다 이 세대는 노인은 조용히 살아야 한다는 통념을 깨고 액티브 시니어라는 새로운 라이프스타일을 확산시켰다. 은퇴 후에도 여행과 스포츠를 즐기고 스마트폰과 SNS를 쓰며 지역 커뮤니티와 봉사에 참여하는 모습이 일상이 되었다. 그 결과 실버 이코노미(Silver Economy)라는 큰 시장이 열렸다.

대표 사례가 일본의 철도 기업 JR 동일본의 오토나노 큐지츠 클럽(大人の休日倶楽部, 어른의 휴일 클럽)이다. 2005년에 선보인 이 프로그램은 만 50세 이상의 시니어를 대상으로 한 특별한 철도 여행 멤버십이다. 이 상품은 단순한 이동 수단을 넘어 숙박 할인, 지역 관광 정보 제공 등 시니어 세대의 여행 패턴과 니즈를 세심하게 반영하여 20년이 지난 지금까지도 큰 호응을 얻고 있다. 편안하고 여유로운 여행을 추구하는 시니어들의 마음을 정확히 파고든 결과, 어른의 휴일 클럽은 JR 동일본의 효자 상품으로 자리매김하며 고령층이 적극적인 소비 주체임을 입증했다.

2005년 동일한 시기에 일본에서 사업을 시작한 여성 전용 피트니스 체인 커브스 재팬(Curves Japan)의 성장 또한 간과할 수 없다. 50대에서 70대 여성이라는 명확한 타깃층을 설정한 커브스는 현재 전국에 약 2,060개(2025년 8월 말)의 피트니스 센터를 성공적으로 운영하며 시니어 여성들의 뜨거운 지지를 얻고 있다.

커브스의 성공 비결은 3M(No man, No makeup, No mirror)이라는 독특한 콘셉트에서 찾을 수 있다. 기존 피트니스 센터 이용에 불편함을 느꼈던 중장년 여성들의 니즈를 정확히 파악하고 이를 해소하는 데 집중한 결과다. 남성과의 불편한 공존, 땀 냄새에 대한 불쾌감, 부담스러운 월 이용료, 그리고 운동하는 자신의 모습에 대한 어색함 등 시니어 여성들이 토로하는 솔직한 어려움들을 남성 회원 없음(No man), 화장할 필요 없음(No makeup), 거울 없음(No mirror)이라는 세 가지 차별화된 전략으로 해결한 것이다.

모든 운동 프로그램이 30분 이내에 완료되도록 설계해 샤워 시설 등의 부대시설을 최소화하고, 합리적인 이용 요금을 제시함으로써 중장년 시니어 여성들의 문턱을 낮춘 점도 효과적이었다. 격렬한 운동보다는 근력 강화와 건강 증진에 초점을 맞춘 커브스의 맞춤형 운동 프로그램은 건강 관리에 대한 높은 관심을 가진 시니어 여성들의 니즈와 정확히 부합하며 현재까지도 꾸준한 호응을 얻고 있다. 커브스의 성공 사례는 시니어 여성들이 건강과 자기 관리에 대한 관심을 바탕으로 자신에게 꼭 필요한 서비스에는 기꺼이 소비를 하는 적극적인 소비자임을 보여준다.

2005년 일본이 초고령사회에 진입한 시점을 기점으로 시니어 시장을 겨냥해 발 빠르게 사업을 전개한 JR 동일본과 커브스 재팬은 지난 20년간 꾸준히 고령층의 선택을 받아왔다. 이처럼 시니어 시프트(Senior Shift, 고령세대 중심으로 제품·서비스를 재편하는 전략)에 성공한 기업들의 사례는 고령 인구가 단순한 복지 수혜 대상이 아니라,

시장과 경제를 이끄는 핵심 주체로 전환될 수 있음을 분명히 보여준다.

그러나 2025년 단카이 세대가 모두 75세를 넘기면서 흐름은 새로운 국면으로 들어섰다. 건강 문제와 기능 저하가 현실 과제가 되며 시니어 산업의 중심축은 여가와 소비 중심에서 점차 케어 중심으로 이동하고 있다.

이에 따라 헬스케어 로봇, 치매 예방 프로그램, 스마트홈 기반 고령자 모니터링 시스템, 시니어 전용 주거시설 등 돌봄 중심의 시니어 산업이 빠르게 성장하고 있으며, 이는 초고령사회의 다음 단계에 대응하기 위한 핵심 분야로 주목받고 있다.

대표적으로 1990년대 후반부터 신사업의 일환으로 시니어 시장에 진출한 파나소닉(Panasonic)은 2010년대에 들어 단순한 가전제품을 넘어 시니어 전용 주택에 거주하는 고령층의 안전과 편의를 높이기 위한 케어 기술 기반 솔루션을 본격적으로 선보이며, B2B(기업 간 거래) 시장 확대에 박차를 가하고 있다. 이 솔루션은 센서와 인공지능(AI)을 융합해 낙상 감지, 응급 상황 알림, 생활 패턴 분석 등을 가능하게 하며 고령자들이 보다 안전하고 독립적인 생활을 영위할 수 있도록 지원한다.

사물인터넷(IoT) 기술을 활용한 고령자 모니터링 분야에서는 2015년에 설립된 Z-Works가 주목받고 있다. 동사의 케어 지원 시스템 LiveConnect®는 다양한 센서를 통해 요양시설 거주자들의 생체 신호, 활동량, 수면 패턴 등을 실시간으로 모니터링하여 간병 인력에게 필요한 정보를 제공하며 긴급 상황 발생 시 신속하게 대응할 수 있도록 돕는다. 이를 통해 돌봄 서비스의 효율성과 안전성을 획기적으로 높이고 있다.

위생용품 분야에서는 아시아 시장 점유율 1위를 자랑하는 유니참(Unicharm)이 고령자용 위생용품 및 간병케어 제품 시장을 선도하고 있다. 유니참은 흡수력과 착용감을 개선한 성인용 기저귀, 요실금 팬티 등 위생용품뿐 아니라, 돌봄 편의성을 높이는 보조 용품과 피부 관리 제품군까지 지속적으로 확장하며 고령층의 삶의 질 향상에 기여하고 있다. 2018년에는 인공지능(AI)을 활용한 성인용 기저귀 추천 서비스인 성인용 기저귀 NAVI를 출시해 365일 24시간 이용자가 최적의 제품을 선택할 수 있도록 AI 챗봇 기반의 지원 서비스를 제공하고 있다.

돌봄 요양 서비스 시장에서는 보험회사 계열사인 솜포 케어(SOMPO Care)와 교육기업 산하의 베넷세 스타일 케어(Benesse Style Care)가 시장을 선도하는 주요 기업으로 자리 잡고 있다. 이들은 단순한 요양시설 운영을 넘어 가정 방문 요양 서비스, 의료기관과의 연계를 강화한 간병 플랫폼 구축 등 고령층의 다양한 니즈에 대응하는 맞춤형 서비스를 제공하며 시장을 이끌고 있다. 특히 ICT(정보통신기술)를 적극 도입해 서비스 품질을 높이고 있으며, 시설 입소 대기자 관리 시스템, 가족과의 실시간 소통 채널 확대 등 이용자 편의성 제고에도 힘쓰고 있다.

2023년 기준, 일본인의 평균수명은 남성 81.1세, 여성 87.1세다. 그러나 질병이나 장애 없이 자립적인 생활이 가능한 건강수명은 남성 72.6세, 여성 75.5세로 평균수명보다 각각 8~12년 짧다.

이는 많은 단카이 세대가 이미 건강수명을 넘어선 상태이며, 실질적인 지원과 돌봄이 필요한 단계에 접어들었음을 말해준다. 실제로 2024년 7월 기준, 일본 내 75세 이상 인구 약 1,890만 명 가운데 35%에 해당하는 665만 명이 일상에서 일정 수준의 지원이 필요한 상태로 파악되고 있다.

이에 따라 이들의 소비 패턴도 뚜렷하게 변화하고 있다. 건강 문제로 자연스럽게 외출은 줄고 의료·요양 지출은 늘며, 자산관리·상속 준비에 대한 관심이 커지고, 소비는 보수적으로 변화하고 있다. 이는 그동안 단카이 세대의 높은 소비력을 기반으로 성장해온 고가 소비재, 여행, 레저 시장 등이 향후 위축될 가능성을 시사한다.

이러한 흐름 속에서 이제는 시니어 산업의 다음 주역으로 주목해야 할 세대가 등장하고 있다. 그 중심에는 일본의 2차 베이비붐 세대, 즉 단카이 주니어 세대(1971~74년생)가 있다. 이들은 화려한 고도성장기를 배경으로 성장한 단카이 세대와는 전혀 다른 시대를 살아왔다. 1991년 버블 경제 붕괴 이후의 장기 불황, 취업 빙하기, 비정규직 확산 등 불안정한 경제 환경을 경험하며 성장한 단카이 주니어 세대는 단카이 세대와는 확연히 다른 소비 성향과 가치관을 지닌다.

고소득·고소비를 추구했던 선배 세대와 달리 이들은 가성비를 중시하는 소비 태도를 보이며, 무조건적인 고가 브랜드보다는 합리적인 가격대의 실용적인 제품을 선호한다. 실제로 이들은 일본의 로컬 브랜드인 무인양품(MUJI), 니토리(NITORI)와 같이 가격 대비

품질이 뛰어난 브랜드에 높은 신뢰를 보이고 있다.

동시에 이 세대는 디지털 기기에 익숙하고 활용 능력도 높다. 인터넷과 모바일 환경에 자연스럽게 적응한 이들은 온라인 기반 서비스나 개인 맞춤형 소비에 대해 적극적인 태도를 보인다. 예컨대 유튜브나 SNS를 통해 건강 정보를 능동적으로 탐색하고 필요에 따라 온라인 약국(한국은 온라인 약국이 법으로 금지되어 있음)이나 건강기능식품의 정기 배송 서비스를 편리하게 이용하는 모습도 관찰된다.

이처럼 단카이 주니어 세대의 등장은 시니어 산업의 미래 방향을 새롭게 설정할 중요한 계기를 제공해준다. 과거에는 고소득 액티브 시니어를 겨냥한 프리미엄 전략이 중심이었다면, 이제는 디지털 기술을 활용해 다양한 수요를 세분화하고 각자의 필요에 맞는 선택형 맞춤 서비스 모델로의 전환이 요구된다.

예를 들어 건강 관리에 관심이 많은 시니어에게는 온라인 건강 코칭이나 식단 관리 서비스만을 제공하고, 외출이 어려운 사람에게는 원격 진료와 약 배송 서비스만을 결합해 제공하는 방식이다. 이렇게 하면 이용자는 자신에게 꼭 필요한 서비스만 골라 사용할 수 있어 불필요한 비용을 줄일 수 있다. 서비스 제공자 입장에서도 모든 서비스를 직접 운영하기보다, 핵심 기능에 집중하거나 외부 전문 업체와 협업함으로써 효율적으로 서비스를 운영할 수 있다.

이처럼 디지털 기술을 접목한 맞춤형 서비스는 운영 비용을 줄이면서도 개인화된 경험을 제공할 수 있어 이용자 만족도와 서비스 충성도(재이용률)를 함께 높일 수 있다. 결과적으로 이러한 방식은 가격 대비 높은 효용(가성비)을 제공하면서도 동시에 장기적으로 지속 가능한 비즈니스 모델이 될 수 있다.

앞으로 시니어 산업의 경쟁력을 높이기 위해서는 넥스트 시니어의 소비 성향과 디지털 활용 능력을 정확히 읽고 설계에 반영하는 것이 무엇보다 중요하다.

일본 단카이 세대가 고령사회 1막의 표준을 만들었다면, 단카이 주니어는 2막의 방향을 가리키고 있다.

한국 시니어 시장, 단카이 세대가 남긴 좌표

2025년, 일본의 단카이 세대가 모두 75세를 넘기며 본격적인 후기 고령기에 들어섰다. 같은 시기 한국의 1차 베이비붐 세대(1955~63년생)는 이제 막 액티브 시니어로서 시장의 전면에 나서고 있다. 시차는 있지만 두 나라가 마주한 흐름에는 닮은 점이 많다. 일본이 2000년대 초반 여행·건강·금융 분야를 중심으로 시니어 소비가 크게 확산된 것처럼 한국에서도 비슷한 국면이 펼쳐질 가능성이 높다.

한국 베이비붐 세대의 가장 큰 특징은 디지털 친숙도다. 스마트폰과 온라인 서비스 사용이 이미 생활 속에 깊이 자리 잡고 있어, 오프라인 위주의 일괄 패키지보다는 개인화된 온라인 서비스가 빠르게 자리 잡을 토대가 마련돼 있다. 여행, 레저, 건강 관리, 자기계발 등 다양한 영역에서 적극적인 라이프스타일을 추구하는 수요는 당분간 시장을 이끌어가는 중요한 축이 될 것이다.

그러나 간과할 수 없는 차이가 있다. 바로 고령화의 속도다. 한국은 일본보다 두 배 가까이 빠르게 고령화가 진행되고 있다. 일본이 20여 년에 걸쳐 경험한 변화를 한국은 불과 10년 남짓한 시간 안에 준비해야 한다. 우리에게 주어진 골든타임이 길지 않다는 점에서 지금의 선택과 준비가 그만큼 중요하다.

일본의 사례는 한 가지 중요한 교훈을 준다. 액티브 시니어가 후기 고령기로 전환하는 시점에는 의료, 요양, 돌봄 등 케어 산업에 대한 수요가 급격히 늘어난다는 것이다. 한국도 이 흐름을 피할 수 없다. 오히려 더 짧은 시간 안에 같은 과정을 겪을 가능성이 크다. 따라서 지금은 액티브 시니어 중심의 시장을 육성하되, 동시에 중장기적으로는 질 높은 케어 시스템을 선제적으로 구축하고 관련 산업에 전략적 투자를 병행하는 것이 필요하다.

앞으로의 한국 시니어 시장은 크게 두 축으로 나뉘며 다층화될 가능성이 높다. 하나는 경험과 여유를 소비로 연결하는 액티브 시니어 축이고, 다른 하나는 건강·일상지원·주거안전을 중시하는 케어 시니어 축이다. 기업과 정책은 이 두 축을 각각 다른 욕구와 가격대, 서비스 방식에 맞추어 설계해야 한다. 예를 들어 액티브 시니어에게는 구독형 건강 코칭, 맞춤 여행, 디지털 금융 교육 같은 선택형 모듈 서비스가 적합하다면, 케어 시니어에게는 재택 돌봄 연계, 생활 안전 리모델링, 방문형 건강 관리 서비스처럼 안정성과 지속성이 핵심인 모델이 필요하다.

일본의 단카이 세대 경험은 정답이라기보다 하나의 좌표에 가깝다. 무엇을 그대로 받아들이고, 무엇을 한국적 맥락에 맞게 바꿀지는 우리의 선택이다. 중요한 것은 한국의 인구 구조, 주거 형태,

디지털 인프라에 맞는 현지화와 실행력이다. 향후 10년이 한국 시니어 시장의 방향을 결정하는 시간이 될 것이며 준비된 쪽이 기회를 먼저 잡을 수 있다.

노후 3대 불안,
피할 수 없는 그림자

인생의 황혼기, 길어진 수명은 분명 축복이다. 하지만 그 이면에는 짙은 불안의 그림자도 함께 드리워져 있다. 건강, 경제, 고독. 흔히 노후 3대 불안이라 불리는 이 숙제는 누구에게도 예외 없이 찾아오는 현실적인 고민이다.

먼저 초고령사회에 들어선 일본의 시니어들은 지난 20여 년 동안 이 불안과 마주하며 다양한 경험을 축적해 왔다. 각종 통계와 조사 결과는 그들의 불안감을 객관적으로 보여주지만, 이 이야기가 어찌 일본만의 풍경이겠는가? 조금 앞서 노년기를 걸어간 그들의 경험은 우리에게도 깊은 공감을 불러일으키며 미래를 준비하는 데 소중한 지침이 될 수 있다.

무엇보다 건강, 경제, 고독은 따로 존재하는 문제가 아니다. 건강이 나빠지면 의료비 부담이 커지고, 경제 활동이 위축되며, 이는 다시 사회적 관계 단절로 이어진다. 반대로 경제적 어려움은 외부 활동을 가로막아 고립을 심화시키고, 고독은 정신 건강을 해치며 다시 신체적 악화와 경제적 곤란을 불러오는 악순환을 만든다. 세 가지 불안이 서로 얽혀 있는 복합적인 구조인 셈이다. 이제 일본의 시니어들이 마주한 그 불안의 현장을 하나씩 살펴보자.

건강 불안 – 살아 있는 것과 건강하게 사는 것

일본 사회에서 시니어들이 느끼는 불안의 핵심은 살아 있는 것과 건강하게 사는 것 사이의 간극이다. 분명 수명은 길어졌지만 그 시간이 과연 존엄을 지키며 스스로 살아갈 수 있는 시간일까? 많은 고령자들이 일상 속에서 이 질문을 떠올린다.

의료 기술이 눈부시게 발전했음에도 건강 불안은 오히려 커졌다. 2022년 후생노동성 조사를 보면 65세 이상 고령자의 절반에 가까운 48.9%가 현재 자신의 건강에 불안을 느낀다고 답했다. 10년 전인 2012년(41.7%)보다 뚜렷하게 늘어난 수치다. 기대수명이 늘어나는 만큼 건강수명과의 간극도 길어지고 있는 것이다.

실제로 일본인의 평균 기대수명은 남성 81세, 여성 87세로 세계 최고 수준이지만, 질병이나 장애 없이 자립적으로 생활할 수 있는 건강수명은 남성 72.6세, 여성 75.5세에 그친다. 남성은 8년 이상, 여성은 11년 이상을 돌봄이 필요한 상태로 지내야 할 가능성이 있다는 뜻이다.

여기에 다병증(多病症) 문제도 크다. 고혈압, 당뇨병, 관절 질환 등 만성질환이 나이 들어 하나씩 늘어나는 것이 아니라 동시에 복합적으로 겹쳐 나타나는 경우가 많다. 이로 인해 단순히 건강이 나빠지는 차원을 넘어 삶의 질 전반이 크게 흔들리게 된다.

경제적 부담도 무겁다. 75세 이상 고령자의 연간 의료비는 1인당 평균 96만 5천 엔으로, 75세 미만의 약 4배에 달한다. 전체 의료비 중 40% 가까이가 75세 이상 고령자에게 쓰이고 있다는 사실은 개인과 사회 모두에게 상당한 압박으로 다가온다.

돌봄 수요의 급증 역시 불안을 키운다. 일본은 2000년 개호보험제도(한국의 노인장기요양보험)를 도입해 사회적으로 돌봄을 분담하기 시작했지만, 요개호(일상생활에 타인의 도움이 필요한 상태) 인정자는 2000년 256만 명에서 2023년 717만 명으로 3배 가까이 늘어났다. 특히 1인 또는 부부만으로 사는 고령가구가 많아지면서 필요한 돌봄을 제때 받지 못하는 경우가 점점 늘고 있다.

더 큰 문제는 돌봄을 제공하는 사람조차 고령자인 경우가 많다는 점이다. 노인이 노인을 돌보는 이른바 노노개호(老老介護)는 이제 특별한 사례가 아니다. 2022년 기준으로 돌보는 사람과 돌봄을 받는 사람 모두 65세 이상인 경우가 63.5%를 넘었고, 양쪽이 모두 75세 이상인 경우도 35.7%에 달했다. 간병을 하는 쪽 역시 취약한 상황에 놓여 있어 자신의 건강 악화, 정서적 고립, 경제적 압박을 동시에 겪을 가능성이 크다.

치매에 대한 두려움도 뚜렷하다. 닛세이기초연구소는 2040년이면 65세 이상 고령자의 절반 가까운 46.3%가 치매 또는 경도인지장애를 겪을 수 있다고 전망한다. 이미 2020년 기준 치매 환자는 964만 명, 2070년에는 2,800만 명을 넘을 것으로 예측된다. 치매는 단순히 기억력을 잃는 것이 아니라 일상 기능을 무너뜨리며, 가족에게 심리적·경제적 부담을 안긴다. 존엄하게 나이 들고 싶다는 인간의 근본적 바람마저 흔들릴 수 있는 문제다.

이처럼 일본의 시니어들이 마주하는 건강 불안은 단순한 통계가 아니라 현실 속의 체감이다. 기대수명과 건강수명 사이의 간극, 만성질환의 누적, 늘어나는 의료비와 돌봄 수요, 치매의 공포까지. 그저 오래 사는 것과 건강하게 사는 것 사이의 간극은 갈수록 커지고 있으며, 이는 고령자가 가장 크게 체감하는 불안의 그림자다.

경제 불안 – 여전히 먼 돈 걱정 없는 노후

노년기의 경제적 불안은 삶의 가장 근본적인 기반을 흔드는 요소다. 특히 100세 시대가 현실이 된 일본 사회에서는 얼마나 더 살게 될지 모른다는 불확실성이 곧 얼마나 더 많은 돈이 필요할지 모른다는 두려움으로 이어진다. 이는 단순히 생존의 문제가 아니라 존엄과 품위를 지키며 살아가고자 하는 욕구와 직결된다.

2019년 일본 금융청 보고서는 이러한 불안을 상징적으로 드러낸 사건이었다. 보고서는 평균적인 고령 부부가 은퇴 후 20~30년 동안 안정적으로 생활하기 위해서는 공적 연금 외에 약 2,000만 엔(약 2억 원)의 추가 자산이 필요하다고 지적했다. 이른바 '노후 2,000만 엔 문제'로 불린 이 보고서는 사회적 파장을 불러일으켰고 노후는 더 이상 국가가 책임져주지 않는다는 인식이 전국적으로 확산되는 계기가 되었다.

시니어들의 불안은 조사 결과에서도 선명히 드러난다. 2022년 일본 생명보험문화센터가 실시한 조사에서 60대 응답자의 70% 이상이 노후 자금에 대한 불안을 토로했으며, 주요 이유로는 예상보다 긴 수명에서 비롯되는 장수 리스크, 의료비와 요양비 증가, 그리고 공적 연금만으로는 부족한 생활비가 꼽혔다. 장수 자체가 리스크로 인식되는 현실은 일본 고령자들의 불안을 더욱 크게 한다.

이러한 구조적 불안은 노동시장 참여로 이어지고 있다. 2023년 기준 65~69세 고령자의 절반(51%), 70~74세의 3분의 1 이상인 33.5%가 여전히 일하고 있다. 단순한 소일거리라기보다는 연금만으로는 부족한 생활비를 보완하기 위한 생계형 노동의 성격이 짙다.

연금 제도의 틀은 비교적 안정적으로 보일 수 있다. 일본은 국민연금(기초연금)과 회사원·공무원·사립학교 교직원 등 조직에 소속된 근로자가 가입하는 후생연금이라는 2층 구조를 갖추고 있지만, 문제는 얼마나 받느냐에 있다. 국민연금만 수령하는 경우 월평균 5만 6천 엔, 후생연금을 포함하더라도 약 14만 7천 엔 수준이다. 반면 고령 부부 무직 가구의 월평균 지출은 25만 엔을 넘는다. 이 격차는 구조적으로 연금만으로는 기본적인 생활을 유지하기 어렵다는 현실을 보여준다.

여기에 장수 리스크는 불확실성을 더욱 키운다. 젊은 시절 아무리 저축을 해두었더라도 기대수명을 초과하는 장수는 결국 자산 고갈로 이어질 수밖에 없다. 60세 이상 1인 가구의 약 30%가 저축액 100만 엔 미만이라는 통계는 노후의 안정성이 개인의 자산 준비 수준에 크게 좌우된다는 사실을 드러낸다.

예기치 못한 지출은 또 다른 위험이다. 갑작스러운 입원, 장기 요양, 배우자의 간병, 집 수리, 자녀의 경제적 지원 요청 등은 노후 자산을 급격히 줄이는 요인으로 작용한다. 특히 75세 이상 고령 인구가 늘면서 돌봄 서비스 수요가 급증하고 있는데, 이는 매달 수십만 엔의 추가 지출을 불러온다. 공적 장기요양보험이 마련되어 있지만 본인 부담금과 시설 입소 비용 등은 여전히 개인에게 큰 부담이다.

자녀 세대에 기대기 어려운 현실도 시니어들의 불안을 가중시킨다. 자녀와 동거하는 비율은 꾸준히 줄고 있으며, 전체 고령가구의 70%는 1인 또는 부부 단독 가구다. 성인 자녀 역시 경제적으로 여유롭지 못한 경우가 많아, 노후는 결국 스스로 책임져야 한다는 인식이 뿌리내리고 있다.

노후 2,000만 엔이라는 상징적 기준은 여전히 회자되지만, 물가상승과 생활양식 변화로 그 기준은 이미 현실과 괴리되고 있다. 최근 민간 연구기관들은 인플레이션을 반영해 부부 기준 최소 1,200만 엔에서 최대 4,000만 엔까지 필요한 자산 규모를 제시하고 있다. 노후 자금은 하나의 정답으로 고정되기보다 각자의 소비 성향과 생활 방식에 따라 달라질 수밖에 없는 것이다.

결국 일본 시니어들의 경제 현실은 단순한 숫자나 기준으로 설명되지 않는다. 긴 수명, 불충분한 연금, 예측 불가능한 의료비와 간병비, 줄어드는 가족 지원이라는 복합적인 요인들이 얽히면서 돈 걱정 없는 노후는 여전히 많은 이들에게 멀게만 느껴지는 목표다. 많은 이들이 은퇴 후에도 일터에 서야 하고, 불시에 찾아오는 지출에 대비해야 하며, 스스로 책임지는 노후 설계를 감당해야 하는 시대. 경제적 불안은 이제 일본 시니어들의 삶을 지배하는 가장 현실적인 그림자가 되고 있다.

일본 고령자 연금 수령액 vs. 소비지출 (2023년 기준)

항목	내용	금액 (원화 환산)	비고
공적 연금 수급액	국민연금만 수령 시	56,000엔 (약 53만원)	후생노동성 (2023년도 통계)
	후생연금 포함 시	147,000엔 (약 139만원)	
고령 가구 소비	고령 부부 무직 가구	258,600엔 (244만원)	총무성 통계국 (2023년 가계조사)
월간 적자 규모	공적 연금만으로 충당할 수 없는 생활비 격차	111,600엔 (약 105만원)	후생연금포함 수급액-월지출액
노후 자금 필요 추정	은퇴 후 20~30년간 필요한 노후 자금	2,000만엔 (약 1억 9천만원)	금융청 (2019년)
	최소한의 생활을 위한 자산	1,200만엔 (약 1억 1,340만원)	다이이치생명 경제연구소 (2024년)
	풍요로운 노후를 위한 자산	4,000만엔 (약 3억 8천만원)	

100엔=945원 적용

고독 불안 – 줄어드는 관계, 늘어나는 외로움

건강 불안과 경제적 불안에 이어, 일본 시니어들이 직면한 또 하나의 깊은 과제는 고독이다. 오래 사는 것이 당연해진 시대이지만 인간관계는 오히려 점점 줄어들고 혼자라는 감각은 더 짙어지고 있다. 가족, 이웃, 직장이라는 전통적 관계망이 해체되면서 많은 고령자들이 외로움 속에 방치되고 있으며, 이는 단순한 정서 문제가 아니라 삶의 질을 떨어뜨리고 사회 전체의 활력까지 갉아먹는 구조적 문제로 번지고 있다.

숫자만 보아도 고독의 현실은 뚜렷하다. 2022년 기준, 일본의 고령자 가구는 약 1,720만 가구에 이르며, 그중 1인 가구는 762만 가구로 전체의 30% 가까이를 차지한다. 1980년과 비교하면 무려 7배 증가한 수치다. 이는 고령자들이 독립적으로 살아가려는 욕구가 반영된 결과이기도 하지만 동시에 사회적 고립의 위험이 커졌음을 의미한다.

고령자 스스로도 이런 고립을 분명히 체감한다. 60세 이상 응답자의 약 20%가 '자주 혹은 가끔 고독을 느낀다'고 답했으며, 80세 이상에서는 그 비율이 4명 중 1명 수준까지 높아진다. 친구나 이웃과 매일 연락한다고 응답한 이들은 20%에 불과해, 일상적인 교류조차 보편적이지 않은 현실을 보여준다.

이러한 단절은 감정적인 불편에 그치지 않는다. 사회적 연결망이 없는 고령자는 그렇지 않은 이들에 비해 사망 위험이 높고 의료비 지출도 두 배 이상 많다는 분석이 있다. 사람과의 관계는 단순한 위안이 아니라 생명과 건강을 지탱하는 필수 조건임을 시사한다.

그 극단적인 결말이 바로 고독사다. 2022년 도쿄에서만 1년간 5,000명 이상이 고독사로 추정되는 상황에서 이 중 절반 이상이 60세 이상 고령자였다. 고독사는 단순히 혼자 죽는 것이 아니라 오랜 시간 사회적 관계가 끊긴 상태에서 찾아오는 비극적 결말이다.

이 문제의 뿌리는 개인이 아닌 사회 구조에 있다. 자녀와 동거하는 고령자 비율은 꾸준히 줄어 현재 고령가구의 70%가 1인 또는 부부 단독 가구다. 가족 형태 변화는 정서적 기반을 약화시키고 외로움에 대한 노출 가능성을 높인다. 지역 커뮤니티의 해체도 큰 원인이다. 과거에는 자연스러운 이웃 교류가 일상이었지만 도시화와 핵가족화가 진행되면서 같은 동네에 살아도 얼굴을 모르는 경우가 많아졌다.

정년퇴직은 고령자에게 또 하나의 전환점이다. 특히 남성의 경우 직장을 중심으로 사회적 관계를 유지해왔기에 퇴직과 함께 사회적 역할을 잃고 급격히 관계가 끊기기도 한다. 여기에 디지털 격차는 또 다른 장벽이 된다. 사회가 빠르게 온라인으로 전환되는 과정에서 스마트폰이나 인터넷 사용이 익숙하지 않은 고령자들은 정보와 교류에서 소외되고 사회적 연결의 기회를 잃기 쉽다. 건강상의 제약 역시 문제다. 거동이 불편하거나 만성질환을 가진 고령자는 외출 자체가 어렵고 그만큼 타인과 만날 기회도 줄어든다. 이는 곧 우울감과 인지 저하로 이어지며 고독의 악순환을 심화시킨다.

따라서 고독 불안은 단순한 외로움의 문제가 아니다. 가족 구조의 변화, 지역 공동체의 약화, 디지털 격차, 건강 문제 등 복합적인 요인이 얽혀 나타나는 사회적 현상이다. 이는 고령자 개인만의 문제가 아니라, 우리 모두가 함께 풀어야 할 시대적 과제로 바라봐야 한다.

이처럼 나이가 들수록 누구나 직면하게 되는 불안은 크게 세 가지로 요약된다. 건강, 경제, 그리고 고독이다. 오래 사는 시대의 축복 뒤에는 이 세 가지 불안이 복잡하게 얽혀 있으며 이는 시니어의 삶을 근본부터 흔들고 있다. 일본의 경험은 이 불안이 어떻게 현실 속에서 드러나는지를 보여주며 동시에 우리에게도 깊은 성찰을 요구한다.

2장

건강에 대한 불안, 일본은 어떻게 극복했을까

: 건강 불안을 기회로 바꾸다

잃어버린 활력을 되찾기 위한
건강 돌봄의 여정

간병은 더 이상 가족만의 책임이 아니다

오랫동안 일본 사회에서 간병은 가족의 몫으로 여겨져 왔다. 병든 부모를 자식이 돌보는 것은 당연한 도리였고 특히 며느리가 시부모를 보살피는 일은 하나의 문화적 관습처럼 받아들여졌다. 이처럼 간병은 공적 제도나 사회적 지원보다는 가족 내부에서 조용히 감내해야 할 사적 책임으로 인식되어 왔다.

그러나 1990년대 들어 일본 사회의 고령화가 급속히 진행되면서 이러한 전통적 간병 모델은 심각한 균열을 맞이하게 된다. 고령 인구는 빠르게 증가했지만 이들을 돌볼 수 있는 가족의 수는 점차 줄어들었다. 핵가족화가 보편화되면서 부모와 자녀가 별도의 가구로 살아가는 경우가 많아졌고 여성의 사회 진출이 확대되면서 가정 내에서 돌봄을 전담할 수 있는 가족의 시간이 줄어들었다. 누군가는 돌봐야 하지만 그 누군가가 더 이상 가족일 수 없는 상황이 일상화되기 시작한 것이다.

무엇보다도 고령자 자신도 더 이상 수동적인 보호 대상이 아니라 가능한 한 오랫동안 익숙한 지역사회에서 자립적으로 살아가길 원하게 되었다.

이처럼 사회 구조와 가치관이 빠르게 변화하는 현실에 발맞추어 간병의 방식 역시 새로운 시스템으로의 전환이 필요하게 되었다. 그 전환점이 된 제도가 바로 2000년 4월 일본이 도입한 공적 노인장기요양보험, 이른바 개호보험 제도이다. 이 제도는 단순히 돌봄 서비스를 제공하는 기술적 장치가 아니라 돌봄의 책임과 비용을 가족이 아닌 사회 전체가 공동으로 분담하자는 철학에서 출발했다.

개호보험의 핵심 메시지는 분명하다. "간병은 더 이상 가족만의 책임이 아니다." 고령자는 이제 가족의 희생에 의존하지 않고 공적 보험 시스템을 통해 본인이 필요로 하는 돌봄 서비스를 직접 선택하고 이용할 수 있다. 돌봄의 대상에서 서비스의 주체로, 수혜자에서 이용자로의 전환이 이루어진 것이다. 이는 이용자 중심의 서비스 철학을 기반으로 고령자의 자율성과 삶의 존엄을 지키기 위한 구조적 장치이기도 하다.

결과적으로 개호보험은 간병을 가족 개인의 문제에서 사회 전체의 과제로 전환한 일본의 중요한 제도적 선택이었다. 초고령사회라는 거대한 변화 앞에서 일본은 간병을 돌봄의 위기가 아닌, 돌봄의 사회화라는 새로운 해법으로 풀어나가기 시작한 것이다.

간병 지옥에서 태어난 개호보험 제도

1990년대 후반 일본은 고령 인구가 전체의 14%를 넘어서며 본격적인 고령사회에 진입했다. 그에 따라 간병이 필요한 고령자의 수는 급증했지만 이들을 돌볼 수 있는 가족의 수는 오히려 줄어들고 있었다. 핵가족화와 저출산, 여성의 사회 진출 확대로 인해 가족 내 돌봄 인력이 부족해졌고 그 공백은 점점 더 심각해졌다. 일본 사회는 전례 없는 돌봄의 공백이라는 새로운 위기에 직면하게 된다.

가장 시급한 문제는 가족 간병의 한계였다. 간병의 책임은 여전히 가족에게 그중에서도 중장년층 여성에게 집중되었다. 특히 장남의 아내가 시부모의 간병을 전담하는 경우가 많았는데 이들은 종종 직장을 그만두고 경제활동에서 이탈해야 했다. 그 결과 돌봄 제공자는 육체적 피로와 정신적 스트레스에 시달렸고 이는 우울증, 건강 악화, 사회적 고립, 가족 내 갈등 등 2차 피해로 이어졌다. 당시 일본 사회는 이러한 현실을 간병 지옥(介護地獄, 개호지옥)이라는 단어로 표현하며 사회적 공감대를 형성했다.

이와 동시에 사회적 입원 문제도 심각하게 대두되었다. 가족이 돌봄을 감당하지 못해 병원에서의 치료가 종료된 고령자가 집으로 돌아가지 못하고 병상에 장기 체류하는 사회적 입원 현상이 만연했다. 이로 인해 병원의 회전율은 떨어지고 의료비는 급증했으며 병원이 치료 중심 기관이 아닌 사실상의 요양시설로 기능하게 되었다. 이는 공공 재정의 부담을 가중시키는 결과로 이어졌다.

여기에 공공 부문의 돌봄 인프라도 턱없이 부족했다. 공적 서비스는 수요를 따라가지 못했고 민간 시설의 수는 제한적이며 이용 비용은 높았다. 결국 수많은 가정이 돌봄의 공백을 개인이 온전히 떠안는 구조 속에서 고통을 감내할 수밖에 없었다.

이러한 복합적인 위기 상황 속에서 일본 정부는 기존의 가족 중심 간병 모델이 더 이상 지속 가능하지 않음을 자각하게 되었고, 간병의 사회화를 핵심 방향으로 하는 새로운 제도 도입을 검토하기 시작했다. 그 결과물이 바로 개호보험 제도다.

개호보험은 일정한 보험료를 납부한 국민 중 요건을 충족한 사람이 필요 시 공공 지원을 통해 돌봄 서비스를 이용할 수 있도록 설계된 공적 시스템이다. 이 제도의 도입은 돌봄을 가족이나 개인에게만 맡기는 시대에서 사회 전체가 함께 책임지는 새로운 전환점을 의미한다.

고령자는 더 이상 수동적으로 보호받는 존재가 아니라 자신의 상태와 필요에 따라 서비스를 선택할 수 있는 이용자로서 존엄한 삶을 추구할 수 있는 기반을 갖추게 되었다.

25년간 발전해온 개호보험의 진화

2000년에 시작된 일본의 개호보험 제도는 단순한 간병 서비스 제공 체계를 넘어 고령사회의 변화와 함께 끊임없이 진화해온 종합 돌봄 시스템이다. 이 제도는 도입 초기부터 간병의 사회화라는 원칙 아래 가족에게 집중되던 돌봄 부담을 사회 전체가 분담하는 구조로 출발했다. 이후 25년 동안 개호보험 제도는 고령자의 삶의 질을 높이고 지역사회와 연결된 돌봄 시스템으로 진화해왔다.

도입 초기 개호보험은 이용자 중심 모델을 표방했다. 요양등급 판정을 받은 고령자가 자신에게 필요한 서비스를 자유롭게 선택하고 이용할 수 있도록 설계되었으며, 재원은 보험료와 세금으로 구성되었다. 이는 고령자의 자율성과 선택권을 존중하는 획기적인 복지 패러다임의 전환이었다.

제도는 빠르게 정착됐지만 곧 한계도 드러났다. 제도 도입 후 불과 몇 년 만에 장기요양 인정자가 예상을 훌쩍 뛰어넘는 속도로 증가했고, 이에 따라 급여 지출도 가파르게 증가했다. 누구나 필요한 시기에 공공 돌봄을 받을 수 있다는 점에서 개호보험은 획기적이었지만 동시에 수요의 폭증으로 재정의 지속 가능성에 대한 우려가 커져갔다.

이에 일본 정부는 2006년 개호보험 제도의 대규모 개편에 나섰다. 이 개편의 핵심은 '간병 예방'으로 요양 상태가 중증화되기 전 단계에서 개입해 장기요양 상태(간병 상태)로의 이행을 방지하는 방향으로 제도의 패러다임을 전환한 것이다. 고령자가 가능한 한 오랫동안 건강하게 일상생활을 유지할 수 있도록 지원하는 것이 주요 목표였다.

이와 함께 전국 모든 시정촌(市町村, 한국의 시군구) 단위에 지역포괄지원센터가 설치되었다. 이 센터는 단순한 행정 창구나 정보 제공소가 아니라 고령자를 위한 통합적 지원의 거점으로 의료·돌봄·

복지·생활 문제를 한 곳에서 상담하고 조정하는 종합 창구 역할을 맡는다. 예를 들어 "어머니가 혼자서 목욕을 힘들어하신다"는 가족의 문의가 들어오면 센터는 고령자의 상태를 평가하고 필요 시 지역 방문간호소나 데이서비스 시설, 케어용품 대여업체, 케어매니저와의 연계까지 단계별로 안내한다. 고령자가 직접 내방하지 못할 경우 센터 직원이 직접 가정을 방문해 상담하는 경우도 많다.

또한, 이 센터는 단순한 정보 제공을 넘어서 전문 인력(보건사, 사회복지사, 요양보호사)들이 개별 고령자의 상황에 맞는 간병 예방 플랜을 직접 수립하고 실행하는 기능도 수행한다. 예를 들어 근력 저하가 우려되는 경우에는 운동 프로그램이나 건강교실을 연결하고, 경도 치매가 의심되면 조기 진단과 치료가 이뤄지도록 병원과 연계한다.

지역포괄지원센터는 단순한 서비스 조정자 역할에만 머물지 않고 고령자의 권익을 보호하는 감시자 역할도 수행한다. 예를 들어 고령자 학대나 경제적 착취가 의심될 경우는 조기 개입을 통해 필요 시 지자체나 보호기관과 협력하며 권익 보호까지 담당한다. 고령화가 심화될수록 신체적 케어뿐 아니라 정서적·법적 보호까지 아우르는 넓은 의미의 돌봄이 필요해졌고, 지역포괄지원센터는 그 공백을 메우는 기지가 되어갔다.

무엇보다 이 센터의 등장은 일본이 지향하는 지역 중심의 통합 돌봄(지역포괄케어) 체제를 실현하는 기반이 되었다. 이는 고령자가 병원이나 요양시설로 이동하지 않고도 자신이 살아온 지역에서 의료, 돌봄, 생활 지원을 받으며 살아갈 수 있는 시스템으로 지역포괄지원센터는 그 핵심 허브 역할을 수행했다.

2006년의 개혁은 단순한 제도 수정보다 더 근본적인 변화를 담고 있었다. 그것은 고령자를 수동적으로 돌봄이 필요한 존재로만 바라보던 관점에서 벗어나 스스로의 삶을 유지하고 선택할 수 있는 주체적인 존재로 바라보는 태도의 변화였다. 지역포괄지원센터는 이 새로운 철학을 지역사회 속에서 구체적으로 실천해나가는 기관이었고 지금도 여전히 그러하다.

개호보험 제도 도입 이후 일본은 줄곧 간병 예방을 제도의 핵심 전략으로 삼아왔다. 하지만 시간이 지나 특히 2010년대에 들어서면서 새로운 현실이 드러났다. 바로 80세 이상 초고령 인구의 급증이다. 2014년을 전후로 80대 중반 이상 고령자가 본격적으로 증가하면서 모든 간병을 예방할 수는 없다는 현실적 인식이 사회 전반에 확산되기 시작했다.

일본 국립장수의료연구센터의 프레일(frailty, 쇠약) 연구에 따르면 80대 후반 이후에는 신체적·정신적 기능이 점점 약해지고, 한 번 약해지면 회복이 어려운 상태로 진행되면서 장기요양으로 전환되는 경향이 뚜렷해진다. 여기서 프레일이란 노화로 인해 근력, 체력, 인지 기능 등이 점차 약화되어 자립적인 일상생활이 어려워지는 건강 취약 상태를 의미한다. 이는 아직 완전히 요양 상태에 들어선 것은 아니지만 적절한 예방과 관리가 없으면 빠르게 악화될 수 있는 단계다. 실제로 2000년 약 218만 명이었던 요양등급 인정자는 2022년 약 690만 명으로 세 배 이상 증가했다. 이는 간병 예방의 중요성에도 불구하고 초고령화 속도를 따라잡기엔 한계가 있다는 점을 분명하게 보여준다.

특히 80대 중반 이후 고령자에게는 단순한 신체 기능 저하를 넘어 복합적인 일상생활의 어려움이 나타나기 시작한다. 인지 기능 저하, 만성질환의 누적은 물론, 일본 NHK 등 주요 언론에서 조명한 조리 은퇴(調理定年, 조리정년) 현상도 대표적인 예다. 조리 은퇴는 요리나 식사 준비 자체를 힘들어하거나 회피하게 되는 고령자의 경향을 뜻하는 표현이다. 이는 초고령 인구가 증가하는 사회에서는 질병 차원을 넘어 일상생활 기능 전반이 약화되고 있다는 점에서 단순한 질병 예방만으로는 대응이 어려운 현실을 보여준다.

이러한 상황 속에서 일본 사회는 간병 예방 중심에서 생활 유지와 생활 지원 중심으로 전략의 방향을 전환하기 시작했다. 요양 상태로의 진입을 막는 것 못지않게 그 이전 단계에서 고령자가 가능한 한 오래 일상생활을 유지할 수 있도록 실질적인 도움을 제공하는 것이 더 시급하다는 공감대가 형성된 것이다.

이러한 흐름은 제도 개편에도 반영되었다. 2014년은 프레일 개념이 일본 사회에 본격적으로 받아들여지고 정책에 반영된 중요한 전환점이었다. 이 해 개호보험법 개정을 통해 '생활 지원'이 지역 포괄케어시스템의 핵심 요소로 명문화되었으며, 개호 예방·일상생활 지원 종합사업이 도입되면서 경미한 수준의 불편에도 시정촌 단위에서 보다 유연하고 빠른 대응이 가능해졌다.

식사 배달, 청소 지원, 말벗 서비스, 외출 동행 등이 대표적인 생활 지원 사례인데, 겉보기엔 사소해 보일 수 있지만 이러한 일상적 지원은 단순한 복지 혜택을 넘어 고령자의 자율성과 존엄을 지키는 기반으로 자리잡고 있다.

현장의 돌봄 전문가들 역시 이러한 변화의 방향성을 뒷받침하고 있다. 그들은 입을 모아 "간병 서비스만으로는 고령자의 삶을 온전히 지탱할 수 없다"고 말한다. 실제 돌봄 현장에서는 식사 준비, 쓰레기 분리, 장보기, 병원 동행처럼 사소해 보이는 일상의 어려움이 고령자의 자립을 위협하는 주요 요인으로 작용하고 있다.

이제 일본은 간병을 예방 가능한 상태로 바라보던 관점에서 한 걸음 더 나아가야 할 시점에 도달했다. 누구도 노화를 피할 수는 없으며, 그 속도를 늦출 수는 있어도 완전히 멈출 수는 없다. 그렇기에 병을 막는 것만큼이나, 아니 그보다 더 중요한 것은 고령자가 자신의 일상을 지속할 수 있도록 돕는 일이다.

일본 개호보험제도의 25년간의 진화

	주요 개편 핵심 내용
2000년	개호보험 제도 도입 - 핵심은 '간병의 사회화'
2006년	간병 예방 중심 전환. 지역포괄지원센터 설치 - 중증화 방지 목적의 예방서비스 강화, 지역 단위 통합 지원체계 출범
2014년	지역포괄케어시스템 구축 본격화 - 프레일(쇠약) 예방 강조, 조기 개입 가능한 생활 지원 서비스 확대 (예: 식사 준비, 말벗, 외출 동행 등)
2017년	'자립 지원형' 개호 개념 강화 - 단순 돌봄 제공에서 자립을 돕는 서비스 설계로 전환
2018년	커뮤니티 중심 돌봄 확대 - 요양 서비스와 일상생활지원 통합 운영 강화
2021년	디지털 헬스케어 및 ICT 기술 활용 정책 추진
2024년~	지역 돌봄과 자조(自助) 강조 - 고령자의 사회참여 및 민간 자원의 활용 확대 논의 진행

치매와 함께 살아가는 사회로의 전환

초고령사회에 들어선 일본이 직면한 가장 복합적인 건강 과제 가운데 하나는 단연 치매다. 치매는 개인의 문제를 넘어 가족의 삶과 지역 공동체의 관계망, 더 나아가 사회 전체의 돌봄 체계를 흔드는 거대한 도전이었다.

일본은 이 현실을 피하지 않고 정면으로 마주했다. 치매를 단순히 치료해야 할 질병으로만 보지 않고, 사회 속에서 함께 살아가야 할 존재로 받아들이는 방향으로 전환한 것이다. 이러한 변화는 개호보험 제도와 긴밀히 맞물리며 정책적 대응을 넘어 지역사회와 시민의 인식 전환으로 확산되었다. 즉, 치매는 배제와 격리의 대상이 아니라, 사회와 함께 어울려 살아갈 수 있는 존재라는 새로운 패러다임이 형성되고 있는 것이다.

2012년, 오렌지 플랜의 탄생

2012년 일본 정부는 급격히 늘어나는 치매 문제에 대응하기 위해 치매 시책 추진 5개년 계획을 발표했다. '오렌지 플랜'이라 불린 이 정책은 당시 65세 이상 고령자 7명 중 1명, 약 462만 명이 치매를 앓고 있다는 현실을 직시하며 시작되었다. 단순히 환자 개인의 문제가 아니라 가족의 돌봄 부담, 사회적 고립, 차별과 편견까지 동반된 복합적 과제였기에 일본 최초의 종합적 치매 대응 전략으로 자리매김했다. 이름에 담긴 오렌지는 치매에 대한 이해와 연대를 상징하는 색으로, 사회 전체가 치매를 함께 받아들이고 공감하는 분위기를 만들겠다는 의지를 담고 있다.

오렌지 플랜의 핵심은 치료나 보호에 머물지 않고, 치매 환자도 지역사회의 일원으로 인간다운 삶을 이어갈 수 있도록 돕는 데 있었다. 다시 말해, 치매를 앓고 있어도 자신답게 살아갈 수 있는 사회를 실현하는 것이 목표였다.

이를 위해 계획은 다섯 가지 과제를 중심으로 추진되었다. ▲조기 진단과 개입, ▲의료와 돌봄의 연계 강화, ▲치매 환자의 사회 참여 촉진, ▲가족 간병인의 부담 경감, ▲치매에 대한 사회적 인식 개선과 연구개발 지원이 그것이다.

특히 이 시기를 기점으로 전국적으로 확산된 것이 치매 서포터 양성 제도였다. 약 90분 정도의 간단한 교육만 이수하면 누구든 치매에 대한 기초 지식을 갖추고 일상에서 환자와 가족을 지지하는 시민 서포터로 활동할 수 있었다. 오렌지색 밴드나 열쇠고리를 착용한 서포터들은 길을 잃은 치매 노인을 돕거나 관련 정보를 공유하며 지역사회에서 작은 연결망을 형성해 나갔다. 이는 전문적 돌봄 인력만이 아니라 시민 모두가 치매 친화적 사회를 만드는 주체가 될 수 있음을 보여준 첫걸음이었다.

그 결과, 2025년 3월 기준 누적 치매 서포터 수는 1,600만 명을 넘어섰다. 오렌지 플랜은 단순한 정책을 넘어 시민 참여를 끌어내고 사회적 공감대를 확산시킨 계기였으며, 일본 전역에 치매 친화적 분위기를 조성하는 데 결정적인 역할을 했다.

2015년, 신 오렌지 플랜과 지역포괄케어의 접목

치매 서포터의 빠른 확산과 사회적 인식 변화에도 불구하고 일본 사회는 더 근본적인 질문을 던지게 되었다. "어떻게 하면 치매 환자가 마지막까지 자신답게 살아갈 수 있을까?" 이 문제의식 속에서 2015년, 일본 정부는 기존의 대응을 한 단계 확장한 '신(新) 오렌지 플랜'을 발표했다.

새로운 전략은 치매를 격리의 대상으로 바라보지 않고, 예방과 공생이라는 두 축을 중심에 두었다. 치매 환자도 지역사회 안에서 가능한 한 오래 자립적인 생활을 이어갈 수 있도록 지원하자는 방향이었다. 이는 2014년 개호보험법 개정으로 본격화된 지역포괄 케어시스템과도 긴밀히 연결되며 치매 대책의 지역 기반화를 가속화시켰다.

신 오렌지 플랜은 ▲사회 인식 개선 ▲조기 진단과 개입 ▲지역 내 지원체계 정비 ▲가족 간병인의 부담 경감 ▲치매 환자의 사회참여 확대 ▲연구개발 촉진 ▲안전한 생활 환경 조성 등 일곱 가지 중점 과제를 중심으로 구체적인 실행 전략을 세웠다.

이 시기 특히 눈에 띈 변화는 치매 카페(오렌지 카페)의 확산이었다. 치매 환자, 가족, 지역 주민, 전문가가 모여 차를 마시며 교류하는 이 공간은 단순한 상담의 자리를 넘어 관계를 회복하는 장으로 기능했다.

예를 들어 도쿄 미나토구의 모두의 오렌지 카페는 음악 감상회, 미술 활동, 건강 강연 등 다양한 프로그램을 운영한다. 환자의 인지 기능 유지와 정서적 안정에 도움을 줄 뿐 아니라, 돌봄에 지친 가족에게도 소중한 쉼을 제공한다. 전문 연주자의 음악 공연이나 대학생 자원봉사자의 참여는 세대 간 교류와 감정적 환기를 만들어내며, "이곳에 오면 마음이 편안해진다"는 참가자들의 반응으로 이어졌다.

홋카이도 삿포로시에서도 대학과 협력한 치매 카페 운영이 활발하다. 학생 자원봉사자들이 직접 프로그램을 돕고 치매 환자와 대화를 나누며 경험을 쌓는 방식이다. 그림 그리기, 손놀이, 계절별 이벤트 등의 활동은 단순한 여가를 넘어 환자에게 사회적 소속감을, 젊은 세대에게는 치매에 대한 이해와 책임감을 동시에 길러준다.

한편, 시정촌(시군구) 단위에서는 치매 환자가 지역 안에서 안전하게 생활할 수 있도록 치매 친화적 도시 만들기가 본격 추진되었다. 대표적인 사례가 치매 고령자 배회 SOS 네트워크다. 이 시스템은 실종 발생 시 경찰과 소방서뿐만 아니라 지역 상점, 교통기관, 주민 자치회 등 지역사회의 다양한 주체가 정보를 공유하며 신속히 대응할 수 있는 구조다. 또한 협력 상점이나 지역 거점 시설에는 배회 노인 보호 협력점 마크가 붙어 있어 환자와 가족이 안심할 수 있도록 했다.

여기에 더해 JR 동일본과 같은 철도회사, 편의점, 은행 등 주민 접점이 많은 업종에서는 직원들을 대상으로 치매 이해 교육을 실시했다. 반복 질문, 돈 계산의 어려움 등 치매 환자의 행동 특성을 이해하고 친절하게 대응하며 필요 시 전문 기관과 연계할 수 있도록 훈련한 것이다.

이 스티커는 치매 고령자 보호에 협력하는 장소임을 알리는 표시로, 지역별 운영 주체가 자율적으로 디자인해 사용하기 때문에 형태는 지역마다 다르다.

이처럼 인프라 정비와 시민 교육이 동시에 진행되면서 일본 사회는 치매 환자가 배제되지 않고, 일상의 일부로 살아갈 수 있는 기반을 넓혀갔다. 또한 운동, 영양, 사회참여를 결합한 프레일 예방 프로그램이 복지관과 공공시설을 중심으로 확산되며 치매 위험을 줄이는 예방적 접근도 뿌리를 내리기 시작했다.

2019년, 공생 사회로의 전환

2019년 일본 정부는 공생 사회 실현을 위한 치매 시책 추진 대강을 발표하며 치매 정책의 방향을 더욱 분명히 했다. 이제 치매 대응은 단순한 의료·돌봄의 문제가 아니라, 환자와 가족이 존중받으며 지역사회에서 함께 살아갈 수 있도록 사회 구조 전반을 바꾸는 과제로 확장된 것이다.

이러한 변화는 선언에 그치지 않고 지역 현장에서 다양한 실천으로 이어졌다. 일부 지자체에서는 치매 환자가 지역 상점이나 축제에서 간단한 업무를 맡을 수 있도록 기회를 제공하고 있다. 진열대 정리, 손님 맞이 같은 작은 역할이지만 이를 통해 환자들은 여전히 사회의 일원이라는 감각을 되찾고 가족과 이웃과의 관계도 자연스럽게 회복해나간다.

공생적 전환을 상징적으로 보여주는 대표적 사례가 바로 〈주문을 틀리는 요리점〉이다. 2017년 도쿄에서 시범 운영된 이 팝업(임시 운영) 레스토랑의 종업원 대부분은 치매를 앓고 있는 고령자들이다. 이곳의 손님들은 음식이 주문과 다르게 나올 수 있음을 알고 방문한다. 그러나 실수는 불편함이 아니라 웃음과 공감을 불러일으키며, 종업원은 돌봄의 대상이 아닌 능동적 사회 구성원으로 자리한다.

이 실험적 시도는 BBC, CNN, 뉴욕타임스 등 해외 주요 언론에 소개되며 국제적으로 큰 반향을 일으켰고, 이후 영국과 캐나다 등에서도 비슷한 프로젝트가 이어졌다. 한국에서도 이 아이디어에 영감을 받아 2018년 KBS 교양 프로그램 〈주문을 잊은 음식점〉이 제작되었고, 치매 친화적 공감 문화를 널리 확산시키는 계기가 되었다. 방송은 큰 호응을 얻어 2022년에는 시즌 2까지 제작되며 꾸준한 관심을 끌었다.

공생 사회로 나아가는 과정에서 세대 간 연결을 통한 이해 확산도 중요한 흐름이 되었다. 일본 일부 지역 학교에서는 치매 키즈 서포터 강좌를 운영하며 초·중학생에게 치매에 대한 기초 지식과 올바른 태도를 가르치고 있다. 학생들은 체험 활동을 통해 치매 환자의 입장을 직접 경험하며, 이를 통해 자연스럽게 공감 능력과 사회적 책임 의식을 키워가고 있다.

기술 역시 공생 사회를 뒷받침하는 중요한 축으로 자리 잡고 있다.

배회 감지 센서는 현관이나 복도에 설치되어 환자가 특정 구역을 벗어나면 보호자나 지역 기관에 즉시 알림을 전송한다.

GPS 기반 위치 확인 장치는 치매 환자가 착용해 보호자가 스마트폰으로 실시간 위치를 확인할 수 있다. 일부 지자체, 예컨대 야마나시현 고후시(甲府市)에서는 이 기기를 무상 대여하거나 비용을 지원하고 있다.

안심 네트워크 앱은 환자의 정보를 사전에 등록해두면 실종 시 편의점 점원, 택시 기사, 치매 서포터 등 협력자들에게 정보가 공유되어 신속한 수색을 가능하게 한다. 시즈오카현 후지에다시(藤枝市)는 안심귀가 지원 앱을 통해 주민들이 환자 정보를 확인하고 발견 시 곧바로 연락할 수 있는 구조를 마련했다.

이러한 기술 기반 솔루션은 환자의 안전을 보장하는 동시에 보호자와 간병인의 부담을 줄이고, 인력 부족이라는 구조적 문제를 보완하는 수단이 되고 있다.

물론 일본의 치매 정책이 모든 문제를 해결한 것은 아니다. 인력 부족, 재정 부담, 지역 간 서비스 격차 같은 구조적 과제는 여전히 남아 있다. 그러나 지난 10여 년간 일본은 치매를 치료의 대상에서 함께 살아갈 존재로 바라보는 관점으로 전환했다. 국가, 지자체, 시민이 힘을 모아 공생 사회를 구현하려는 방향으로 나아간 것이다.

이는 단순한 보건·복지 정책을 넘어 인간의 존엄과 삶의 질을

치매 고령자들이 주문받기, 음식서빙 등 다양한 역할을 수행하는 레스토랑 〈주문을 틀리는 요리점〉   자료: 마치다시 홈페이지

지키는 사회 전체의 책임으로 발전했다. 그리고 고령화가 가속화되는 시대에 우리 역시 미래를 준비하는 데 있어 중요한 이정표가 되고 있다.

아프기 전에 함께 예방하는 돌봄 사회 만들기

2000년, 일본은 공적 개호보험 제도를 도입하며 가족에게 집중되었던 간병 부담을 사회 전체가 함께 나누는 구조로 전환했다. 이는 단순히 하나의 제도를 만든 것이 아니라, 누구나 늙고 병들 수 있는 사회에서 돌봄을 어떻게 공공의 책임으로 재구성할 것인지에 대한 근본적인 답을 찾으려는 시도였다.

그로부터 25년 동안 일본은 세계에서 가장 빠르게 진행된 고령

일본의 주문을 틀리는 요리점에서 영감을 받아 제작된 KBS 교양 프로그램 〈주문을 잊은 음식점〉

화 속에서 제도를 끊임없이 조정하고 다듬어 왔다. 특히 '간병 예방'이라는 개념을 제도 안에 포함시킨 점은 의미가 크다. 단순히 돌봄을 제공하는 데 그치지 않고 상태가 악화되기 전에 미리 개입해 자립을 돕는 방식은 돌봄을 소비가 아닌 미래 비용을 줄이는 투자로 바라보게 만들었다.

또 하나 주목할 점은 의료, 돌봄, 생활 지원을 하나로 묶어낸 지역포괄케어 시스템이다. 지역포괄지원센터를 중심으로 다양한 서비스를 연계해 고령자가 가능한 한 오랫동안 익숙한 집과 동네에서 살아갈 수 있도록 지원하는 구조는 제도의 틀을 넘어 삶의 방식을 바꾸는 접근이었다. 이러한 흐름은 치매 친화적 도시 만들기나 주문을 틀리는 요리점과 같은 사회적 실험으로도 확장되었다. 치매 환자 역시 배제되지 않고 지역사회 안에서 존엄을 지키며 살아갈 수 있다는 가능성을 보여준 것이다.

그러나 제도가 안고 있는 과제도 만만치 않다. 요양 인정자는 2000년 218만 명에서 2022년 약 690만 명으로 세 배 이상 늘었고 그만큼 재정 부담도 폭증했다. 보험료 인상과 본인부담 확대는 제도의 지속 가능성에 대한 우려를 키웠으며, 만성적인 돌봄 인력 부족 역시 여전히 풀리지 않은 문제로 남아 있다.

이러한 일본의 25년은 2008년 노인장기요양보험을 도입해 이제 17년 차에 접어든 한국에도 중요한 메시지를 던진다. 한국 역시 짧은 시간 안에 재가급여와 시설급여를 갖춘 공적 시스템을 마련하며 가족의 돌봄 부담을 크게 덜어왔다. 방문요양, 방문목욕, 주야간보호 같은 서비스는 어르신들이 가능한 한 오래 집에서 생활할 수 있도록 돕고 있으며 제도의 접근성도 계속 확대되는 중이다.

특히 2017년 시작된 치매국가책임제는 경증 치매 어르신까지 장기요양보험 지원을 확대하는 계기가 되었고, 전국 치매안심센터에서는 상담, 검진, 사례관리 등 전문적인 공공 서비스를 제공하고 있다. 치매 돌봄을 가족의 문제가 아니라 사회 전체가 책임져야 할 과제로 전환하려는 흐름 속에서 중요한 진전이라 할 수 있다.

한국과 일본은 모두 급속한 고령화를 겪으며 장기요양보험이라는 제도적 틀 안에서 돌봄의 공공화를 추진해 왔다. 일본은 시행착오를 거듭하며 예방 중심, 지역 중심, 그리고 이용자 중심의 철학을 제도에 녹여냈고, 이는 제도의 지속 가능성과 삶의 질을 함께 고려한 결과라 할 수 있다. 한국도 이제 단순히 제도의 양적 확대를 넘어, 제도의 사각지대를 어떻게 줄이고 고령자의 실제 삶을 어떻게 더 잘 지지할 수 있을지를 고민해야 한다. 공공이 감당하기 어려운 부분을 민간과 지역이 어떻게 보완할 것인지, 돌봄을 개인

일본 개호보험 vs. 한국 노인장기요양보험 비교

	일본 개호보험	한국 노인장기요양보험
도입 시기	2000년 4월	2008년 7월
운영 주체	지자체, 지역포괄지원센터	국민건강보험공단 (중앙집중형)
보험 재원	보험료(50%) + 공비(50%)	건강보험료 일부 전용 + 국고지원(20%)
보험료 납부 대상	40세 이상 국민	국민건강보험 가입자 (직장가입자 및 지역가입자)
대상자 연령	65세 이상 (제2호 피보험자는 40~64세 특정 질환자)	65세 이상 (65세 미만은 노인성 질병 보유자)
인정 기준	요개호 1~5등급 + 요지원 1~2등급 (총 7단계)	장기요양 1~5등급 + 인지지원등급 (총 6단계)
서비스 종류	・재택 서비스 ・시설 서비스 ・지역밀착형 서비스	・재가급여 ・시설급여 ・특별현금급여
치매 돌봄	・오렌지 플랜을 통해 '존생' 강조 ・치매 카페, 치매 서포터, 배회 네트워크 등 폭넓은 접근	・치매국가책임제 시행 ・치매안심센터 중심의 공적 관리 강화
특징	・자립 지원 ・지역사회 연계 중시	・돌봄 중심 ・지역사회 연계는 상대적으로 약함
장점	・다양한 등급별 맞춤 서비스 ・자율성과 선택권 강조 ・제도 개편 유연성	・단일한 운영 구조 ・상대적으로 안정적인 재정 구조
과제	・급여 비용 증가 ・돌봄 인력 부족 ・서비스 미이용 고령자 존재	・경증자 대상 서비스 부족 ・돌봄 인력 부족 ・지역 기반 돌봄 체계 미흡

2장 건강에 대한 불안, 일본은 어떻게 극복했을까

의 책임이 아니라 공동체의 과제로 만들기 위해 어떤 노력이 필요한지가 다음 단계의 과제다.

해법 1. 간병 예방의 시작은 프레일 조기 발견으로

일본의 개호보험 제도가 지난 25년간 가장 강조해온 축 가운데 하나는 '간병 예방'이다. 고령자의 신체 기능이 본격적으로 악화되기 전에 작은 변화를 조기에 발견하고 개입하는 방식은 돌봄의 질을 높이는 동시에 제도의 지속 가능성을 지탱하는 핵심 전략이었다.

제도 초기에 요지원(要支援)이라는 별도 등급을 마련해 아직 요양이 필요한 단계는 아니지만 일상에서 경미한 불편을 겪는 고령자도 예방적 지원을 받을 수 있도록 설계한 것이 대표적이다. 현장에서 이를 가장 먼저 담당하는 곳이 지역포괄지원센터다. 운동, 영양, 구강관리, 사회적 교류를 결합한 통합 프로그램을 통해 고령자가 더 무거운 요양 단계로 진행되는 속도를 늦추는 역할을 한다.

이런 예방 전략을 한층 구체화한 개념이 바로 프레일(Frailty, 노화로 인한 신체적·정신적 쇠약)이다. 일본은 2010년대 중반 이후 프레일 개념을 공식화하며 질병이나 요양 이전 단계의 초기 징후를 포착해 대응하는 체계를 만들었다. 평가 기준은 식사량, 체중 변화, 외출 빈도, 기억력, 기분, 운동 능력 등 다양한 항목으로 구성되며, 자가 문진표 형태로도 널리 활용되어 고령자 스스로도 자신의 상태를 점검하고 필요 시 조기 개입으로 이어지도록 하고 있다.

프레일은 단순히 신체적 쇠약만을 뜻하지 않는다. 사회적 고립, 정서적 불안, 인지 저하, 영양 부족 등 여러 요인이 얽힌 다차원적 상태를 의미한다. 이 단계에서 생활습관 개선, 지역 커뮤니티 활동 참여, 정서적 지지 같은 가벼운 개입만으로도 자립적인 생활을 더 오래 이어갈 수 있다. 이는 고령자 개인의 삶의 질을 지키는 동시에 사회적 돌봄 부담을 줄이는 가장 효과적인 길이 된다.

반면 한국의 장기요양보험은 일정 점수 이상을 충족해야만 서비스를 받을 수 있어, 아직 요양이 필요하지 않은 경계 단계의 고령자들은 지원에서 배제되기 쉽다. 예방적 돌봄이 제도 바깥에 남아 있는 구조다. 다만 2017년 치매국가책임제를 통해 경증 치매환자를 대상으로 한 인지지원등급을 신설한 것은 의미 있는 전진이라 할 수 있다. 그러나 아직 신체·정신·사회적 요인을 모두 포괄하는 체계로 보기에는 부족하다.

이 같은 구조적 한계는 결국 예방 기회를 놓치게 만들고, 고령자가 더 빠르게 요양 단계로 진입하는 결과로 이어진다. 이는 제도의 재정에도 부담을 준다. 초고속으로 고령화가 진행되는 한국의 현실을 고려하면 이러한 사각지대는 더 큰 문제로 확대될 수 있다.

따라서 지금 한국에도 프레일 개념을 적극 도입하고 제도적으로 자리 잡게 할 필요가 있다. 간병은 위기를 수습하는 일이 아니라, 위기를 미리 늦추고 예방하는 과정에서 가장 큰 효과를 발휘한다. 작은 신호를 가볍게 넘기지 않고 제도와 현장에서 체계적으로 대응할 수 있어야 한다.

이를 위해 먼저 지역 내 보건소, 건강생활지원센터, 노인복지관, 장기요양센터 등 분절적으로 운영되는 기관들을 연결해 고령자의 정보를 공유하고 통합적으로 개입할 수 있는 허브를 마련해야 한다. 일본의 지역포괄지원센터가 참고가 될 수 있지만, 중요한 것은 한국의 제도와 지역 여건에 맞는 방식으로 설계하는 일이다.

일본판 프레일 평가 기준 (J-CHS 기준)

	항목	평가 내용	평가 기준
①	체중 감소	최근 6개월 사이 특별한 이유 없이 체중이 줄었는가?	최근 6개월간 2~3kg 이상 체중 감소 여부
②	피로감	최근 며칠간 특별한 이유 없이 피곤하다고 느낀 적이 있는가?	최근 2주간 이유 없이 피곤하다는 느낌이 자주 있었는가
③	신체 활동 감소	평소 운동이나 가벼운 활동을 하고 있는가?	평소 운동이나 외출 빈도가 줄었는가
④	보행 속도 저하	일반적인 걸음 속도로 5m를 걷는 데 걸리는 시간은?	걷는 속도가 느려졌다는 주관적 인식 또는 테스트 결과 (1m/초 미만은 저하)
⑤	악력 저하	손 힘이 약해졌다고 느끼는가? 손 악력을 측정했을 때 기준에 미달하는가?	남성 28kg 미만, 여성 18kg 미만이면 저하로 판단

프레일 자가진단 문진표 예시 (J-CHS 기준 기반)

	질문 내용	체크
①	특별한 이유 없이 최근 6개월 사이 2kg 이상 체중이 감소한 적이 있습니까?	☐
②	최근 2~3일간 특별한 이유 없이 피로감(무기력함)을 느낀 적이 있습니까?	☐
③	평소에 다음 두 질문 중 하나라도 "아니오"라고 답하신다면 해당됩니다 – 일주일에 1회 이상 운동이나 체조를 하고 있습니까? – 일상생활 속에서 가벼운 운동(산책, 청소 등)을 하고 있습니까? → 위 두 질문 중 하나라도 아니오라면 체크	☐
④	일반적인 걸음 속도로 5m를 걸을 때 1초에 1m 이하의 속도로 걷고 있습니까? (측정 가능 시)	☐
⑤	손의 악력을 측정했을 때 남성은 28kg 미만, 여성은 18kg 미만으로 나옵니까? (의료기관 측정 시)	☐

※ 5개 평가 기준 중 3개 이상 항목에 해당하면 프레일(Frailty). 1개 또는 2개 항목에 해당하면 프리 프레일(Pre-frail), 어느것에도 해당하지 않으면 건강(Robust)으로 평가

또한 고령자가 스스로 건강 상태를 점검하고 조기에 대응할 수 있도록 돕는 환경도 필요하다. 자가 체크 도구를 표준화해 현장에서 널리 활용한다면, 단순한 진단을 넘어 고령자 스스로 건강에 주체적으로 참여하는 기반이 될 수 있다.

조용하지만 꾸준하게 축적된 예방 중심의 개혁은 제도의 안정성과 고령자의 삶의 질을 동시에 끌어올리는 힘을 가질 수 있다. 한국 역시 이제 예방의 관점을 제도 안에 본격적으로 녹여낼 때다.

해법 2. 지역사회가 건강을 지키는 통합 돌봄 시스템

일본은 2010년대 초반부터 지역포괄케어시스템(커뮤니티 케어)이라는 새로운 돌봄 모델을 제시해왔다. 의료, 돌봄, 예방, 생활지원, 주거 등 다섯 가지 영역을 하나의 체계로 통합해 고령자가 익숙한 지역에서 삶을 이어갈 수 있도록 하자는 접근이었다. "돌봄은 집으로, 병원은 지역으로"라는 전환은 단순한 슬로건이 아니라 제도의 지속 가능성과 개인의 삶의 질을 동시에 높이려는 전략이었다.

이 시스템의 핵심 인프라가 지역포괄지원센터다. 2006년 개호보험 제도 개정과 함께 전국에 5,000곳 이상 설치된 이 센터는 지역 내 고령자의 건강 상태를 파악하고 필요한 서비스로 연결해주는 조정자 역할을 맡는다. 의료기관, 방문간호사, 케어매니저, 복지시설 등과 긴밀히 협력하며 지역 자원을 관리하고, 특히 고립된 고령자를 조기에 찾아내 예방적 개입으로 이어가는 거점 역할을 한다.

이러한 시도는 전통적인 입원 중심 의료에서 벗어나 지역사회 기반의 생활 밀착형 건강 관리 체계로의 전환을 의미한다. 병원이나 시설에 의존하기보다 고령자 스스로 자립을 유지하도록 돕고, 동시에 지역 공동체의 자원을 효율적으로 활용해 의료 재정을 안정화하려는 목적도 담겨 있다.

무엇보다 고령자들이 겪는 불안은 병이 발생했을 때만이 아니라, 일상 속에서 신체적·정신적·사회적 지지를 받지 못할 때 더욱 커진다. 따라서 돌봄은 특정 기관이 전담할 수 없는 과제이며, 결국 지역이 주체가 되어야 한다는 점이 분명해졌다. 일본의 경험은 바로 이러한 결론으로 이어졌다.

반면 한국은 아직까지 돌봄과 건강 관리의 무게가 병원과 시설에 치우쳐 있다. 장기요양서비스는 주로 시설 중심으로 운영되고, 의료기관 역시 질병 치료 중심의 역할에 머무는 경우가 많다. 그 결과 일상적이고 가벼운 돌봄은 제도 밖으로 밀려나기 쉽다. 치매안심센터, 노인맞춤돌봄서비스, 복지관, 보건소 등 다양한 프로그램과 기관이 존재하지만, 이들 간의 연계가 충분치 않아 고령자 지원 흐름이 단절되거나 중복되는 일이 반복되고 있다. 결국 지역 단위에서 전체를 조정해 주는 허브가 부재한 것이 구조적 한계다.

한국도 2018년부터 커뮤니티케어 정책을 통해 지역포괄케어시스템을 도입하려는 노력을 시작했다. 하지만 아직은 시범사업 단계에 머물고 있으며 부처 간 칸막이, 지자체 역량 차이, 재정 지원의 미비 같은 과제가 남아 있다.

여기서 얻을 수 있는 교훈은 심플하다. 초고령사회에서는 중앙정부의 지침만으로는 충분하지 않다. 결국 고령자의 삶을 안정적으로 지탱하는 힘은 지역 단위에서 촘촘히 짜인 지원망에서 나온다. 노인의 불안은 병 자체보다는 일상에서의 단절에서 비롯되는 경우가 많다. 그렇기에 살던 곳에서 계속 살아갈 수 있는 노후를 만들려면, 바로 그 일상을 지켜주는 지역이 건강 돌봄의 중심이 되어야 한다.

해법 3. 지속 가능한 돌봄 생태계는 연대에서 만들어진다

일본의 개호보험 제도는 간병을 하나의 단일 서비스가 아니라 여러 요소가 얽힌 복합적인 과정으로 바라본다. 고령자의 케어는 의료, 돌봄, 복지, 재활, 생활 지원 등이 서로 연결될 때 비로소 제대로 작동한다는 인식에서 출발한 것이다. 실제로 노인의 건강 문제는 특정 질환으로만 나타나기보다 여러 만성질환과 신체 기능 저하, 생활습관, 사회적 고립이 복합적으로 얽혀 있는 경우가 많다. 따라서 하나의 직종이나 기관이 독자적으로 대응하기에는 한계가 뚜렷하다.

이 때문에 일본은 제도 도입 초기부터 다직종 협업을 제도적으로 강화해왔다. 주치의, 간호사, 재가복지사, 케어매니저, 방문요양보호사 등이 한 팀을 이루어 고령자와 가족의 상황을 중심에 두고 맞춤형 케어 플랜을 공동으로 수립한다. 특히 케어매니저는 여러 서비스를 조율하고, 변화된 상황에 따라 계획을 조정하는 중심 역할을 맡는다. 정기적인 회의를 통해 정보를 공유하고 즉각적인 대응이 가능하도록 만든 것도 이 체계의 특징이다.

연계를 가능하게 하는 핵심은 정보 공유다. 일본은 개호보험 대상자의 의료 기록, 간호 기록, 복지 서비스 이용 현황 등을 전산 시스템으로 통합 관리하는 방식을 확산시켜 왔다. 이를 통해 중복 지원을 줄이고, 서비스 누락이나 사각지대를 최소화하는 효과를 얻고 있다. 또한 고령자가 병원에 입원했다가 퇴원하는 과정에서도 지역 케어매니저가 곧바로 연계되어 재가생활로 이어지도록 지원한다. 병원과 가정, 지역 사회가 끊어지지 않고 이어지도록 설계된 것이다.

한국은 아직 이러한 다직종 협업 구조가 충분히 제도화되지 못한 상황이다. 의료와 복지, 요양과 간호가 각각 다른 체계에서 운영되면서 기관 간 정보 공유나 공동 사례 관리가 원활하지 않다. 특히 퇴원 이후 가정으로 돌아온 고령자에게 연속적인 돌봄이 이어지지 못해 공백이 발생하는 경우도 많다. 케어 매니지먼트 기능이 현장에 뿌리내리지 못한 것도 주요한 과제로 지적된다. 행정 절차 중심으로 서비스가 연계되다 보니 실제 개별 고령자의 복합적 욕구를 조율하는 전문성이 충분히 발휘되지 못하고 있는 것이다.

이 점에서 일본의 경험이 던지는 메시지는 분명하다. 고령자의 건강과 돌봄은 단일 영역으로 해결할 수 없으며, 다양한 직종 간 협력과 체계적인 정보 공유가 필수적이라는 사실이다. 중요한 것은 누가 돌보느냐보다 어떻게 연결해 돌보느냐이다.

앞으로 한국도 초고령사회에 맞는 통합적 케어 매니지먼트 시스템을 본격적으로 구축할 필요가 있다. 병원·지역·가정이 단절 없이 이어지는 구조, 직종 간 협업이 자연스러운 문화, 그리고 정보 공유를 기반으로 한 돌봄 체계가 마련될 때 고령자들의 불안을 실질적으로 줄이고 지속 가능한 돌봄 생태계를 만들어 갈 수 있을 것이다.

건강 불안을 기회로 바꾼 일본의 실천들

지역 중심, 생활 밀착형 맞춤 돌봄

초고령사회 일본에서 건강 불안을 해소하는 일은 이제 의료 시스템만으로는 감당하기 어려운 과제가 되었다. 지난 25년간 개호보험 제도가 제도적 기반을 마련했지만, 실제로 고령자의 삶을 지탱하는 힘은 지역사회, 민간기업, 그리고 시니어 본인의 일상 속에서 구체화되고 있다. 제도 설계와 재원 마련이 중앙정부의 몫이라면, 그것을 살아 있는 시스템으로 움직이게 하는 주체는 결국 현장의 다양한 사람들과 조직이다.

일본의 지자체들은 고령자와 가장 가까운 생활 현장에서 돌봄 방식을 실험하며, 각 지역의 지리적·사회적 특성에 맞는 대응 체계를 구축해 나가고 있다. 이는 단순히 중앙정부의 지침을 따르는 수준을 넘어 지역 스스로 현실적 해법을 찾아가는 과정이다. 제도의 지속 가능성은 바로 이런 생활 밀착형 접근과 지역 단위의 실행력 속에서 비로소 의미를 갖는다.

오늘날 일본 각지의 돌봄 모델은 더 이상 정부가 제공하는 복지 서비스라는 일방향적 구조에 머물지 않는다. 지역 전체가 돌봄의 주체로 참여하는 다층적 구조로 진화하고 있는 것이다. 이 과정에서 지자체는 행정 기관을 넘어, 주민·기업·시민단체를 연결하고 협력하는 통합 조정자로서 새로운 돌봄 생태계를 만들어가고 있다.

사례 1. 니시도쿄시의 프레일 체크와 시니어 서포터

니시도쿄시(西東京市)는 고령자의 건강 불안을 조기에 발견하고 예방하기 위해 지역 전역에서 프레일 체크(쇠약 상태 점검)를 체계적으로 추진하고 있다. 이 사업의 중심에는 이틀간의 전문 교육을 이수한 약 120명의 시니어 시민 서포터들이 있다. 이들은 모두 65세 이상의 주민으로 스스로가 시니어이자 건강 파트너로 활동한다는 점에서 또래에 의한 돌봄이라는 새로운 지역 모델을 만들어가고 있다.

시니어 서포터들은 커뮤니티 살롱, 복지관, 건강 교실, 지역 행사 등 다양한 현장에서 활동한다. 이들은 고령 주민이 프레일 자가진단표를 작성하도록 돕고, 간단한 건강 상담을 진행한다. 자가진단에는 신체 기능 저하, 인지 능력, 영양 상태, 사회적 고립 여부 등 일상과 직결된 항목들이 포함된다. 체크 결과는 다시 건강 교실, 걷기 모임, 식생활 개선 프로그램 등 지역 자원과 연결되며 단순한 진단을 넘어 생활 속 건강 코디네이터 역할을 수행한다.

무엇보다 주목할 점은 고령자가 돌봄의 수혜자에서 제공자로 전환되는 구조다. 서포터로 활동하는 시니어들은 자신이 쌓아온 경험과 지혜를 바탕으로 이웃을 돕고, 그 과정에서 소속감과 자긍심을 회복한다. 이는 단순한 봉사를 넘어 자신의 프레일 예방에도 긍정적인 효과를 가져온다. 누군가를 돕는 일이 결국 스스로를 돌보는 일이 되는 선순환의 구조가 만들어지는 것이다.

니시도쿄시의 프로그램은 초고령사회가 직면한 중요한 과제인 돌봄의 고령자화에 대한 하나의 해법을 보여준다. 전문 인력만으로는 한계가 있는 돌봄 영역에서 시민이 직접 참여하고 이끄는 자생적 체계를 구축함으로써 지역의 지속 가능성을 높이고 있다. 돌봄이 일방적으로 주어지는 관계가 아니라 서로를 지탱하는 상호 돌봄의 건강 생태계로 전환되는 모습을 보여주는 사례라 할 수 있다.

사례 2. 하치오지시의 건강 걷기 인센티브 프로그램

도쿄 서부에 위치한 하치오지시(八王子市)는 고령 인구 비율이 30%에 이르는 대표적인 도시형 고령사회다. 이 도시는 건강 문제를 병원이 아닌 일상 속 행동에서부터 풀어가고자 했고, 그 결과 탄생한 것이 걷기 인센티브 프로그램인 테쿠포(てくぽ, teku-po)다. 이 프로그램은 단순히 운동을 장려하는 데 그치지 않고 시민의 건강 관리, 지역 경제 활성화, 공동체 연대라는 세 가지 과제를 동시에 풀어내는 선순환 모델로 자리 잡았다.

핵심 구조는 간단하다. 걷는 만큼 포인트를 받고 그 포인트를 지역 상점에서 사용할 수 있는 것이다. 참여자는 전용 앱이나 시에서 무상 배포하는 만보계 기기를 통해 하루 걸음 수를 기록한다. 나이와 성별을 고려한 맞춤형 목표를 달성하거나, 보건소가 주관하는 건강 강좌, 예방접종, 건강검진 등에 참여하면 포인트가 적립된다. 이렇게 모은 포인트는 지역 내 슈퍼마켓, 약국, 식당 등 500여 개 제휴 상점에서 현금처럼 사용할 수 있다. 걷기가 곧바로 소비 활동과 연결되며 건강한 습관이 지역 경제로 환류되는 구조다.

하치오지시는 고령자의 참여 문턱을 낮추기 위해 디지털 서포트 데스크도 운영한다. 스마트폰에 익숙하지 않은 이들을 위해 보건소와 시민센터, 약국에서 앱 설치와 사용법을 안내하는 것이다. 앱 안에서는 걸음 수 확인뿐 아니라 식사 기록, 뇌 트레이닝 게임 등을 제공해 고령자가 자신의 건강 상태를 직접 점검하고 관리할 수 있도록 돕는다. 병원을 찾지 않아도 일상 속에서 건강 데이터를 확인하며 스스로 생활습관을 개선할 수 있는 기회를 제공하는 셈이다.

이 프로젝트는 2024년 정부와 민간이 함께 주최하는 일본 건강회의에서 최우수상을 수상하며 지역 건강 정책의 대표적 성공 사례로 인정받았다. 하치오지시는 테쿠포 앱을 통해 축적된 데이터를 기반으로 개인별 건강 변화를 분석하고 예방 중심의 맞춤형 개입 체계를 마련하고 있다. 나아가 의료·복지 자원의 효율적 활용에도 기여하고 있다.

무엇보다 주목할 점은 이 프로그램이 건강-참여-소비의 선순환을 만들어냈다는 것이다. 시민은 걷기를 통해 건강을 챙기는 동시

도쿄 하치오지시 테쿠포(てくポ) 프로그램의 작동 방식을 보여주는 그림으로, 앱을 활용해 포인트를 모으고 사용하는 방법을 시각적으로 설명해주고 있다.

에 지역 상점을 이용하며 공동체에 기여한다. 참여 상점은 새로운 고객을 유치하고 지역 경제는 활력을 얻는다.

하치오지시의 테쿠포는 건강 관리를 병원 중심에서 생활 속 실천으로 옮겨온 대표적 사례다. 고령자의 삶의 질을 높이는 동시에 지역 사회 전체가 함께 건강을 만들어가는 지속 가능한 예방 중심 모델로 자리매김하고 있다.

사례 3. 초후시의 CDC 운동과 디지털 격차 해소

도쿄도 초후시(調布市)는 고령자의 건강 유지와 사회적 연결을 동시에 실현하기 위해 민·관·학 협력 기반의 CDC(Chofu Digital Care) 운동을 전개하고 있다. 이 사업은 도쿄대학교, 아플락(Aflac) 생명보험, 그리고 지방정부가 함께 추진하는 통합형 돌봄 모델로 디지털 기술과 오프라인 활동을 결합해 고령층이 일상 속에서 건강을 관리하면서 동시에 디지털 사회에 자연스럽게 참여할 수 있도록 돕는다는 점에서 주목받고 있다.

초후시는 고령 인구 증가 속도가 빠른 지역으로 특히 코로나19 팬데믹 이후 운동 부족, 사회적 단절, 디지털 소외 문제가 복합적으로 심화되었다. 이 같은 상황 속에서 초후시는 고령자들이 건강을 챙기면서도 사람과의 연결을 유지할 수 있는 방법을 찾았고 그 해법으로 CDC 운동을 출범시켰다.

CDC 운동은 단순한 앱 서비스가 아니다. 지역 커뮤니티센터와 복지시설을 거점으로 걷기·근력 운동·스트레칭 같은 오프라인 활동을 진행하고, 그 결과를 스마트폰이나 태블릿에 기록해 디지털 관리 시스템과 연동한다. 축적된 데이터는 도쿄대 연구팀이 개발한 건강 관리 시스템을 통해 분석되고, 참여자에게는 생활 습관에 맞춘 맞춤형 피드백이 제공된다. 고령자 스스로 데이터를 보며 자신의 건강 상태를 점검하고 생활을 개선하는 경험을 할 수 있는 것이다.

이 프로그램의 가장 큰 특징은 디지털 격차 해소다. 대학생 자원봉사자와 지역 활동가들이 고령자에게 기기 사용법을 알려주고, 복지관에는 디지털 상담 창구가 마련되어 앱 설치부터 데이터 확인까지 단계별로 안내한다. 덕분에 고령자들은 기술에 대한 두려움 없이 디지털 환경에 적응하고 자연스럽게 온라인과 연결된다.

또한 건강 활동 데이터는 가족과 지역 보건 인력과도 공유된다. 작은 이상 징후가 발견되면 조기 상담이나 지원으로 이어질 수 있도록 설계된 것이다. 이는 단순한 건강 기록을 넘어 지역 돌봄 네트워크와 긴밀히 연결된 지속 가능한 지원 체계를 가능하게 한다.

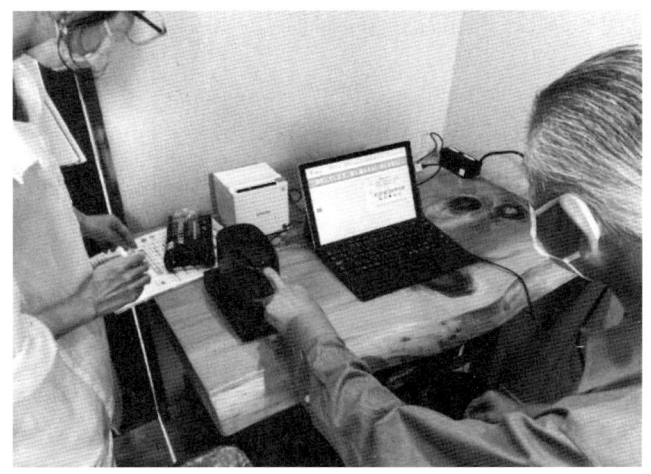
고령자가 자신의 채소 섭취량을 측정·평가하고 건강 데이터를 확인하며 관계자의 도움을
받아 디지털 격차 해소와 건강 관리를 지원받는 모습이다.
자료: 초후경제신문

참여자들의 반응도 긍정적이다. "단순히 운동만 하는 것이 아니라 누군가와 연결되어 있다는 느낌이 건강에 큰 도움이 된다"는 목소리가 많다. 이는 곧 신체적 건강뿐 아니라 정서적 안정까지 챙길 수 있는 돌봄 모델임을 보여준다.

초후시의 CDC 운동은 기술을 중심에 두는 대신 생활의 리듬과 사람 간의 관계를 우선시한다. 디지털을 억지로 주입하기보다 자연스럽게 스며들게 하여 고령자가 능동적으로 디지털 사회에 참여할 수 있도록 돕는다. 이는 단순한 기술 보급을 넘어 지역이 돌봄의 주체가 되어가는 진화된 지역포괄케어의 한 형태로 평가할 수 있다.

건강할 때부터 기업과 함께하는 자립 준비

일본은 이미 초고령사회에 깊이 들어서며 단순히 의료와 복지 수요가 늘어나는 차원을 넘어, 돌봄의 방식과 구조 자체를 다시 설계해야 하는 국면에 서 있다. 공공 시스템만으로는 감당하기 어려운 상황 속에서 다양한 산업 분야의 기업들이 새로운 해법을 제시하는 주체로 등장하고 있다.

ICT, 로봇, 보험, 물류, 주거, 식품, 가전 등 돌봄과 직접적인 연관이 없던 산업들까지 자사의 기술력과 서비스 경험을 바탕으로 고령자 맞춤형 솔루션을 내놓고 있다. 이를 통해 돌봄의 중심축을 병원이나 시설에서 벗어나, 고령자의 주거와 일상 공간으로 옮기는 흐름이 만들어지고 있다. 특히 예방 중심의 건강 관리와 스스로 돌보는 방식을 지원하는 서비스는 돌봄이 본격적으로 필요해지기 전에 미리 대비할 수 있다는 점에서 의미가 크다.

이러한 변화는 단순히 고령자 대상 상품을 추가로 개발하는 차원을 넘어 기업의 전략과 비즈니스 구조 전반을 고령자 중심으로 전환하는 시니어 시프트(Senior Shift)로 이어지고 있다. 기업들은 식사, 욕실, 건강 관리, 주거 등 노년기의 일상 전반을 지원하는 솔루션을 제시하며, 돌봄을 생활 속에 자연스럽게 녹여내고 있다. 이는 시장성과 공익성을 동시에 추구할 수 있는 지속 가능한 비즈니스 모델로 자리잡고 있다.

무엇보다 주목할 점은 민간 기업들의 역할이 공공 서비스가 미치기 어려운 돌봄의 빈틈을 메우고 있다는 점이다. 일본이 지향하

SOMPO케어 컨시어지 담당자가 고령 고객에게 간병과 관련된 맞춤형 정보를 제공하고 있다.

는 지역포괄케어(커뮤니티 케어) 체계 안에서 기업들은 단순한 보조자가 아니라 핵심 파트너로 기능한다. 이제 돌봄은 복지나 의료의 전유물이 아니다. 기술과 서비스, 생활 환경 전반에서 새로운 돌봄의 가능성을 만들어내는 기업들의 참여가 초고령사회의 지속 가능한 기반을 지탱하는 중요한 축으로 자리하고 있다.

사례 1. SOMPO의 간병 컨시어지 서비스

일본은 고령화로 인한 돌봄 수요 급증에 대응하기 위해 공공 시스템에만 의존하지 않고 민간 보험업계를 중심으로 다양한 서비스 혁신을 시도하고 있다. 과거 보험 상품이 주로 병원 치료나 입원비 보장 같은 사후 보상에 초점을 맞췄다면, 최근에는 돌봄 리스크를 미리 관리하고 일상을 지원하는 방식으로 진화하고 있는 것이다.

그 대표적인 사례가 바로 SOMPO케어의 간병 컨시어지 서비스다. 이 서비스는 복잡한 돌봄 제도와 이용 절차를 이해하기 어려운 고령자와 가족에게 맞춤형 상담과 안내를 제공해, 공공 제도의 사각지대를 메워주는 민간형 길잡이 역할을 하고 있다.

SOMPO홀딩스 산하의 요양 전문기업인 SOMPO케어는 보험 가입자가 갑작스러운 돌봄 상황에 직면했을 때 전용 상담 창구를 통해 상황에 맞는 지원을 신속히 받을 수 있도록 돕는다. 예컨대 가족이 뇌졸중이나 골절, 치매로 입원하면서 요양이 필요해졌을 때, 컨시어지 상담원이 개호보험(장기요양보험) 제도 활용법부터 시설 입소 절차, 비용 구조까지 상세히 안내한다. 더 나아가 요양 등급 인정 신청, 케어매니저 연결, 이후의 돌봄 계획 수립까지 원스톱 지원 체계를 제공한다. 단순한 보험 상담을 넘어 돌봄 여정을 함께 설계해주는 생활 밀착형 서비스인 셈이다.

SOMPO케어의 강점은 상담 지원에 그치지 않는다는 점이다. 전국 500여개 유료 노인홈(요양시설)과 재가 간병 서비스를 직접 운영하고 있어, 실제 현장 경험과 정보를 기반으로 고객에게 실질적인 선택지를 제시할 수 있다. 이는 보험업의 전문성과 요양 현장의 운영 역량이 결합된 융합형 돌봄 솔루션으로 평가된다.

무엇보다 이 서비스는 복잡한 제도 속에서 길을 잃기 쉬운 고령자와 가족에게 명확한 이정표를 제시해, 돌봄이 필요해지는 순간의 불안과 혼란을 크게 줄여준다. 동시에 보험 상품의 부가 가치를 높이고 고객과의 장기적 신뢰 관계를 강화하는 전략적 모델로도 주목받고 있다.

사례 2. 니토리의 시니어 라이프 디자인 주거

종합 가구·인테리어 기업 니토리(Nitori)는 '세상 사람들에게 풍요로운 생활을 제공한다(暮らしの豊かさを世界の人々に提供する)'라는 모토 아래, 고령화 사회에 맞춘 시니어 특화 주거 솔루션을 개발해왔다. 단순한 가구 판매를 넘어 고령자가 익숙한 집에서 더 안전하고 자립적으로 살아갈 수 있도록 주거 환경 전체를 재설계하는 데 주력하고 있는 것이다.

니토리의 시니어 제품은 고령자의 신체 변화와 생활 패턴을 세심하게 반영한다. 앉고 일어나기 쉬운 높이 조절 의자, 견고한 팔걸이를 갖춘 소파, 낙상 위험을 줄인 저상 침대, 전동 리클라이너가 대표적이다. 수납 가구는 허리를 굽히지 않고 사용할 수 있도록 설계되었고, 시야 확보를 고려한 조명 일체형 가구, 미끄럼 방지 손잡이, 야간 자동 센서 조명 등도 고령자 친화적인 생활을 지원한다.

제품 개발을 넘어 주거 리모델링 컨설팅 서비스도 함께 제공한다. 문턱 제거, 미끄럼 방지 바닥 시공, 안전 손잡이 설치, 생활 동선 재구성 등 맞춤형 개선안을 제안하며, 일부 매장에서는 전문 컨설턴트가 직접 가정을 방문해 고령자의 건강 상태와 생활 방식에 맞춘 리모델링을 계획하고 시공까지 연계한다.

이러한 접근은 돌봄을 시설이 아닌 익숙한 집에서 실현할 수 있도록 돕는다는 점에서 의미가 크다. 신체 기능 저하를 자연스럽게 수용하면서도 자립성과 안전을 함께 보장하는 물리적 환경은 건강 불안을 줄이고 정서적 안정감을 높이는 핵심 요소다.

니토리는 기능성과 편의성, 그리고 디자인을 조화시킨 시니어 주거 솔루션을 통해 살고 싶은 집이 곧 계속 살 수 있는 집이 되도록 지원하며 초고령사회에 맞는 새로운 주거 표준을 만들어가고 있다.

사례 3. TOTO의 유니버설 욕실 디자인

　위생 도기와 욕실 전문 기업 TOTO(토토)는 고령자를 포함해 누구나 안전하고 편안하게 사용할 수 있도록 유니버설 디자인 기반 욕실 솔루션을 꾸준히 개발해왔다. 특히 일상에서 낙상 위험이 가장 높은 공간인 욕실을 보다 안전하고 자립적인 생활 공간으로 바꾸는 데 집중하고 있다.

　고령자에게 욕실은 미끄러운 바닥, 좁은 구조, 반복적인 자세 변화 등 다양한 위험이 동시에 존재하는 취약한 장소다. TOTO는 이를 해결하기 위해 미끄럼 방지 바닥재, 문턱 없는 슬라이딩 도어, 높이 조절 가능한 위생 도기, 안전 손잡이 등을 통합한 안전 중심의 욕실 디자인을 제안한다. 휠체어나 보행 보조기를 사용하는 사람도 쉽게 출입할 수 있는 무장애 구조, 앉아서 샤워할 수 있는 의자형 공간, 무릎과 허리에 부담을 줄여주는 높이 조절식 세면대와 변기 등이 대표적이다. 이러한 설계는 단순한 편의성을 넘어, 고령자가 스스로 생활할 수 있는 자립성과 삶의 존엄을 지켜주는 장치들이다.

　TOTO는 단일 제품 판매를 넘어 욕실 전체를 맞춤형으로 리모델링하는 컨설팅 서비스로 영역을 확장해왔다. 관절 질환이 있는

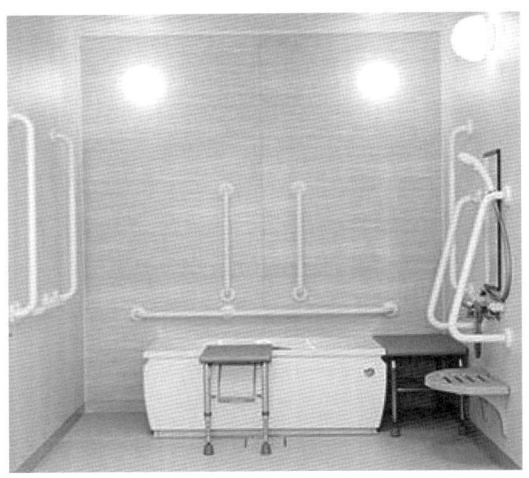 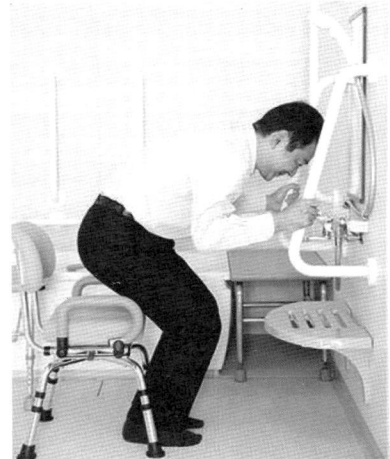

간병 유닛 욕실 전경(左), 의자에서 안전바를 잡고 몸을 일으킬 때 머리를 부딪히지 않도록 설계되어 있다(右) 자료: TOTO

 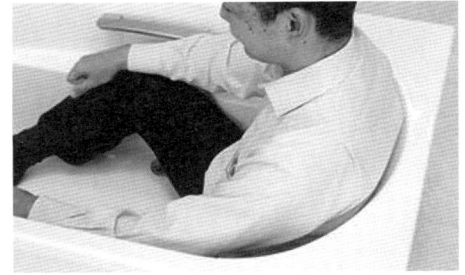

욕조 가장자리는 잡기 쉬운 형태로 쉽게 일어설 수 있도록 설계되어 있다(左), 욕조 안 등받이의 완만한 곡선이 등에 편안하게 맞아 안정적인 자세를 유지하게 해준다(右) 자료: TOTO

고령자에게는 바닥 경사 조정과 샤워 동선 최적화를, 시야가 약해진 사용자에게는 조명 재배치를 제안하는 식이다. 설계에서 시공까지 이어지는 통합 지원을 통해 생활자 중심의 개선을 실현하고 있다.

이처럼 TOTO의 유니버설 욕실 디자인은 단순한 낙상 예방을 넘어 고령자가 집 안에서 더 오래 안전하게 생활할 수 있는 기반을 마련한다. 신체적 불안을 줄이는 동시에 일상에 대한 통제감과 자립적 생활을 가능하게 하는 현실적인 해법을 제시하며 고령자의 건강 불안을 덜고 자기 주도적인 삶을 이어갈 수 있도록 돕고 있다.

사례 4. NEC, 중부전력, 도쿄대의 AI 프레일 모니터링

정보통신 기업 NEC, 에너지 기업 중부전력(中部電力), 그리고 도쿄대학교 고령사회종합연구기구는 전력 데이터를 기반으로 고령자의 건강 위험을 조기에 감지하는 AI 프레일 모니터링 시스템을 공동 개발했다. 병원이나 복지센터가 아닌, 고령자가 매일 생활하는 집 안의 전력 사용 흔적을 통해 건강 위험을 감지한다는 점에서 혁신적인 시도라 할 수 있다.

핵심은 전력 사용 패턴과 생활 리듬의 상관관계를 읽어내는 AI 알고리즘이다. 냉장고, 전자레인지, 조명, TV 등 가전제품 사용 기록은 곧 고령자의 활동성과 직결된다. 예컨대 매일 오전 7시에 커피포트를 켜던 어르신이 며칠째 기기를 사용하지 않는다면, 이는 신체 기능 저하나 생활 리듬 변화의 초기 신호일 수 있다.

시스템은 장기적으로 축적된 전력 데이터를 시간대별 사용량, 변동성, 급격한 증감 등을 분석해 비정상적인 패턴을 자동 탐지한다. 이상 징후가 발견되면 가족이나 지역 케어매니저, 지역포괄지원센터로 알림이 전송되어 신속한 대응이 가능하다. 안부 전화나 간단한 방문부터 병원 진료 연계까지, 위험 수준에 따라 단계적으로 조정할 수 있는 능동형 돌봄 체계인 셈이다.

이 시스템의 가장 큰 강점은 고령자가 직접 불편을 호소하지 않아도 생활 속 작은 변화를 통해 조기 발견이 가능하다는 점이다. 이는 보이지 않는 센서로서 전력을 활용해 일상 데이터를 돌봄 네트워크와 연결하는 새로운 방식이기도 하다. 에너지를 공급하던 기업이 이제는 고령자의 안전을 지키는 역할까지 맡게 된 것이다.

NEC·중부전력·도쿄대의 공동 프로젝트는 2021년 6월 실증 실험을 시작으로 현재도 일부 지역에서 운영 중이며 향후 전국으로 확대될 예정이다. 프레일이라는 보이지 않는 위험을 데이터로 읽어내고 대응한다는 점에서, 이 시스템은 고령자가 익숙한 집에서 안심하고 살아갈 수 있도록 돕는 일상의 기술로 자리매김하고 있다.

사례 5. 후지쯔의 AI 치매 예측 솔루션

후지쯔(Fujitsu)는 일본을 대표하는 ICT(정보통신기술) 기업으로 인공지능(AI)을 활용해 고령자의 인지 기능 저하를 조기에 예측하고 치매를 예방하는 솔루션 개발에 주력하고 있다. 치매는 개인의 삶의 질을 크게 떨어뜨릴 뿐 아니라 가족과 지역사회 전체에 돌봄 부담을 안기는 중대한 리스크이기에, 후지쯔는 치료 이후가 아니라 발병 이전 단계에서 개입하는 데이터 기반 돌봄 체계를 지향한다.

이 솔루션의 핵심은 고령자가 스마트폰이나 태블릿을 통해 일상적으로 수행하는 간단한 인지 과제 데이터를 AI가 분석하는 것이다. 언어 과제, 숫자 기억, 반응속도 테스트 등 게임 형식의 과제를 통해 수집된 데이터는 클라우드에서 자동 분석되며, 평소와 다른 반응 패턴이나 어휘 변화가 감지되면 간호사나 보건 인력에게 즉시 전달되어 조기 개입으로 이어진다.

2021년 2월, 후지쯔는 스미토모생명보험과의 공동 연구를 통해 치매 발병 1년 이내의 인지 저하 조짐을 80% 이상 정확도로 예측할 수 있다는 성과를 발표했다. 이 솔루션은 단순한 예측에 머무르지 않고, 생활 습관을 바로 조정할 수 있도록 설계된 것이 특징이다. 예컨대 수면 패턴이나 활동량 저하가 감지되면, 시스템은 운동이나 식습관 개선을 권고하는 맞춤형 피드백을 제공해 즉각적인 행동 변화를 유도한다.

후지쯔는 이 AI 솔루션을 자사의 디지털 헬스케어 전략의 핵심 축으로 삼아 의료기관, 지자체, 보험사 등과의 협력 모델을 전국적으로 확산시키고 있다. 이는 고령자 개인이 스스로 건강을 관리할 수 있는 자율성을 높이는 동시에, 지역 단위 치매 예방 정책 수립에 필요한 정밀 데이터를 제공하는 구조다. 민간 기술과 공공 돌봄이 융합된 이 모델은 초고령사회의 미래형 돌봄 체계가 어떻게 구체적으로 구현될 수 있는지를 보여주는 대표적인 사례라 할 수 있다.

사례 6. 디엔에이의 건강 증진 앱 켄콤

모바일 인터넷 서비스 기업 DeNA(디엔에이)는 고령자를 포함한 전 세대를 대상으로 예방 중심의 건강 관리를 지원하는 디지털 헬스 플랫폼 kencom(켄콤)을 개발·운영하고 있다. 이 앱은 일본 각지의 건강보험조합과 연계해 공공성과 실용성을 동시에 갖춘 건강 증진 도구로 자리매김했다.

kencom의 핵심은 개인 건강 데이터의 통합 관리다. 사용자는 건강검진 결과, 의료비 청구 정보, 라이프로그(걸음 수, 체중, 혈압, 식사 기록 등)를 앱에서 한눈에 확인할 수 있으며, 이를 시각화된 데이터로 점검할 수 다. 또한 스스로 맞춤형 목표를 설정하고, AI 피드백과 실시간 모니터링을 통해 진행 상황을 확인할 수 있어 건강 관리의 지속성을 높여준다.

예를 들어 "하루 6천보 걷기", "주 3회 혈압 측정하기" 같은 구체적인 목표를 앱이 제시하고, 이를 달성하면 포인트가 적립된다. 포인트는 상품권, 건강식품, 전자기기 교환뿐 아니라 지역사회 기부에도 활용할 수 있어 고령자들에게는 실질적인 보상과 함께 사회 참여의 동기도 부여한다. 이러한 게임화 요소는 혼자서는 유지하기 어려운 습관을 자연스럽게 이어가도록 만드는 kencom의 가장 큰 장점이다.

앱은 콘텐츠 큐레이션 기능도 강화하고 있다. 사용자의 건강 상태에 따라 고혈압 관리, 당뇨병 예방, 근감소증 대응 등 맞춤형 정보를 추천하며, 이해하기 쉬운 언어와 시각 자료를 활용해 고령자도 무리 없이 정보를 습득할 수 있도록 돕는다.

또한 일부 지방자치단체와 연계해 지역 병원·약국과의 상담 서비스를 제공하고, 디지털 기기에 익숙하지 않은 고령자를 위해 오프라인 건강 교육 프로그램도 함께 운영한다. 이는 kencom이 단순한 기록 관리 앱을 넘어 지역 커뮤니티와 연계된 디지털 돌봄 플랫폼으로 진화하고 있음을 보여준다.

kencom은 고령자가 자신의 건강을 이해하고, 관리하며, 즐겁게 실천할 수 있도록 돕는 디지털 파트너로 자리 잡았다. 특히 1인 가

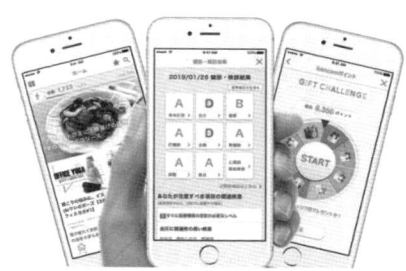

건강 증진 앱 kencom의 주요 기능을 보여주고 있다. 왼쪽부터 일상생활·활동 관리, 건강검진 결과 분석·피드백, 건강증진 동기 부여를 위한 포인트 시스템에 관한 내용을 담고 있다.

구 고령자나 만성질환자들에게는 이러한 작지만 꾸준한 실천이 삶의 안정감을 높이는 중요한 수단이 되고 있다.

사례 7. 산큐드럭의 소셜 카페와 프레일 예방

후쿠오카현을 기반으로 한 약국 체인 산큐드럭(Drug39)은 약국의 전통적인 기능을 넘어, 지역 고령자의 건강 관리와 사회적 교류를 동시에 지원하는 소셜 카페와 프레일 예방 교실을 운영하며 지역 커뮤니티의 거점으로 자리잡고 있다. 이는 약국이 단순히 약을 조제·판매하는 공간이 아니라, 지역포괄케어시스템(커뮤니티 케어) 안에서 예방과 돌봄을 연결하는 허브로 진화하고 있음을 잘 보여준다.

일부 점포는 약국 내부 또는 인접 공간에 소셜 카페를 마련해, 고령자들이 약을 처방받은 뒤에도 차를 마시며 머무를 수 있도록 했다. 이 공간은 단순한 휴식처를 넘어 지역 주민들이 자연스럽게

후쿠오카현에 위치한 산큐드럭 약국안에는 식사와 운동 지도 등의 상담을 받을 수 있는 부스가 마련되어 있다.

만나 대화를 나누는 사랑방 역할을 하며, 특히 혼자 사는 고령자들에게는 외출과 교류의 소중한 계기가 된다.

카페 공간에는 약사나 직원이 상주해 약 복용 상담은 물론, 건강보조식품, 식생활, 운동 등 생활 전반에 관한 조언을 제공한다. 일부 점포는 영양사·간호사 등 전문 인력이 주 1~2회 방문해 맞춤형 건강 체크 서비스를 제공하기도 한다.

또한 산큐드럭은 이 공간을 활용해 프레일 예방 교실을 정기적으로 운영한다. 물리치료사, 영양사, 치과위생사 등 전문가들이 강사로 참여해 근력 강화 운동, 균형 훈련, 구강 관리, 인지 자극 프로그램 등을 진행한다. 소규모 그룹으로 함께하는 참여형 수업 방식 덕분에 고령자들은 꾸준히 참여할 수 있고, 건강 관리와 이웃과의 교류를 동시에 실천할 수 있다.

산큐드럭은 2020년부터 후쿠오카현 기타큐슈시와 협력하여 지역 보건소, 병원 등과의 정보 연계를 강화하고 있다. 참여자 중 건강 상태에 변화가 나타나던 의료기관이나 돌봄 서비스로 자연스럽게 연결될 수 있도록 지원한다.

이러한 시도는 약국을 약을 받는 곳에서 지역 고령자의 생활 속 건강 허브로 전환시켰다. 정기적으로 들러 건강을 관리하고, 이웃과 교류하며, 필요할 때 의료·돌봄 서비스로 이어질 수 있는 예방 중심 인프라로 자리 잡아가고 있는 것이다.

 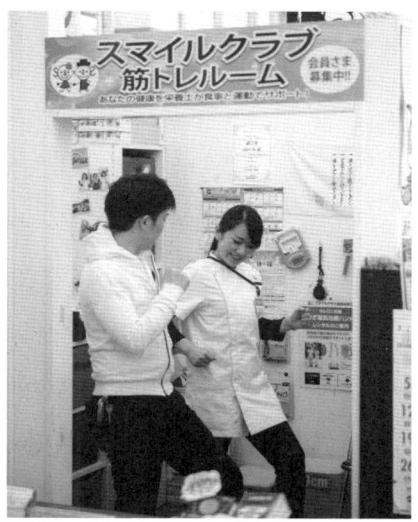

약국에는 관리영양사가 상주해 있어 고령 고객의 건강상태를 확인하고, 고객 상태에 적합한 간단한 운동 방법을 알려준다.

고령자 스스로 만드는 돌봄 공동체의 힘

일본 곳곳에서는 돌봄을 받기 전에 먼저 움직이자는 인식 아래, 고령자 스스로 건강을 지키고 이웃과 관계를 회복하려는 자조 활동이 활발히 이어지고 있다. 대표적인 사례가 전국적으로 조직된 노인 클럽(老人クラブ)이다. 이들은 전국노인클럽연합회의 지원을 받으며 건강 증진, 사회적 고립 방지, 삶의 보람 찾기, 지역사회 기여를 목표로 다양한 활동을 전개하고 있다.

무엇보다 중요한 변화는 고령자들이 복지 혜택을 수동적으로 기다리는 존재가 아니라 지역 사회 속에서 스스로 움직이는 주체가 되고 있다는 점이다. 걷기 모임, 스트레칭과 근력 운동, 공동 식사와 식생활 개선 같은 활동들이 각 지역에서 자발적으로 운영되고 있으며, 방식은 달라도 "혼자 두지 않기"와 "함께 움직이기"라는 공통된 철학이 담겨 있다.

참여자들은 마을 회관, 커뮤니티 센터, 복지 시설 등에 모여 함께 체조를 하고 식사를 나누며 자연스럽게 대화와 교류를 이어간다. 어떤 지역에서는 치매 예방 게임이나 구강 건강 관리, 음악 활동, 요리 교실 같은 프로그램을 곁들이며 흥미와 지속성을 높이고 있다. 이 과정에서 사람들과의 소통과 정서적 지지가 더해지며 단순한 여가 활동을 넘어 삶의 활력이 회복된다.

이들 모임이 가진 또 하나의 특징은 지자체나 복지기관이 일방적으로 주도하지 않는다는 것이다. 지역 주민이 직접 운영하거나 은퇴한 보건 전문가, 간호사, 영양사 등이 자원봉사자로 참여하며 상호부조의 기반 위에서 자연스럽게 형성된다. 스스로 돕고 서로를 돌보는 구조가 중심에 자리한 것이다.

이러한 자조 활동은 단순히 신체 기능 저하를 늦추는 데 그치지 않는다. 고립감을 줄이고 나는 여전히 쓸모 있는 사람이라는 자기 효능감을 되찾게 한다. 실제로 꾸준히 모임에 참여한 고령자들의 경우, 고독감이 완화되고 일상 활동을 이어가는 비율이 높아졌으며 병원 재입원율도 낮아졌다는 연구 결과가 보고되고 있다. 즉, 자조 활동은 개인의 건강을 지키는 차원을 넘어서, 지역 사회 전체의 건강 자산을 키우는 중요한 기반이 되고 있다.

사례 1. 오사카 도요나카시의 사카에 클럽

1인 고령가구 비율이 높은 오사카 도요나카시(豊中市)에서는 주민들이 고령화 문제에 직접 대응하기 위해 사카에 클럽(栄クラブ)을 자발적으로 만들었다. 기존의 노인 클럽과 달리 이곳은 고령자 스스로가 기획하고 운영하는 자조 공동체로 일상의 건강 관리와 이웃과의 관계 회복이라는 두 가지 목표를 함께 추구한다.

사카에 클럽은 주 1~2회 정기적으로 모임을 열며 활동의 중심은 공동 식사다. 함께 음식을 준비하고 나누는 과정에서 단순한 영양 섭취를 넘어 자연스럽게 대화와 교류가 이뤄지고, 고립된 생활 속에서 잃기 쉬운 관계가 다시 살아난다. 식사 이후에는 체조, 스트레칭, 혈압 측정, 건강 상담 등 생활 속에서 쉽게 실천할 수 있는 건강 활동이 이어진다.

무엇보다 주목할 점은 이 모든 과정이 참여자들의 자발적 운영으로 이루어진다는 것이다. 지자체나 복지기관에 전적으로 의존하지 않고, 필요할 경우 돌봄이 필요한 이웃을 초대해 함께 참여하도록 하면서 상호 돌봄의 구조를 자연스럽게 확장한다.

이러한 독립적이고 자치적인 운영 모델은 일본 내 지역 복지와 프레일 예방 연구에서 대표적 성공 사례로 자주 소개된다. 실제로 사카에 클럽에 꾸준히 참여한 고령자들은 고독감이 줄고, 일상 활동의 지속률이 높아졌으며, 병원 재입원율도 감소하는 긍정적인 변화를 경험하고 있다.

사카에 클럽은 단순한 건강 모임을 넘어 고령자가 지역사회 안에서 자립성과 존엄성을 지키며 살아갈 수 있도록 돕는 새로운 돌봄 모델로 자리매김하고 있다.

 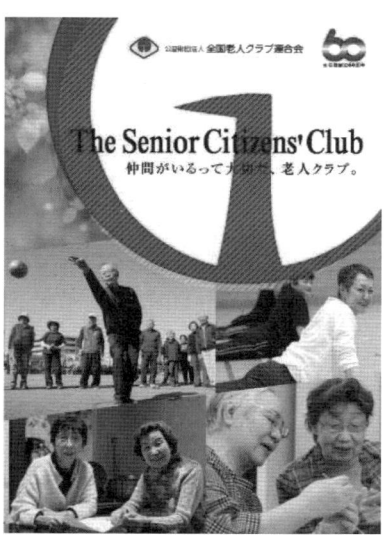

도요나카시 노인클럽연합회가 만든 노인클럽 참여를 독려하는 홍보 안내문(左). 전국노인클럽연합회가 60주년 기념으로 노인클럽의 활동 내역 등을 소개하는 팜플렛(右)

사례 2. 고치시의 이키이키 100세 체조

이키이키 100세 체조는 2002년 고치시(高知市)에서 시작된 고령자 자조 운동 프로그램이다. '100세까지 활기차게'라는 이름처럼 노인의 건강 증진과 프레일 예방을 목표로 고치시가 직접 개발한 체조다. 간단한 동작으로 구성되어 누구나 쉽게 따라 할 수 있지만, 과학적 효과가 입증되면서 전국적인 관심을 끌었다. 2010년대 중반 이후에는 일본 전역 2,000개 이상 지자체에서 도입될 정도로 확산되며 지역 기반 건강 프로그램의 대표 모델로 자리매김했다.

체조 방식은 단순하면서도 실용적이다. 참여자들은 지역 커뮤니티센터나 복지관에 모여 손목이나 발목에 무게를 조절할 수 있는 밴드를 착용한 뒤 약 30분 동안 근력 강화 운동을 진행한다. 운영은 보건소나 사회복지협의회의 기술 지원을 받지만 중심은 어디까지나 고령자들 자신이다. 스스로 조직을 꾸리고 활동을 이어가기 때문에 자율성과 지속성이 자연스럽게 유지된다.

효과 역시 뚜렷하다. 국립장수의료연구센터를 비롯한 연구기관의 조사 결과, 1년 이상 꾸준히 참여한 고령자들은 하반신 근력, 균형 감각, 지구력에서 눈에 띄는 향상을 보였다. 참여자들의 체감 반응도 긍정적이다. "계단 오르기가 한결 수월해졌다", "사람들과 만날 기회가 많아져 즐겁다"는 목소리들이 이를 잘 보여준다.

무엇보다 이 체조의 의미는 신체 건강을 넘어선다. 정기적으로 모여 몸을 움직이고 대화를 나누는 시간은 사회적 고립을 줄이고 정서적 안정을 회복하는 기회가 된다. 혼자 하는 운동이 아닌 함께 하는 활동이기에 삶의 활력과 연대감까지 동시에 얻을 수 있는 것

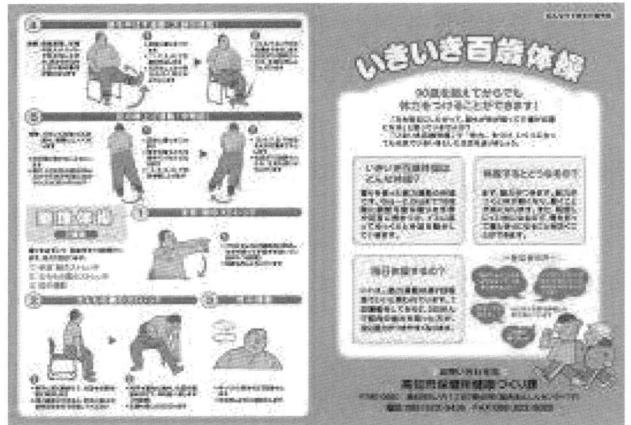

이키이키 100세 체조 홍보 안내문으로 의자에 앉아 손목이나 발목에 중량 밴드를 착용하고 팔을 앞뒤로 움직이는 체조 동작들이 설명되어 있다.

이다.

이키이키 100세 체조는 단순한 운동 프로그램이 아니라, 고령자가 스스로 건강을 지키고 지역사회와 연결되는 실천적 모델로 자리 잡았다. 그 확산 과정은 일본 사회가 초고령화 속에서 개인의 자조와 공동체의 상호부조가 어떻게 결합될 수 있는지를 잘 보여주는 인상적인 사례라 할 수 있다.

사례 3. 시즈오카현 하마마쓰시의 다이닝 살롱

시즈오카현 하마마쓰시(浜松市)는 일본 정부가 추진하는 지역포괄케어시스템(커뮤니티 케어)의 선도 도시 중 하나다. 이곳에서는 고령자의 고립을 줄이고 지역 공동체의 유대를 강화하기 위해 다양한 시도가 이어지고 있는데, 그중에서도 눈에 띄는 것이 바로 후레

가고시마시 교류식당 개최에 관한 안내문과 하마마쓰시의 어린이식당 개최 시 교류 장면을 찍은 사진이다.

자료: 하마마쓰시

아이 쇼쿠도(ふれあい食堂, 교류식당), 일명 다이닝 살롱이다.

이 프로그램은 단순히 무료로 식사를 제공하는 복지 서비스가 아니다. 식사를 함께 나누는 과정을 통해 사람들과 자연스럽게 어울리고, 정서적 돌봄이 오가는 소통의 장을 지향한다. 지역 자원봉사자와 고령자들이 함께 식단을 짜고 음식을 준비한 뒤, 주 1~2회 정기적으로 모여 점심을 나눈다. 준비와 식사, 뒷정리에 이르는 전 과정에서 대화와 교류가 이어지며 이는 자연스럽게 외로움을 덜고 사회적 관계망을 회복하는 계기가 된다.

식탁에서 오가는 대화는 단순한 안부 인사를 넘어 건강 관리, 영양, 약 복용법 같은 생활 밀착형 정보로 확장되기도 한다. 때로는 보건소 직원이나 전문가가 방문해 간단한 건강 상담을 제공하며, 고령자들은 돌봄의 대상이 아니라 지역 돌봄을 함께 만들어가는 주체로 참여하게 된다.

이처럼 다이닝 살롱은 일방적인 복지 제공이 아닌 상호부조의 공간이다. 정기적인 만남은 참여자 간 유대감을 높이고, 누군가 자리에 보이지 않으면 주변 이웃이 바로 알아차려 대응하는 자발적 돌봄 구조로 이어진다. 지역사회가 함께 고령자의 삶을 지탱하는 공동체로 작동하는 것이다.

하마마쓰시의 다이닝 살롱은 일본 전역에서 확산되고 있는 식사 기반 커뮤니티 활동의 한 예다. 고령자를 위한 교류식당뿐 아니라, 아동을 위한 고도모 쇼쿠도(こども食堂, 어린이식당) 등 다양한 형태가 등장하며, 돌봄이 꼭 제도나 전문 서비스에 의해서만 이루어지는 것이 아니라 일상 속 관계와 식탁에서 자연스럽게 형성될 수 있음을 보여준다.

3장

노후 파산의 불안, 일본은 어떻게 극복했을까

: 경제 불안을 기회로 바꾸다

일의 의미를 다시 찾고,
노후를 다시 설계하다

노후파산의 시대, 새로운 안전망을 만들다

"65세 이후의 삶이 이렇게 될 줄은 몰랐습니다."

2014년 9월 NHK 스페셜 다큐멘터리 〈노후파산(老後破産)〉에서 한 고령자가 남긴 이 말은 일본 사회 전체에 깊은 울림을 남겼다. 방송은 연금만으로는 생활을 유지할 수 없어 사실상 파산 상태에 내몰린 노인들의 현실을 적나라하게 보여주었고 노후파산은 더 이상 일부 개인의 불운이 아니라 사회 전반이 마주한 구조적 문제임을 드러냈다.

한때 은퇴 후의 삶은 연금으로 안정적으로 생활하고, 가족의 보살핌 속에서 여유롭게 노후를 보내는 것으로 그려졌다. 그러나 이 다큐멘터리는 그런 이상적 모델이 더 이상 보편적이지 않음을 보여주었다. 누구든 예상치 못한 변수에 따라 생애 말년에 경제적 파탄을 겪을 수 있다는 사실이 사회적으로 각인된 것이다.

방송 직후 '노후파산'이라는 표현은 단순한 프로그램 제목을 넘어 사회적 키워드가 되었다. 서점에는 관련 서적이 쏟아졌고 언론과 온라인 공간에서는 연금 외 소득 마련, 재취업, 자산 관리 같은 주제에 대한 논의가 빠르게 확산되었다. 이제 노후 경제 리스크는 고령자만의 고민이 아니라 중장년층, 더 나아가 젊은 세대까지 함께 대비해야 할 시대적 과제로 자리 잡게 된 것이다.

　실제 조사 결과에서도 이러한 불안은 뚜렷이 드러난다. 일본의 고령가구 상당수가 연금만으로는 생활비를 충당하지 못해 매달 수만 엔 규모의 적자를 기록하고 있으며, 평균적으로 은퇴 이후 약 30년 동안 필요한 생활비가 수입을 초과하는 경우가 많다. 장수시대라는 축복이 동시에 자산 고갈이라는 불안을 현실화시키고 있는 셈이다.

　여기에 배우자의 사망, 질병, 예상치 못한 의료·간병 지출 같은 변수는 가계의 균형을 쉽게 무너뜨린다. 일본은행 조사에서도 고령 가계의 자산 감소 속도가 빨라지고 있음을 지적한 바 있는데, 이는 단순한 생활비 부족 차원을 넘어 국가 경제에도 부정적 파급효과를 미칠 수 있다는 점에서 경고음이 되고 있다.

　일본 정부 역시 이 문제를 개인 복지 차원이 아닌 국가적 리스크로 인식하고 대응하기 시작했다. 그 중심에는 평생현역(生涯現役) 사회라는 구상이 있다. 정년 연장, 재고용 제도, 고령자 전용 일자리 지원 등을 제도화해 고령자가 가능한 한 오랫동안 경제활동에 참여하도록 하는 것이다. 이는 단순히 일자리를 늘리는 것이 아니라, 연금 외 소득원을 확보해 스스로 자립할 수 있는 기반을 만드는 구조적 대응이라 할 수 있다.

또한 중앙정부와 지방정부는 고령자의 금융 리터러시(Literacy, 금융 이해도) 강화에도 힘을 쏟고 있다. 일부 지자체에서는 금융기관과 협력해 고령자를 대상으로 한 자산 관리 상담, 지출 계획 워크숍, 금융 사기 예방 교육 등을 정기적으로 운영하고 있다. 단순한 생활 보조가 아니라 스스로 판단하고 관리할 수 있는 힘을 길러주는 데 초점을 맞추고 있는 것이다.

노후파산 문제는 개인의 파탄을 넘어 국가 전체의 활력 저하로 이어질 수 있다. 고령층의 소비 여력 축소는 내수 침체로, 노동력 부족은 생산성 저하와 재정 부담 증가로 연결된다. 노후 경제의 불안정은 사회 전체가 함께 짊어져야 할 구조적 위협인 셈이다.

따라서 노후 리스크는 특정 세대만의 문제가 아니라 전 세대를 아우르는 생애적 과제로 다뤄져야 한다. 얼마나 오래 살지 모른다는 불확실성은 이제 개인의 고민을 넘어 사회 전체가 공유해야 할 새로운 전제다.

2014년 9월 첫 방영된 NHK 특별 다큐멘터리 〈노인표류사회 "노후파산"의 현실〉 속 한 장면

연금 이후의 삶, 자산과 노동을 함께 생각하기

"연금만으로 살 수 있을까?"

고령자의 경제 불안을 이야기할 때 가장 먼저 떠오르는 질문이다. 일본 역시 공적연금이 노후 생활의 핵심 소득원이지만, 그 자체로는 충분하지 않다는 인식이 사회 전반에 깊이 자리 잡고 있다. 이 때문에 노후 자산 형성과 개인 연금 다변화는 더 이상 선택이 아니라 필수 과제가 되었다.

일본의 공적연금은 국민연금(기초연금)과 후생연금으로 이원화되어 있다. 20세 이상 60세 미만 국민은 누구나 반드시 가입해야 하며, 자영업자·프리랜서·전업주부는 국민연금, 기업이나 공공기관에 속한 근로자는 후생연금에 가입한다. 후생연금 가입자는 국민연금에도 자동 가입되기 때문에 사실상 두 가지 연금을 동시에 수령하는 구조다.

문제는 수급액의 격차다. 2023년 기준 후생연금 수급자의 월평균 연금은 약 15만 엔(약 142만 원)이지만, 국민연금만 수령하는 경우는 약 5만 5천 엔(약 52만 원)에 불과하다. 이 수치는 비정규직, 자영업자, 단시간 노동자 출신 고령자에게 연금만으로는 기본 생활조차 유지하기 어렵다는 현실을 여실히 보여준다. 결국 공적연금은 안정된 노후를 보장하기보다는 최소한의 생활비를 뒷받침하는 기초 소득에 가까운 역할만 하고 있는 셈이다.

이런 상황 속에서 일본 정부는 연금제도의 지속 가능성을 확보하는 동시에 개인이 자발적으로 자산을 축적할 수 있도록 다양한 정책을 추진해왔다. 대표적인 것이 개인형 확정기여연금(iDeCo)과 소액투자 비과세제도(NISA)다. 두 제도 모두 세제 혜택을 통해 장기적 자산 형성을 유도하며 단순한 금융상품 장려를 넘어 스스로 준비하는 노후라는 패러다임 전환을 촉진하고 있다.

이는 국민 각자의 자산 형성을 제도적으로 지원한다는 측면에서 한국의 개인형 퇴직연금(IRP)과 개인종합자산관리계좌(ISA)와도 유사한 맥락을 갖는다.

NISA와 iDeCo

2000년대 중반 이후 일본 정부는 연금 외 노후자금 확보를 위한 개인 투자 활성화 정책을 본격적으로 추진하기 시작했다. 그 중심에는 NISA와 iDeCo라는 두 핵심 제도가 자리 잡고 있다.

2014년 시작된 NISA(Nippon Individual Savings Account)는 소액투자 전용 계좌로, 일정 한도 내에서 발생하는 금융투자 이익에 대해 세금을 면제해준다. 주식, 펀드 등 다양한 상품에 투자할 수 있어 일반 가계의 노후 자산 형성 수단으로 빠르게 자리 잡았다.

2024년부터는 신(新) NISA로 제도가 전면 개편됐다. 비과세 한도가 대폭 늘어나 연간 최대 360만 엔까지 투자할 수 있고 평생 누적 한도는 1,800만 엔으로 확대됐다. 또 비과세 기간이 사실상 무제한으로 전환되면서 장기적 관점에서 안정적인 자산 형성이 가능해졌다. 적립형과 성장형이라는 두 프레임을 병행 운용할 수 있어 투자 유연성 역시 커졌다.

2002년 도입된 iDeCo(individual-type Defined Contribution pension)는

개인이 스스로 납입한 금액을 직접 운용하고 은퇴 후 연금으로 수령하는 제도다. 납입금 전액 소득공제, 운용 수익 비과세, 수령 시 세제 혜택 등 이른바 3중 세제 혜택이 강점이다. 특히 후생연금에서 소외되기 쉬운 자영업자, 프리랜서, 전업주부에게는 필수적인 연금 보완 수단으로 평가된다.

가입 연령은 65세까지 확대됐고 근로 형태와 상관없이 누구나 가입할 수 있다. 2023년 말 기준 가입자 수는 349만 명을 돌파했으며, 특히 50대 이상 고령자의 신규 가입이 빠르게 증가하고 있다.

고용주가 근로자의 퇴직연금 계좌에 일정 금액을 납입하고, 근로자가 운용을 선택하는 기업형 확정기여연금(DC)도 확산되고 있다. 기업은 퇴직금 지급 부담을 줄이고, 근로자는 장기적 자산 운용 기회를 확보하는 구조다. 이는 일시금 중심의 퇴직금 관행에서 벗어나 연금 형태로 자산을 축적하는 문화로 전환하는 중요한 흐름이다.

일본 정부가 이러한 제도를 적극 확대한 배경에는 '저축에서 투자로(貯蓄から投資へ)'라는 국가적 전략이 있다. 일본 가계 자산의 절반 이상이 여전히 현금과 예금에 머물러 있는데, 초저금리 시대에는 저축만으로는 노후를 대비하기 어렵다는 인식이 커졌기 때문이다.

정부는 단순히 제도 마련에 그치지 않고 금융 리터러시 제고에도 집중하고 있다. 전국 금융 이해도 조사를 실시하고, 학교 교육에 금융 교육을 도입하며, 청년과 고령자, 여성을 대상으로 다양한 금융 교육 프로그램과 캠페인을 운영한다. 이는 국민이 단순히 제도를 활용하는 데서 나아가 스스로 판단하고 자산을 운용할 수 있는 기반을 마련하려는 움직임이다.

신 NISA, iDeCo, 기업형 퇴직연금(DC형)은 각기 다른 역할을 수

일본 vs. 한국 노후 자산 형성 제도 비교

	일본 NISA	일본 iDeCo	한국 ISA	한국 IRP
도입 목적	소액 투자 활성화, 가계 자산의 투자 전환 (저축→투자)	자발적 퇴직연금, 노후 자산 형성	개인의 종합 금융 투자 및 저축 지원, 투자 활성화	퇴직금 장기 운용, 노후 대비 연금 수령
도입 시기	2014년 시작, 2024년 전면 개편 (신NISA)	2002년 도입	2016년 도입	2005년 도입
가입 대상	일본 거주 개인	만 65세까지	국내 거주 개인	소득이 있는 모든 취업자
납입 방식	자유롭게 투자, 연간 한도 내에서 운용	가입자가 매월 납입 (정액), 자율 운용	일정 금액을 은행, 증권, 보험사 통해 불입 및 운용	퇴직금 이체 또는 개인 불입
연간 납입 · 투자 한도	연간 최대 360만 엔, 평생 누적 한도 1,800만 엔	개인별 한도 상이	최대 2,000만 원 (서민·농어민 4,000만 원)	세액 공제 한도 연 700만 원 (근로자 본인 불입 1,800만 원까지 가능)
세제 혜택	투자 이익 전액 비과세 (사실상 영구적)	납입액 전액 소득공제, 운용수익 비과세, 수령 시 퇴직소득공제	운용수익 200만 원까지 비과세 (서민·농어민은 400만 원)	납입액 세액공제 (연 최대 115.5만 원), 운용수익 (과세이연 혜택 有)
투자 가능 상품	주식, 펀드, ETF 등 금융상품 전반	펀드, 예금, 보험 등 제한된 상품	펀드, 예금, 파생상품 등 종합 운용 가능	펀드, 예금, 보험 등 제한적 운용 가능 (위험자산 투자 비중 70%로 제한)
수령 방식	자유롭게 환매 가능 (투자계좌)	60세 이후 연금 또는 일시금 수령	자유 인출 가능 (단, 최소 가입 기간 조건 有)	퇴직 후 연금 또는 일시금 수령
특징	·영구 비과세 투자 계좌 ·소액/장기투자에 유리	·3중 세제 혜택 ·자영업자/비정규직 필수 수단	·다양한 금융상품 통합 관리 ·중산층, 서민 노후 대비 자산형성 계좌	·법정 퇴직연금과 연계 ·세액공제 효과로 근로자 노후 보완

행하지만 공통적으로 개인의 자산 자립을 지원하는 핵심 수단이다. 이제 일본에서 은퇴 이후의 삶은 단순히 연금만을 수급하는 것이 아니라, 자산을 능동적으로 운용하고, 필요에 따라 경제 활동을 이어가며, 각자의 방식대로 현역의 시간을 연장해 나가는 하이브리드형 노후 모델로 진화하고 있다.

평생현역사회라는 새로운 계약

영화 〈인턴〉에서 로버트 드니로가 연기한 70세의 벤 휘태커는 은퇴 후 안정된 생활을 이어가지만, 반복되는 일상 속에서 공허함을 느낀다. 그는 시니어 인턴으로 스타트업에 들어가 젊은 CEO의 든든한 조언자이자 협력자가 되고, 풍부한 경험과 성숙한 판단력으로 조직에 기여한다. 이 이야기는 허구지만, 고령자의 지식과 경험이 여전히 경제와 사회에 가치 있는 자산임을 설득력 있게 보여준다.

오늘날 일본 사회가 지향하는 방향도 이와 크게 다르지 않다. 은퇴 이후에도 건강과 의지가 있다면 계속 일할 수 있는 사회, 바로 평생현역사회(生涯現役社會) 구상이 그것이다. 중요한 것은 고령자에게 무조건 더 오래 일하라고 강요하는 것이 아니라, 원한다면 선택할 수 있는 일자리 구조를 만드는 것이다.

이런 변화의 배경에는 두 가지 구조적 과제가 놓여 있다. 첫째, 저출산·고령화로 인해 연금과 의료 등 사회보장 제도의 지속 가능성이 위협받고 있다는 점. 둘째, 정년 이후 국민연금 수령까지 소득 공백이 길어지면서 노후 빈곤이 심화되고 있다는 현실이다. 일본 정부는 이 문제를 동시에 해결하기 위해 고령자의 노동시장 참여 확대에 주목했다.

1971년 제정된 中高연령자 고용촉진법은 1986년 高연령자고용안정법으로 개정되었고, 이후 2013년과 2021년 등 반복적인 개정을 통해 고령자 고용 보장의 범위를 넓혀왔다. 특히 2013년 개정으로 기업은 희망하는 고령 근로자를 65세까지 재고용하도록 의무화했으며, 실제로 2023년 기준 전체 기업의 99.3%가 이 의무를 이행하고 있다. 2021년 개정안에서는 그 연령을 70세까지 확대한 '노력 의무'가 법적으로 명문화되면서, 사실상 '70세 현역 시대'의 문이 열렸다.

법 개정은 기업에 여러 선택지를 제시했다. 정년을 70세 이상으로 연장하거나, 정년 제도를 폐지하거나, 계속 고용 제도를 운영하거나, 위탁·자영업 형태의 취업 기회를 제공하는 방식 등이 그것이다. 이러한 제도적 유연성은 기업이 상황에 맞게 고령 인력을 활용할 수 있는 기반이 되었다.

제도 변화는 실제 노동시장에도 파급효과를 가져왔다. 고령자 창업 지원금, 전문 컨설팅, 리스킬링(재교육) 프로그램이 확산되었고, 직업능력개발센터와 연계한 훈련 과정도 정례화되었다. 지자체와 공공기관은 시니어 전용 일자리 중개센터를 운영하며, 민간에서는 시니어 전문 파견회사와 온라인 매칭 플랫폼이 활발히 등장했다. 물류, 건설, 간병, 교육 등 숙련이 중요한 업종에서는 고령 인력이 단순 노동력을 넘어 조직의 안정성과 후배 양성을 이끄는 전략적 자산으로 자리 잡고 있다.

무엇보다 평생현역사회는 고령자 개인에게도 큰 의미를 지닌다. 이는 노후에도 반드시 일해야 하는 사회를 뜻하는 것이 아니라, 일할 수 있는 기회가 열려 있는 사회를 의미한다. 안정적인 일자리를 통해 경제적 자립을 실현하고, 동시에 사회적 소속감과 삶의 의미를 이어갈 수 있다. 국가 역시 고령자의 경제 참여를 통해 연금 부담을 완화하고, 생산가능인구 감소 문제를 완충할 수 있다.

평생현역사회는 인구 수가 아니라, 역할의 재분배를 통해 초고령사회에 대응하려는 일본의 전략적 선택이다. 이는 일본 사회가 나이가 아니라 역할과 기여로 사람을 정의하는 사회로 나아가고 있음을 보여준다.

2015년 9월 개봉한 로버트 드니로와 앤 해서웨이 주연의 미국 영화 〈인턴〉

공공과 민간이 함께 만든 노후 경제 해법

정부와 지자체가 나서서 경제 기반을 강화하다

공적연금만으로는 안정적인 노후 생활을 유지하기 어려운 현실 속에서 일본은 고령자의 자립을 뒷받침하고 노후 파산을 예방하기 위해 다층적인 전략을 추진해왔다. 중앙정부와 지자체는 고령자를 단순한 복지 수혜자가 아니라 지역 경제를 이끌어가는 능동적 주체로 바라보며, 이를 실현하기 위한 제도적 기반과 생활 밀착형 자립 모델을 설계해 나가고 있다.

우선, 연금 외의 안정적 소득 확보를 위해 재취업 기회와 창업 지원이 강화되고 있다. 이 과정에서 고령자가 오랜 세월 쌓아온 전문성과 경험을 사회적으로 환원할 수 있도록 다양한 제도가 마련되며, 단순한 생계 보완을 넘어 사회적 기여의 장을 넓히고 있다.

또한 지역 단위에서는 고령자가 무리 없는 범위에서 자신의 역량을 발휘하며 소득과 사회적 역할을 동시에 이어갈 수 있는 구조가 확산되고 있다. 커뮤니티 기반 일자리, 지역 특화형 창업 모델, 봉사활동과 경제적 보상을 결합한 포인트 제도 등이 대표적인 예다.

이러한 접근은 소득 보완을 넘어 고령자의 자존감 회복, 지역 사회 전반의 활력 증진, 커뮤니티의 지속 가능성 강화로 이어진다. 결국 공공 정책과 지역의 실행력, 개인의 자발적 참여가 맞물릴 때 경제적 불안은 완화되고, 보다 안정적이고 든든한 노후 기반이 마련될 수 있다.

실버 인재센터로 일의 기회를 다시 만들다

일본 정부는 고령자의 경제 활동 참여를 단순한 재취업 문제로만 바라보지 않는다. 중요한 것은 고령자의 체력과 건강 상태, 생활 리듬에 맞춘 지속 가능하고 유연한 일의 형태를 설계함으로써 경제적 자립은 물론 삶의 활력과 사회적 소속감까지 회복할 수 있도록 하는 데 있다.

이러한 관점에서 추진되는 것이 바로 '실천형 커리어 프로그램'이다. 단순한 재교육이나 이론 중심 강좌를 넘어 고령자가 실제 사회 속에서 기여하고 활동할 수 있도록 설계된 이 프로그램은 디지털 기기 활용 교육, 새로운 산업 분야에 대한 리스킬링(재교육), 경력 전환을 위한 맞춤형 컨설팅, 그리고 지역 일자리 매칭 시스템 등 다양한 실질적 지원을 포함하고 있다.

이 프로그램의 대표 사례가 바로 전국적으로 운영 중인 실버 인재센터다. 전국 약 1,300여개 시정촌(한국의 시군구) 단위로 설립된 이 공익사단법인은 만 60세 이상의 건강하고 일할 의지가 있는 고령자를 대상으로 경량·단기·일시적 업무를 중개하는 플랫폼 역할을 한다.

센터가 연결하는 일자리는 공공시설 정비, 초등학교 주변의 통학 안전 지도, 아파트 청소, 가정 내 간단한 수선 작업 등 지역사회에 꼭 필요한 활동들로 구성된다. 대부분 주 1~2회, 하루 몇 시간 단위의 단기 근무로 고령자의 체력과 일정에 맞춰 유연하게 조절할 수 있다는 점이 강점이다.

예를 들어 도쿄 세타가야구(世田谷区)의 실버 인재센터에는 약 2,800명의 고령자 회원이 등록돼 있는데 이는 세타가야구의 65세 이상 인구의 약 1.5%에 해당하는 규모다. 이 센터는 연간 수천건에 달하는 소규모 업무를 지역과 연결하고 있다. 학교나 공공시설 등과의 협력 프로젝트도 활발히 전개되며 지역 주민과의 신뢰를 기반으로 한 활동이 중심이 되고 있다.

아이치현 나고야시(名古屋市)의 실버 인재센터는 가정 수리, 정원 손질, 지역 축제 운영 보조 등 다양한 분야의 업무를 중심으로 운영되며, 특히 수익의 일부를 지역사회 환원 사업에 활용하는 구조를 갖추고 있다. 고령자의 노동이 단순히 개인의 수입에 그치지 않고, 지역 사회로 다시 환류되는 선순환 구조를 형성하고 있는 것이다.

이처럼 실버 인재센터는 단순한 취업 알선 기관이 아닌 고령자

왼쪽부터 나고야시, 가와니시시, 도쿄 시나가와구 실버인재센터에 등록된 고령자들이 정원 손질, 동네 청소, 초등학교 통학로 안전지도 등의 업무를 수행하고 있다.

의 생활 리듬에 맞춘 맞춤형 일자리 제공, 생애 보람 증진, 사회적 고립 예방, 건강 유지 등 다층적인 효과를 창출하는 플랫폼으로 진화하고 있다.

무엇보다 중요한 것은 수입의 많고 적음이 아니라 "나는 여전히 사회의 일원으로서 역할을 수행하고 있다"는 인식 자체가 고령자의 자존감과 삶의 목적을 회복하게 한다는 점이다.

실버 창업 모델로 새로운 도전을 만들다

고령자의 경제적 자립을 뒷받침하는 또 하나의 축은 실버 창업이다. 일본 각지에서는 고령자가 평생 축적해온 경험과 전문성을 지역 경제와 연결하기 위한 다양한 창업 지원이 활발히 전개되고 있다.

이제 창업은 더 이상 젊은 세대만의 전유물이 아니다. 은퇴 후 새로운 삶의 방향을 모색하는 고령자들에게 창업은 현실적인 자립 수단이자, 동시에 삶의 의미와 보람을 되찾는 길이 될 수 있다. 이러한 흐름에 맞춰 일본의 지자체와 공공기관은 제도적·재정적 뒷받침을 통해 고령자의 도전을 적극적으로 지원하고 있다.

이어 소개할 사례들은 이러한 실버 창업 지원이 현장에서 어떻게 실현되고 있는지를 보여준다. 이는 초고령사회가 직면한 경제적 불안이 새로운 기회가 될 수 있음을 보여주는 단서가 된다.

사례 1. 오사카부의 기존 인프라를 활용한 시니어 창업 촉진

오사카부(大阪府)는 60세 이상 고령자가 은퇴 이후에도 사회적 역할을 이어갈 수 있도록 기존의 창업 지원 인프라를 활용한 실용적 모델을 운영하고 있다. 특징적인 점은 고령자 전용 프로그램을 따로 두는 방식이 아니라, 전 세대를 아우르는 창업 플랫폼 안에서 고령자에게도 동등한 기회를 제공한다는 것이다.

이 체계의 핵심 거점은 오사카산업창조관이다. 이곳에서는 창업 아이디어 발굴에서 사업 계획 수립, 실행 단계까지 전 과정을 포괄적으로 지원한다. 고령자는 아이디어를 제출한 뒤 선발 과정을 거쳐 비즈니스 세미나와 전문가 멘토링을 통해 구체화할 수 있으며, 일정 요건을 충족하면 보조금·융자 등의 초기 자금을 지원받을 수 있다. 또한 공유 오피스와 실습 공간 등 현실적인 인프라도 제공된다.

지원되는 업종은 고령자의 경력과 취미가 자연스럽게 이어질 수 있는 생활 밀착형 분야가 주를 이룬다. 수공예, 복지 서비스, 생활 편의 서비스, 소매업 등은 진입 장벽이 낮고, 안정적인 수익을 기대할 수 있어 시니어 창업에 적합한 영역으로 평가된다.

오사카부는 고령자가 쌓아온 경험과 역량을 지역 안에서 다시 순환시키는 구조를 지향한다. 이를 통해 고령자는 경제적 자립을 이루는 동시에 지역 경제와 공동체에 활력을 불어넣는 선순환을 만들어가고 있다.

사례 2. 나가노현의 시니어 디지털 리스킬링

고령자의 창업과 경제 활동이 지속성을 가지려면 자본이나 아이디어뿐 아니라 변화하는 환경에 적응하고 새로운 기술을 배우는 역량이 필수적이다. 나가노현(長野県)은 이런 관점에서 '평생현역 사회'를 목표로 고령자 대상 디지털 리스킬링(재교육) 프로그램을 적극적으로 운영하고 있다.

대표적인 사례가 디지털 사회 대응력 향상 사업이다. 이 프로그램은 기초 IT 교육과 온라인 플랫폼 활용법에 더해 지역 자원과 연계한 서비스 기획 워크숍까지 포함한다. 단순히 이론을 배우는 데서 멈추지 않고, 실제 생활과 비즈니스 현장에서 활용 가능한 기술 습득을 지향하는 것이다.

교육 과정은 실습 중심으로 진행된다. 참가자들은 소규모 비즈니스 아이디어를 직접 기획하고 실행 가능한 형태로 발전시키며, 이후 전문 멘토의 지도를 받아 시범 운영까지 경험한다. 예컨대 스마트폰 앱을 통한 지역 특산물 판매, 온라인 건강 상담 서비스 기획 등 일상과 밀접한 주제를 실제로 구현해보는 것이다. 교육 과정에서 얻은 학습이 곧바로 새로운 기회로 연결되는 구조다.

이와 더불어 나가노현 장수사회개발센터 같은 공공 재단도 스마트폰·PC 교실, 온라인 커뮤니티 활용 워크숍 등을 운영해 디지털 기반 확산을 돕고 있다. 시청이나 복지 시설에서 열리는 수업은 누구나 쉽게 참여할 수 있도록 접근성을 높였으며, 온라인 결제, 정보 검색, 지역 커뮤니티 교류 등 생활 속에서 직접 활용 가능한 내용을 다루고 있다.

나가노현의 시도는 단순한 기술 교육을 넘어 고령자가 디지털 역량을 키우고 이를 토대로 새로운 경제 활동에 참여할 수 있는 선순환 구조를 만드는 데 방점이 찍혀 있다. 이러한 실험은 고령자가 변화하는 디지털 사회 속에서도 자신의 경험과 강점을 살려 새로운 사회적 역할을 찾아가는 기반이 되고 있다.

사례 3. 일본정책금융공고의 시니어 창업 자금 지원

고령자가 창업을 결심했을 때 가장 먼저 부딪히는 현실적 장벽은 자금이다. 은퇴 후 정기적인 소득이 줄어들고, 금융기관의 대출 심사에서는 연령이나 신용도 때문에 제약을 받는 경우가 많다. 이 때문에 창업 의지가 있어도 실행으로 옮기지 못하는 사례가 적지 않다.

이를 보완하기 위해 일본의 공공 금융기관인 일본정책금융공고(Japan Finance Corporation, JFC)는 60세 이상 고령자를 대상으로 한 창업 자금 융자 제도를 운영하고 있다. 이 프로그램은 창업 경험이 없는 사람도 신청할 수 있도록 요건을 완화했으며, 최대 3,500만 엔까지 저금리 융자를 지원한다. 특히 1~3년의 상환 유예 기간을 두어 초기 비용 부담을 줄이고 사업이 안정기에 접어들 수 있도록 설계된 것이 특징이다.

　JFC의 지원은 단순히 자금을 빌려주는 데 그치지 않는다. 세무, 경영, 마케팅 등 창업 전 과정에서 전문가 멘토링을 제공해 시행착오를 최소화하고 고령 창업자가 사업을 안정적으로 운영할 수 있도록 돕는다.

　이 제도를 통해 실제로 창업에 성공한 사례도 다양하다. 대표적으로 초기 자본 부담이 적고 운영이 유연한 푸드트럭 창업이 고령자에게 각광받고 있다. 도치기현(栃木県)에서는 60대 남성이 오랜 취미였던 제빵 기술을 살려 푸드트럭 베이커리를 시작했는데, 지역 축제와 마을 행사에 출점해 주민들의 호응을 얻으며 안정적인

JFC의 융자 지원을 받아 창업에 성공한 50대(창업 당시 55세) 남성 창업가가 자신의 푸드트럭 앞에서 활짝 웃고 있다.

자료: 일본정책금융공고

수익 기반을 마련했다.

또 다른 사례로 효고현(兵庫県)에서는 고령자 커뮤니티가 함께 모여 공동으로 커뮤니티 카페를 창업했다. 방치된 빈집을 개조해 주민 누구나 드나들 수 있는 교류 공간을 만든 것이다. 이 사업은 지자체 보조금과 JFC 융자를 활용해 시작되었으며, 결과적으로 지역 고령자의 사회 참여와 세대 간 소통의 거점으로 자리매김했다.

이처럼 JFC의 창업 지원 제도는 고령자의 경제적 자립을 가능하게 할 뿐 아니라, 고령자가 지역 경제의 능동적인 주체로 활동할 수 있는 기반을 제공한다. 고령자의 축적된 경험과 기술이 경제 활동으로 전환되는 과정에서 지역 사회도 활력을 얻는 선순환 구조가 만들어지고 있는 것이다.

고령자의 기여를 지역화폐와 커뮤니티 포인트로

고령자의 경제 활동 참여는 더 이상 노동시장 복귀에만 국한되지 않는다. 일본 각지에서는 고령자가 지역사회에서 쌓는 시간과 기여를 경제적 가치로 환산하는 새로운 시도가 확산되고 있다.

그중 대표적인 방식이 지역화폐와 커뮤니티 포인트 제도다. 이 제도는 고령자가 지역 내에서 활동하고 봉사하는 시간을 포인트로 기록하고 이를 지역 상점에서 사용할 수 있도록 연결한다. 단순히 지원금을 지급하는 복지 차원이 아니라, 고령자의 사회적 기여를 경제적으로 인정하고 생활권 안에서 소비로 이어지게 하는 구조다.

예를 들어, 이웃의 장보기나 고립된 고령자의 안부 확인, 지역 행사 지원과 같은 활동을 하면 포인트가 적립되고, 적립된 포인트는 식료품 구매, 교통비 할인, 문화센터 이용 등 실질적인 혜택으로 환원된다. 이는 고령자에게는 사회 참여 동기를, 지역 경제에는 소비 활성화를 동시에 가져오는 선순환을 만들어낸다.

사례 1. 하마마쓰시의 지역화폐로 이어지는 마을 경제

시즈오카현 하마마쓰시(浜松市)는 고령자의 사회적 역할 회복과 경제적 자립을 동시에 도모하기 위해 하마마쓰 히어로즈 프로젝트를 운영하고 있다.

이 프로젝트의 핵심은 고령자가 일상 속에서 지역사회에 기여하고, 그 활동을 단순한 자원봉사가 아닌 경제적 가치로 인정해 보상하는 것이다. 독거노인의 안부 확인, 마을 공원 정비, 어린이 돌봄 등 다양한 활동에 참여하면 기여도에 따라 마이카(maica)라는 지역화폐 포인트가 지급된다. 이 포인트는 하마마쓰시 내 100개 이상의 제휴 상점, 편의점, 병원, 약국 등에서 현금처럼 사용할 수 있다.

이 제도는 단순히 봉사와 기부로 끝나는 구조가 아니다. 활동 등록과 마을협의체의 승인을 거쳐 봉사를 수행하면 포인트가 지급되고, 이는 다시 지역 내 소비로 이어진다. 즉, 고령자의 활동이 지역사회에 필요한 서비스를 제공하는 동시에 지역 경제를 활성화하는 선순환 고리를 만드는 것이다.

특히 주목할 점은, 참여 고령자들이 이 지역화폐를 단순한 활동비가 아니라 사회적 기여에 대한 정당한 보상으로 인식한다는 점이다. 자신의 시간과 경험이 존중받고 있다는 실질적 체감은 고령자의 자존감을 지켜주며, 지속적인 사회 참여를 가능케 하는 중요한 동기가 된다.

하마마쓰시의 모델은 단순히 복지 부담을 줄이는 차원을 넘어서 고령자가 지역사회의 일원으로 능동적으로 역할을 수행하고 그에 따른 경제적 보상이 지역 경제로 환류되는 구조를 만들어낸다. 이는 초고령사회에 대응하는 새로운 지역 돌봄·경제 모델로서 의미 있는 사례로 평가받고 있다.

사례 2. 요코하마시의 건강과 소비, 사회 참여를 잇는 포인트 제도

가나가와현 요코하마시(橫浜市)는 고령화로 인한 의료비 증가와 사회적 고립 문제에 대응하기 위해 요코하마 워킹 포인트 사업을 운영하고 있다. 이 제도의 핵심은 고령자의 건강 활동을 지역 소비와 연결해 삶의 질 향상과 지역경제 활성화를 동시에 이루는 데 있다.

운영 방식은 간단하다. 고령자가 건강검진을 받거나 걷기 캠페인, 자원봉사 활동에 참여하면 일정 포인트가 적립되고, 이 포인트는 지역 커뮤니티 센터, 전통시장, 상점가, 체육시설 등 제휴처에서 현금처럼 사용할 수 있다. 다시 말해, 건강 활동 → 포인트 적립 → 지역 소비 → 지역경제 환류라는 선순환 구조가 만들어지는 것이다.

성과도 뚜렷하다. 2014년 도입 이후 참여자는 꾸준히 늘어나 2023년 3월 기준 약 36만 명이 등록했으며, 이 중 상당수가 60세 이상 고령자다. 건강 효과 역시 확인되었는데, 참여자 집단의 당뇨병 신규 발병률은 일반군 대비 62% 낮았고, 고혈압 발병률도 12.3% 감소한 것으로 나타났다. 또한 참여 전 "운동을 전혀 하지 않았다"고 답한 이들 중 56%가 제도 참여 이후 운동을 시작했다고 응답해 건강 습관 형성에도 크게 기여한 것으로 평가된다.

이 제도의 또 다른 성과는 사회적 연결이다. 포인트를 얻기 위해 참여한 활동이 자연스럽게 지역 행사나 커뮤니티 모임으로 이어지면서 고령자의 고립감이 줄어들었다. 실제로 참여자의 20%가 "새로운 친구나 지인이 생겼다"고 답했으며, 이는 특히 1인 가구 고령자에게는 큰 의미를 지닌 변화이다.

요코하마시의 건강 포인트 제도는 단순한 건강 정책이 아니다. 고령자의 건강 불안을 줄이고, 활동을 통한 소득 대체로 경제 불안을 완화하며, 지역 활동 참여로 고독 불안까지 대응하는 구조를 갖췄다. 노후 3대 불안을 동시에 완화할 수 있는 통합적 해법으로 자리매김한 것이다.

요코하마 워킹 포인트 제도에 대해 시각적으로 설명하고 있다. (참가 등록 → 만보계 수령 → 걷기 → 포인트 적립 → 데이터 확인 → 선물 증정)

사례 3. 히다시의 디지털 지역통화와 자원봉사 포인트의 결합

기후현 히다시(飛騨市)는 지역의 활력을 높이고 주민 간 연대를 강화하기 위해 독자적인 디지털 지역통화인 사루보보 코인(さるぼぼコイン)을 운영하고 있다. 이 시스템은 단순한 결제 수단을 넘어 지역사회 공헌 활동에 대한 경제적 인센티브로 기능하고 있다.

히다시는 주민이 지역 행사 참여, 환경 정화, 복지 활동, 고령자 돌봄 등에 나서면 활동 내용과 시간에 따라 사루보보 코인 포인트를 지급한다. 적립된 포인트는 지역 내 상점, 병원, 교통시설 등에서 현금처럼 사용할 수 있어 실질적인 보상과 생활 편익을 동시에 제공한다. 덕분에 주민들은 일상적인 참여가 자연스럽게 지역사회 기여와 경제 활동으로 이어지는 선순환을 경험하게 된다.

특히 이 제도는 특정 세대에 국한되지 않고, 청년부터 고령자까지 누구나 참여할 수 있도록 설계됐다. 은퇴 후 복지시설에서 자원봉사를 하는 고령자도 일정량의 포인트를 받으며, 이는 단순한

왼쪽부터 히다시의 디지털 지역통화인 사루보보 코인의 작동 방식을 설명하는 그림과 사루보보 코인으로 제휴점에서 결제를 하는 모습이다.

금전적 혜택을 넘어 지역에서 여전히 필요하고 존중받는 존재라는 인식을 심어준다. 이러한 경험은 고령자의 자존감과 소속감을 높이고 나아가 삶의 활력과 의미를 회복하는 계기가 된다.

히다시의 모델은 디지털 기술과 지역 커뮤니티 자산을 결합해 고령자의 사회 참여를 경제적 보상과 연결한 지역 경제 순환 구조라는 점에서 의미가 크다. 고령자는 더 이상 복지의 수혜자에 머무르지 않고, 소비자이자 서비스 제공자로서 지역 경제의 한 축을 담당하고 있다.

기업과 시장이 만들어낸 노후 생존 전략

기업은 일터, 자산, 지역을 아우르는 생존 전략 파트너

노후의 경제 불안을 해소하는 데 있어 단순한 재정 지원만으로는 충분하지 않다. 더 중요한 것은 고령자가 얼마나 안정적으로 계속 일할 수 있는 환경을 갖추느냐이다. 은퇴 후에도 자신이 지닌 경험과 역량을 살려 사회와 연결되어 있다는 감각을 유지할 수 있다면, 경제적 불안뿐 아니라 정서적 고립까지 완화할 수 있다.

이 지점에서 기업의 역할이 커지고 있다. 고령자를 은퇴한 소비자나 보호 대상으로 보는게 아니라, 오랜 세월 축적한 기술과 지혜를 가진 노동 주체로 바라보는 관점이 필요하다. 이들에게 적합한 일터를 설계하고, 일의 의미를 새롭게 정의하는 것이 지금 일본 사회가 안고 있는 과제다.

고령자 스스로도 일할 의지는 충분하다. 일본 내각부 조사에 따르면 60세 이상 인구의 약 70%가 "건강이 허락하는 한 계속 일하고 싶다"고 응답했다. 이는 단순히 생계 때문만은 아니다. 일한다는 것은 사회와 관계를 맺고 있다는 증거이며, 누군가에게 기여하고 있다는 실감은 자존감을 높이고 삶에 활력을 불어넣는 중요한 요인이 된다.

그러나 현실의 장벽은 여전히 높다. 정규직 중심의 고용 구조, 장시간 근무를 전제로 한 노동 문화, 연공서열식 역할 배분은 은퇴한 고령자가 다시 일터로 돌아오기 어렵게 만든다. 체력과 생활 리듬이 달라진 고령자에게 지금의 일자리는 과중하거나 지나치게 경직된 경우가 많다.

그럼에도 불구하고 일부 기업은 변화를 감지하고 고령 친화적 일터를 새롭게 설계하고 있다. 단순히 정년을 연장하는 데 머물지 않고, 실제로 적합한 고용 조건을 마련하려는 것이다. 업무를 직급이나 나이가 아닌 개인의 경험과 역량에 따라 조정하거나, 주 2~3일, 하루 4시간 등 다양한 시간 선택제를 도입해 근로 강도를 조절하는 방식이 대표적이다. 또한 정년 이후 재고용을 단순히 몇 년 더 일하는 연장선이 아니라, 축적된 기술을 활용해 새로운 역할을 찾고 의미 있는 활동을 지속할 수 있는 세컨드 커리어로 발전시키려는 시도도 늘고 있다.

고령 친화적 일터란 단순히 일할 수 있는 공간이 아니라, 고령자가 다시 사회적 자산으로 기능할 수 있도록 여건을 마련하는 무대다. 기업은 이를 통해 노동력 부족이라는 구조적 문제를 완화할 수 있고, 사회 전체로 보면 고령자의 경제 불안과 고립감을 함께 줄이는 지속 가능한 구조가 만들어진다.

　제조업·유통업·서비스업 등 일본 각 산업 분야의 기업들은 이러한 흐름에 맞춰 다양한 시도를 하고 있다. 이 같은 변화는 우리에게도 고령화 시대에 기업과 고령자가 어떤 새로운 관계를 맺을 수 있는지 보여주는 중요한 단서가 될 수 있다.

제조업의 기술 계승을 위한 새로운 전략

　일본 제조업 현장은 심화되는 노동력 부족 속에서 고령 인재의 경험과 기술을 기업 경쟁력의 핵심 자산으로 재조명하고 있다. 고령 근로자들은 단순히 현장을 보완하는 인력이 아니라, 고부가가치 공정을 책임지고 차세대 기술자를 양성하는 이중적 역할을 수행하며 제조업의 지속 가능성을 떠받치는 중요한 축으로 위치하고 있다.

사례 1. 도요타자동차의 마이스터 제도로 노하우 전수
　세계적인 자동차 제조업체 도요타자동차(Toyota)는 정년을 맞은 고령 인력을 단순한 보완 인력이 아닌 기술 계승과 인재 육성의 핵심 자원으로 전략적으로 활용한다. 특히 품질과 생산성을 좌우하는 고숙련 공정에서는 이들의 경험과 노하우가 곧 기업의 경쟁력이 되기 때문에, 이를 다음 세대로 체계적으로 전수할 수 있는 구조를 구축해왔다.

도요타는 정년 퇴직자에게 65세까지 재고용 기회를 제공하며, 그중에서도 30년 이상 현장에서 근무한 숙련 기술자를 마이스터(Meister, 장인)로 지정한다. 이들은 조립, 용접, 도장 등 고난이도 공정에서 실전형 멘토로 활동하며 후배 직원의 기술 습득과 숙련도를 책임진다. 단순한 업무 지원이 아니라, 문서나 매뉴얼로는 전하기 어려운 암묵지(暗默知, 암묵적 지식)까지 전수하는 것이 제도의 핵심이다.

마이스터들은 교육 커리큘럼 설계, 시범 공정 운영, 기술 전수 방식의 매뉴얼화 등에도 참여하며, 자신이 축적한 경험을 조직의 지속 가능한 역량으로 환원한다. 이는 도요타의 제조 철학인 TPS(Toyota Production System, 도요타 생산 방식)와도 긴밀히 맞닿아 있다. TPS의 핵심은 낭비를 줄이고 품질과 생산성을 극대화하는 것인데, 여기서 사람의 감각과 판단(장인정신)이 반영된 자동화는 기계만으로 대체할 수 없는 장인의 숙련도와 직결된다. 도요타는 바로 이 지점을 마이스터 제도를 통해 다음 세대로 이어가고 있는 것이다.

마이스터 제도는 단순히 정년을 연장하는 인력 운용책이 아니라, 기술 인재 육성 체계의 중심축이다. 고령 인력이 쌓아온 전문성을 조직의 자산으로 전환하는 동시에 후속 세대의 성장 기반을 마련하는 구조는 고령 인재 활용을 넘어선 산업 전략으로 기능한다. 이는 일본 제조업이 노동력 부족 시대에 대응해 지속 가능한 경쟁력을 확보하기 위한 선제적 모델이라 할 수 있다.

사례 2. 다이킨공업의 숙련 기술의 디지털 계승

다이킨공업(DAIKIN)은 공조기기, 냉난방 시스템, 화학제품 등에서 세계적 기술력을 갖춘 일본 대표 제조기업이다. 이 회사는 정년 이후에도 고령 인재의 경험과 숙련도를 조직의 전략적 자산으로 활용하는 데 적극적이다.

2021년 다이킨은 재고용 제도를 개편해, 희망하는 직원이라면 누구나 최대 70세까지 근무를 이어갈 수 있도록 했다. 특히 60세 이후에는 프로페셔널 어소시에이트(전 관리자급)와 시니어 어소시에이트(전 일반직급)라는 새로운 고용 형태를 도입해 5년 계약을 일괄 체결함으로써 노동안정성과 동기부여를 동시에 확보했다.

65세 이후에도 대체 불가능한 기술력이나 현장 경험을 가진 인재는 숙련자로 별도 선발되어 재고용된다. 이들은 생산 기술 지도, 현장 진단, 해외 자회사 기술 자문 등 고난도 업무를 맡으며, 핵심 기술 전수자이자 현장 전략 인재로서 활동한다.

주목할 점은 다이킨이 숙련 기술을 디지털 자산으로 전환하고 있다는 사실이다. 히타치(Hitachi) 등과 협업해 용접과 같은 고난도 작업의 숙련자 동작 데이터를 IoT 기술로 수집·분석하고 이를 사내 교육 시스템과 생산 공정 개선에 반영하고 있다. 이는 고령 인력이 지닌 암묵지를 시각화하고 구조화해 조직의 학습 자원으로 전환하려는 시도다.

이 같은 접근은 일본 제조업 전반의 흐름과도 맞닿아 있다. 도요타, 히타치 등 주요 기업들이 공통적으로 고령 인재의 기술을 디지털화하여 후배 세대가 재현 가능한 지식 자산으로 전환하려는 것이다.

다이킨의 전략은 단순히 개인의 숙련도를 보존하는 데 그치지 않고, 기술의 재현성과 세대 간 계승 효율성을 높여 제조업이 직면한 고령화와 기술 인력 단절 문제를 해결하는 해법으로 자리매김하고 있다.

사례 3. 스즈키의 고령 친화적 작업 환경과 디지털 학습

소형차와 오토바이 제조에 강점을 가진 스즈키(Suzuki)는 고령 근로자가 안전하고 오래 일할 수 있는 작업 환경을 만드는 데 집중하고 있다. 체력적 부담이 큰 제조업 현장에서 고령자가 무리 없이 일할 수 있도록 물리적 환경 개선과 교육 시스템 혁신을 병행하는 것이 특징이다.

스즈키는 고령자의 근골격계 부담을 최소화하기 위해 작업대 높이를 조절할 수 있는 설계를 도입하고, 반복 동작의 피로를 줄이기 위한 보조 장비를 적극 활용한다. 조립·검사 과정에서는 팔과 어깨에 가해지는 압력을 줄이는 진동 완화 설비나 간이 운반 장치가 쓰이며, 일부 공정은 교대제 운영을 통해 작업 강도를 조절한다. 이러한 조치는 고령자의 신체적 특성을 고려한 세심한 배려로, 작업 효율과 안전성을 동시에 높이는 효과를 가져왔다.

스즈키는 고령 근로자가 기술 변화에 뒤처지지 않도록 디지털 학습 시스템을 현장에 도입했다. 새로운 기계 조작법이나 안전 수칙은 터치 패널이나 QR코드 기반의 학습 콘텐츠로 제공되어, 근로자가 현장에서 스스로 반복 학습할 수 있도록 설계됐다. 이 덕분에 고령자들도 새로운 기술을 보다 빠르게 익히고 교육 부담도 줄어들었다. 실제로 재교육 시간 단축과 새로운 업무 적응 속도 향상이라는 성과가 보고되고 있다.

이러한 노력 덕분에 스즈키는 60세 이상 근로자의 근속 유지율을 높였고, 숙련 기술자들의 노하우를 후배에게 전수할 수 있는 기반도 마련했다. 고령 인력이 쌓아온 작업 감각과 문제 해결 경험은 생산 품질과 안전성 향상에도 긍정적인 효과를 주고 있다.

스즈키의 사례는 단순히 편안한 근무 환경을 제공하는 차원을 넘어, 고령자가 계속 배우고 성장할 수 있는 구조를 함께 설계했다는 점에서 의미가 크다. 신체적 배려와 더불어 심리적·지적 만족도까지 고려한 지속 가능한 일자리 환경을 만들어가고 있는 것이다.

유통업계의 시니어 고용 확대의 비결

일본에서 고령 인력이 가장 많이 진출해 있는 분야 중 하나는 유통업이다. 매장에서의 판매, 진열, 재고 정리, 고객 응대 등은 고도의 체력을 요구하지 않으면서도 성실함, 원활한 커뮤니케이션, 오랜 경험에서 비롯된 대인관계 능력이 중요한 자산으로 작용한다. 이러한 특성 덕분에 유통업은 고령자에게 진입 장벽이 낮으면서도 강점을 발휘하기 좋은 영역으로 평가된다.

특히 유통업은 하루 중 시간대별로 수요 변동성이 크고 주말·공휴일에 맞춘 인력 유동이 많기 때문에 고정된 근무 형태보다는 유연한 근무 시스템을 활용하는 데 익숙하다. 이 점은 생활 리듬이 달라진 고령 인력에게도 긍정적인 조건으로 작용한다. 예컨대 오전이나 오후에만 근무하거나 주 2~3일만 출근하는 단시간 근무 모델은 체력적 부담을 줄이면서도 안정적인 소득을 유지할 수 있는 방식으로 각광받고 있다.

일본 주요 유통 기업들은 이러한 장점을 기반으로 시니어 고용 전략을 꾸준히 확대해왔다. 단순히 근무 시간을 조정하는 데 그치지 않고, 업무 경량화, 직무 세분화, 직무 선택권 확대 등을 통해 고령자의 다양한 수요와 생활 패턴에 맞춘 유연한 고용 패키지를 설계하고 있는 것이다. 일부 기업은 고령 직원의 원활한 적응을 위해 별도의 교육 프로그램을 마련하고, 또 다른 기업은 고령자 친화적 매장 환경을 조성해 시니어 고객과의 유대감을 강화하기도 한다.

이처럼 유통업계의 시니어 고용 모델은 단순히 일자리 창출에만 기여하는 것이 아니다. 지역 커뮤니티와의 정서적 연결 강화, 고객 만족도 제고, 그리고 기업 이미지 개선에도 기여한다. 이는 고령화 사회에서 기업과 지역이 함께 지속 가능한 성장을 이루는 인적 자원 전략으로 주목받고 있다.

사례 1. 세이유의 자율 근무와 경량 업무로 설계한 시니어 일터

전국에 대형 슈퍼마켓 체인을 운영하는 세이유(SEIYU)는 고령 인력이 무리 없이 일할 수 있는 환경을 조성하며 시니어 친화적 고용 모델을 선도하고 있다.

세이유는 은퇴 이후 일정한 소득을 원하는 고령자의 수요와 매장 운영 안정성을 동시에 충족시키기 위해 경량 업무와 자율 근무 시스템을 핵심 전략으로 삼았다. 상품 진열, 청소, 계산 보조, 고객 응대 등 비교적 체력 부담이 적으면서도 반복성과 숙련도가 필요한 업무에 고령 인력을 배치해 매장 서비스 품질을 유지하고 있다. 단순 보조 인력이 아니라, 매장의 분위기와 서비스 수준을 지탱하는 중요한 역할자로 바라보는 시각이 반영된 결과다.

특히 눈에 띄는 점은 자율적인 근무 시간 설계다. 정년 이후에도 최대 70세까지 재고용이 가능하며, 기본 근무는 주 2~3일, 하루 3~5시간 수준으로 맞춰져 있다. 고정된 스케줄 대신 고령자가 원하는 요일과 시간을 사전에 등록하면 매장이 이를 조율해 배정한다. 이 같은 유연한 근무 구조는 신체적 부담을 줄이면서도 안정적인 수입을 보장해 장기 고용과 낮은 이직률로 이어지고 있다.

세이유의 고령자 고용 모델은 현재 전국 매장에서 확대 적용되고 있으며, 이온(AEON), 라이프(LIFE), 유니클로(UNIQLO) 등 다른 주요 유통 기업으로도 확산되는 추세다. 고령 인력이 일정한 수입과 사회적 관계를 유지하면서, 자신에게 맞는 리듬으로 일할 수 있는 기반을 제공하는 이 모델은 단순한 인력 확보를 넘어서 지역사회와의 연계 강화, 그리고 기업의 지속 가능성을 높이는 전략으로 평가되고 있다.

사례 2. 이온 리테일의 시니어 사원 제도와 재교육 시스템

일본 최대 유통 그룹 중 하나인 이온(AEON) 리테일은 고령 인력

고용을 단기적 대응이 아닌, 장기적 전략 자산으로 바라본다. 시니어 고용 측면에서 이온의 접근은 다양한 제도와 프로그램을 통해 일본 내에서도 상당히 구조적이고 체계적인 사례로 꼽힌다.

이온은 고령화에 따른 인구 구조 변화를 일찌감치 반영해 정년을 70세까지 연장하고, 이후에도 최대 75세까지 재고용이 가능한 제도를 마련했다. 특히 은퇴 후에도 기존 정규직 직원이 자연스럽게 시간제·단기 계약직으로 전환할 수 있는 시니어 사원 제도를 운영해 급격한 단절 없이 단계적인 고용 연속성을 보장한다.

고령 인력이 현장에서 뒤처지지 않도록 돕는 AEON Academy 역시 핵심이다. 이 교육 과정은 매장 운영 실무, 고객 응대, 안전 관리 등 기본 역량을 다질 뿐 아니라, 디지털 POS 사용법, 셀프 계산대 대응, 고령 고객 응대법 등 최신 변화에 적응할 수 있도록 지속적으로 갱신된다. 덕분에 고령 직원들도 변화하는 매장 환경에서 안정적으로 역량을 발휘할 수 있다.

이온은 매장의 일부 공간을 시니어 전담 존(senior-friendly zone)으로 운영해, 시니어 직원이 비슷한 연령대의 고객을 응대하도록 설계했다. 이는 고령 고객에게 친근한 쇼핑 환경을 제공하는 동시에 시니어 직원의 경험과 연륜을 서비스 품질로 연결한다.

이러한 이온의 접근은 고령 인력의 경험과 신뢰를 매장 경쟁력으로 전환하는 전략이다. 동시에 고령 고객층의 니즈를 세밀하게 반영하는 마케팅 수단으로도 활용된다. 고령자를 단순 인력 충원이 아닌, 브랜드 가치와 지속 가능성을 강화하는 자원으로 적극 포지셔닝하고 있다는 점에서 일본 유통업계 내에서도 모범적인 모델로 평가된다.

사례 3. 세븐일레븐 재팬의 시니어 고용과 지역 케어를 잇다

일본 전역에 2만 개가 넘는 점포를 운영하는 세븐일레븐 재팬(7-Eleven Japan)은 단순한 유통 기업의 역할을 넘어, 고령자 고용과 지역 커뮤니티 케어를 결합한 새로운 모델을 제시하고 있다. 이 기업이 주목받는 이유는 고령자를 단순한 인력 충원 수단이 아니라 지역 사회를 지탱하는 연결자로 재정의했기 때문이다.

세븐일레븐은 매장을 단순한 소비 공간이 아닌 복합 플랫폼으로 바라보고, 이를 기반으로 고령자의 역할을 설계한다.

60세 이상을 대상으로 한 고용 프로그램에서는 청소, 진열, 고객 응대 같은 일반 업무 외에도 일정 교육을 이수한 시니어 직원에게는 점장 보조, 고령 고객 모니터링, 긴급 대응 등 지역 커뮤니티 활동이 추가로 부여된다.

이 모델의 핵심은 시니어 근로자가 매장 직원이자 지역의 안전 감시자 역할을 수행한다는 점이다. 예를 들어 단골 고객이 며칠째 매장에 나타나지 않거나, 점원이 이상 징후를 감지할 경우 이를 시스템에서 감지해 지자체나 복지 기관에 알리도록 되어 있다. 편의점이 곧 지역 복지의 보조 안전망으로 작동하는 셈이다.

이러한 구조가 가능하려면 행정과의 연계가 필수다. 세븐일레븐은 전국 각지의 지자체와 협약(MOU)을 맺고, 고령자 고용과 지역 케어를 아우르는 협력 체계를 구축해왔다. 시니어 직원에게는 점포 운영 교육뿐 아니라 응급 대응법, 치매 고객 응대, 커뮤니케

일본 세븐일레븐 편의점에서 건강을 위해 시니어 아르바이트로 근무중인 O.Y씨와 타니 유코씨(모두 65세)

이션 훈련 등 사회적 역할에 필요한 역량도 함께 제공한다. 이에 시니어 직원은 지역 공동체 속에서 자존감과 삶의 의미를 회복할 수 있고, 기업은 매장 운영 안정성, 시니어 고객과의 정서적 유대, 지역사회의 신뢰를 동시에 얻을 수 있다.

세븐일레븐 재팬의 사례는 전국 단위의 편의점 인프라를 활용해 고령자 고용과 지역 복지를 결합한 대표적 모델로 평가된다. 이는 민간 기업이 초고령사회라는 사회적 과제에 대응하면서도 사업의 지속 가능성을 확보할 수 있는 하나의 방향성을 보여준다.

운수·물류업계의 시니어 친화 고용 전략

유통업 외에도 고령 인력이 활발히 활동하는 분야가 바로 운수·물류업이다. 초고령화 사회에서는 생활 물류 수요가 꾸준히 늘어나지만, 젊은 노동 인구는 줄어들고 있어 고령자의 노동 참여가 단순한 인력 보완 차원을 넘어 업계 지속 가능성의 핵심 조건으로 떠오르고 있다.

이러한 배경에서 일본의 운수·물류 기업들은 고령자에게 안정적인 일자리와 사회적 참여 기회를 동시에 제공하는 다양한 고용 모델을 실험하고 있다. 주목할 점은 기업들이 고령자를 단순 반복 업무를 대체하는 인력으로 보는 것이 아니라, 성실함, 지역 지리에 대한 이해, 풍부한 대인 경험과 같은 강점을 물류 서비스의 품질과 신뢰도를 높이는 핵심 자산으로 재정의하고 있다는 것이다.

또한 고령자의 생활 리듬과 건강 상태를 고려한 유연한 근무 시간 조정, 업무 부담을 최소화한 작업 설계, 지역사회와 연계된 커뮤니티형 물류 서비스 같은 맞춤형 전략을 병행하며 새로운 고용 구조를 만들어가고 있다.

사례 1. 야마토 운수의 근거리 배송과 돌봄을 잇는 시니어 일자리

쿠로네코 야마토(검은 고양이 야마토)라는 애칭으로 잘 알려진 야마토 운수(YAMATO TRANSPORT)는 일본 최대 택배 물류 기업이자 고령 인력 활용의 대표적인 성공 사례로 자주 언급된다.

야마토는 고령 근로자들이 체력적으로 감당하기 어려운 장거

리·대형 배송이 아니라 단거리·소형 배송을 전담하는 구조를 설계했다. 대표적인 것이 네코포스 서비스(ネコポス)로, 주거지 인근의 소형 택배를 65세 이상 고령 인력팀이 책임지는 방식이다. 이를 통해 체력 부담은 줄이고, 배송 효율성과 지역 커버리지는 유지하는 모델을 정착시켰다.

야마토는 고령자 전용 채용 채널을 운영하며 건강 상태, 운전 능력, 지역 지리 이해도를 확인해 개인별 맞춤 배송 경로를 배정한다. 또한 전기자전거와 초소형 경량 차량 같은 저부하 이동 수단을 제공해 체력 부담을 최소화하고, 근무일은 주 2~4일 수준으로 조정할 수 있도록 했다. 이는 고령자가 무리 없이 안정적으로 일할 수 있는 환경을 마련해준다.

주목할 점은 야마토의 택배망이 단순히 물류 인프라로만 기능하지 않는다는 것이다. 1인 고령가구가 늘어나는 상황에서, 택배 기사들은 배송 과정에서 안부 확인과 생활 돌봄의 역할도 겸하고 있다. 예를 들어 고령 고객이 며칠째 문을 열지 않거나 응답하지 않을 경우, 배송 기사가 이를 감지해 지자체나 복지 기관에 알리는 연계 시스템이 작동한다. 일부 지역에서는 야마토와 지방자치단체 간의 협약을 통해 고령자 생활 모니터링 서비스가 제도화되기도 했다.

택배 서비스를 받는 고령자 또한 배송 과정 속에서 사회적 연결과 안전망을 함께 누리게 되는 것이다. 이는 배송 인프라가 곧 지역 돌봄 인프라로 확장되는 대표적 사례라 할 수 있다.

이러한 모델은 고령자에게 안정적인 일자리를 제공하는 동시

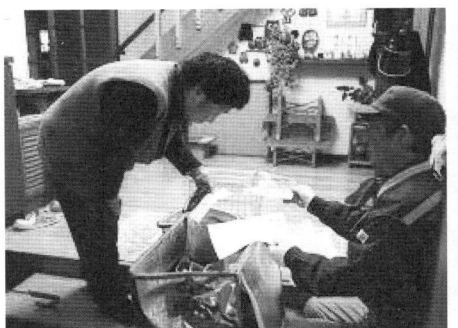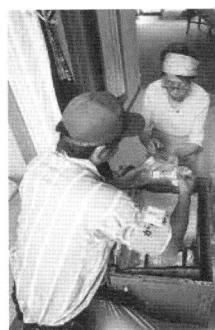

야마토 운수 시니어 배송 직원이 배송을 하면서 고령층의 안부를 확인하고 생활 돌봄까지 함께 수행하고 있다.

에, 지역사회에는 촘촘한 라스트 마일 배송망과 생활 돌봄 기능을 동시에 제공한다. 기업은 인력 부족 문제를 해소하면서도 사회적 신뢰를 강화할 수 있고, 고령자는 경제적 자립과 정서적 안정을 함께 확보한다.

야마토 운수의 시도는 일과 돌봄을 결합한 시니어 고용 모델로서 초고령사회의 현실적 해법을 잘 보여주고 있다.

사례 2. JR 동일본의 은퇴 후 재고용과 에코스테이션 서포터 제도

일본 최대 철도 운영사 JR 동일본은 고령자 고용을 역(驛)을 중심으로 한 생활 거점 관리라는 전략적 맥락에서 접근하고 있다.

정년퇴직한 전직 직원을 대상으로 재고용 프로그램을 운영하며, 이들은 에코스테이션 서포터(Eco-Station Supporter)라는 이름으로 활동한다.

서포터들의 주요 업무는 열차 운전이나 정비 같은 고강도 작업이 아니라, 역 구내 환경 정비, 승객 안내, 시설 점검 보조, 간단한 보안 순찰과 같은 비교적 부담이 덜한 영역이다. 특히 고객 응대나 분실물 대응에서 고령 인력의 친절함과 안정감 있는 대처는 현장 만족도를 높이는 강점으로 작용한다.

JR 동일본은 일정한 고육 과정을 거친 고령 인력을 도쿄 주요 역은 물론 지방 거점 역에도 배치하고 있다. 이를 통해 역은 단순한 교통 인프라를 넘어, 그렇자 친화적 생활 거점으로 자리매김한다. 이러한 모델은 특히 도쿄 외곽이나 지방 도시에서 고령자가 일과 사회적 역할을 지속할 수 있는 실질적인 기반이 되고 있다.

사례 3. 일본생활협동조합연합회의 생활물류와 돌봄을 결합한 지역 모델

전국의 약 300개 생협이 소속된 일본생활협동조합연합회(JCCU)는 식료품과 생필품 배송을 비롯해 공동구매, 보험, 의료 등 생활 전반을 지원하는 조직이다. 고령 고객이 많은 지역의 특성을 반영해 고령자 고용과 생활물류를 결합한 지역 밀착형 모델을 발전시켜왔다.

JCCU는 60세 이상 고령자를 중심으로 배송 인력을 구성하며, 근무 형태는 주 3~4일, 하루 3~4시간 등 유연한 스케줄을 원칙으로 한다. 단순한 택배 배송에 머무르지 않고 배송 과정에서 고령 고객의 안부 확인, 생활 불편 사항 전달 등 일종의 사회적 돌봄 역할도 함께 수행한다.

이러한 기능을 제도적으로 뒷받침하기 위해 JCCU는 지방자치단체와 지역 돌봄 협정을 체결했다. 배송원이 우편물 누적, 수령되지 않은 물품, 응답 없음 등 이상 징후를 발견하면 복지기관이나 지자체에 신속히 통보하는 시스템이 작동한다.

이러한 JCCU 모델은 배송 서비스의 품질 제고, 고령 근로자의 경제적 자립, 지역사회 돌봄망 보완이라는 세 가지 효과를 동시에 거두고 있다. 이는 민간 조직이 주도해 고령자 고용과 지역 복지를 유기적으로 결합한 대표적 사례로 일본 정부도 지역 밀착형 복지 인프라의 선도적 모델로 주목하고 있다.

간병·의료 분야의 고령 인력이 만드는 새로운 일자리

간병·의료·서비스업은 일본에서 만성적인 인력 부족을 겪는 대표적인 분야다. 초고령사회로 접어들면서 돌봄 수요는 매년 늘어나지만, 이 분야에 종사하려는 젊은 인력은 점점 줄어들고 있다. 이러한 구조적 과제를 풀어낼 중요한 열쇠로 떠오른 것이 바로 고령 인력의 적극적인 참여다.

돌봄 현장에서 필요한 것은 단순한 체력이 아니다. 공감 능력, 정서적 안정감, 그리고 오랜 경험에서 비롯된 섬세한 배려가 서비스의 질을 좌우한다. 이 점에서 인생 경험이 풍부한 고령자의 참여는 오히려 서비스 품질을 높이는 강점이 된다. 실제로 고령 이용자들이 같은 세대의 종사자에게 더 쉽게 마음을 열고 신뢰를 형성하는 사례도 보고되고 있다.

또한 돌봄 업계는 파트타임이나 교대 근무처럼 유연한 근무 설계가 가능하다는 점에서 고령자에게 적합하다. 이를 토대로 많은 기관들이 체력 부담이 적은 보조 업무 중심의 역할 배치, 정년 이후 단계적 재고용, 맞춤형 재교육 프로그램 등을 마련해 고령자가 장기간 일할 수 있는 환경을 만들어 가고 있다.

실제 현장에서 시니어 인력은 말벗 서비스, 생활 지원, 간단한 의료 보조와 같은 업무를 수행하며, 이용자에게 정서적 안정과 친근감을 주는 든든한 존재로 기능한다.

결과적으로 간병·의료·서비스업은 고령자에게 안정적인 소득과 사회적 역할을 동시에 제공하는 새로운 일자리의 장으로 자리 잡아가고 있다. 단순한 인력 부족 해소를 넘어, 고령자가 축적해온 경험과 지역에 대한 이해를 바탕으로 사회에서 다시금 실질적인 역할을 발휘할 수 있도록 돕는다.

사례 1. 베네세 스타일케어의 시니어 고용을 통한 돌봄 연대의 확장

베네세 스타일케어(Benesse Style Care)는 베네세 그룹 산하의 요양 전문 기업으로 일본 전역에서 다양한 요양 시설과 재택 간병 서비스를 운영하고 있다. 급속한 고령화로 인한 인력 부족에 대응하기 위해 이 회사는 60세 이상 고령자의 고용을 체계적으로 확대해 왔다.

핵심은 은퇴 후 재입사 프로그램이다. 이 제도는 정년퇴직자뿐 아니라 기존 직원의 가족에게도 요양 보조직으로 재취업 기회를 열어두어, 경험과 이해도가 높은 안정적인 인력 풀을 확보한다. 업무는 고령 직원의 신체적 부담을 줄일 수 있도록 세분화돼 있으며, 식사 보조, 이동 지원, 말벗, 레크리에이션 보조 등 비교적 저강도의 업무를 중심으로 배치된다. 또한 요양 경험이 없는 이들도 쉽게 진입할 수 있도록 교육 기간을 넉넉히 두고 기초부터 차근차근 배울 수 있는 환경을 마련했다.

입사 이후에는 멘토링 프로그램을 통해 숙련된 직원과 고령 인력이 팀을 이루어 협력한다. 이를 통해 원활한 적응과 기술 습득이 가능하며, 세대 간 협업이 자연스럽게 이뤄진다. 회사는 특히 시니어 인력이 가진 배려심, 인내심, 돌봄에 대한 이해도가 서비스 품질을 높이는 핵심 요인으로 작용한다고 평가하며, 이러한 강점을 적극적으로 조직 운영에 반영하고 있다.

베네세 스타일케어는 시니어 인력을 단순히 부족한 일손을 메우는 존재로 보지 않는다. 오히려 돌봄의 질을 높이고, 지역사회 안에서 신뢰와 유대를 강화하는 중요한 인적 자산으로 바라본다. 이 같은 접근은 고령자의 지속적인 고용을 실현하는 동시에 돌봄을 둘러싼 공동체적 연대를 더욱 견고하게 확장시키는 기반이 되고 있다.

사례 2. 니치이 그룹의 교육과 고용을 잇는 시니어 인재 육성

니치이 그룹(Nichii Gakkan)은 의료 사무, 간병 서비스, 교육 콘텐츠 등 헬스케어 전반을 아우르는 일본의 대표적인 종합 서비스 기업이다. 이 회사는 고령자에게 일자리를 제공할 뿐 아니라, 교육, 채용, 재교육을 연계한 체계적인 인재 육성 시스템을 운영하고 있다.

우선 고령자를 위한 간병 직무 교육 과정을 별도로 마련했다. 간병 경험이 없는 사람도 쉽게 입문할 수 있도록 기초 이론과 실습을 중심으로 구성되어 있으며, 이 과정을 수료하면 그룹 내 요양 시설이나 제휴 기관으로 일자리 매칭이 이루어진다. 이후 채용 단계에서는 개인의 건강 상태와 생활 리듬을 고려한 근무 방식을 기본 원칙으로 삼는다. 하루 4시간, 주 3일 근무와 같은 단시간 근무 모델이 정착되어 있어 무리 없는 고용 유지가 가능하다.

니치이의 또 다른 특징은 채용 이후의 경력 관리다. 일정 기간 근무한 고령 인력에게는 정기적인 업무 평가와 함께 직무 재조정과 재교육 기회가 주어진다. 이를 통해 초기에는 보조 업무에 참여하던 인력이 점차 고객 응대, 치매 예방 활동, 후배 직원 멘토링 등으로 역할을 확장할 수 있다. 이러한 과정은 개인에게는 자존감을 높이는 계기가 되고, 조직 차원에서는 서비스 품질을 높이는 효과로 이어진다.

니치이 그룹의 모델은 간병·돌봄 산업의 특성을 정확히 반영하고 있다. 시간이 지날수록 숙련도가 쌓이는 이 산업의 특성상, 단기 인력 보충에 머무르지 않고 고령자를 중장기적으로 성장 가능한 인재로 육성하는 전략이 필요하다. 니치이는 바로 이 점에 주목해 초고령사회 일본이 직면한 인력 과제에 대응하는 하나의 모범적인 해법을 제시하고 있다.

사례 3. 아와지시마 후쿠시카이의 70세 이후에도 가능한 시니어 돌봄 일자리

효고현 아와지섬(淡路島)에서 고령자 복지시설을 운영하는 사회복지법인 아와지시마 후쿠시카이(Awajishima-Fukushikai)는 지방 중소 규모 시설이라는 한계를 넘어, 지역 고령 인력을 체계적으로 활용하는 모델을 정착시킨 사례로 주목받고 있다. 고령화 속도가 빠른 지역적 여건을 고려해 70세 이상 고령자도 다양한 보조 업무에 참여할 수 있도록 일자리 구조를 설계하고 이를 안정적으로 운영해 왔다.

주요 역할은 송영(送迎, 픽업) 업무로, 이용자의 등·하원 차량 지원을 중심에 두고 있다. 이외에도 시설 정비, 전기·설비 점검 보조, 식재료 정리 등 비교적 단순하면서도 운영에 필수적인 업무에 배치해 고령 인력이 자신의 체력과 능력에 맞는 일을 고를 수 있도록 했다. 덕분에 오랜 운전 경험, 시설 안전에 대한 감각, 공간 관리 능력 등 고령자가 지닌 역량이 현장에서 실질적으로 발휘되고 있다.

아와지시마 후쿠시카이는 고령 인력의 건강과 안전을 지키기 위한 장치도 마련했다. 정기 건강검진과 더불어 근무 전 스트레칭, 충분한 휴식 시간 보장, 고강도 업무 배제 등을 원칙으로 두어 무리 없는 근무 환경을 유지하고 있다.

현장에서는 이러한 근무 방식이 고령자 개인에게도 긍정적으로 작용한다는 평가가 나온다. 규칙적인 노동 활동은 신체 건강과 생활 리듬 유지에 도움이 될 뿐 아니라, 오랜 경험을 지역사회에 다시 환원한다는 보람도 안겨준다. 실제 참여자들은 작은 역할이라도 누군가에게 기여하고 있다는 점에서 자긍심을 느낀다고 말한다.

아와지시마 후쿠시카이는 규모가 크지 않은 사회복지법인이지만, 지역 상황에 맞춘 고령자 고용 전략을 통해 돌봄 체계 속에 고령 인력을 자연스럽게 통합해왔다. 이 사례는 지방 중소 도시에서도 고령 인력을 조직적으로 활용할 수 있음을 보여주며 초고령사회의 돌봄 지속 가능성을 높이는 하나의 현실적인 모델로 평가된다.

인재 알선 업계는 시니어를 위한 제2의 커리어 플랫폼

일본은 정년 연장과 재취업 장려 정책을 꾸준히 추진해왔지만, 여전히 많은 고령자들이 은퇴 후 새로운 일자리를 찾는 데 어려움을 겪는다. 연령 제한, 정보 접근의 한계, 신체 조건에 맞는 일자리 부족 등이 구조적 장벽으로 작용하기 때문이다.

이런 상황에서 주목받는 것이 바로 시니어 전용 직업 중개 플랫폼이다. 단순히 구인·구직 정보를 나열하는 수준을 넘어, 고령자의 생활 리듬과 건강 상태, 이전 경력과 직무 적성까지 종합적으로 고려해 맞춤형 매칭을 제공한다. 이를 통해 고령자가 자신에게 알맞은 제2의 커리어를 설계할 수 있는 기반을 마련하는 것이다.

또한 재취업을 원활히 지원하기 위해 직무 적응 교육, 시니어 전용 구인 정보, 건강 상태에 맞춘 탄력 근무 모델 같은 다양한 제도가 병행되고 있다. 일부 기업은 은퇴자를 위한 전용 커뮤니티를 운영하거나, 단기·일시적 수요와 연결해주는 온디맨드 매칭 시스템을 도입해 기존 고용 구조에서 소외됐던 고령 인력을 다시 노동시장으로 포용하고 있다.

온디맨드 매칭은 디지털 기반의 인력 연결 플랫폼으로, 고령자가 자신의 경력과 선호에 맞는 업무를 단기 계약이나 파트타임 형태로 선택할 수 있게 돕는다. 근무 시간과 내용을 본인의 상황에 맞춰 조정할 수 있어 유연하면서도 실질적인 고용 형태로 주목받고 있다.

이러한 맞춤형 고용 플랫폼은 고령자에게 재취업의 기회를 제공할 뿐 아니라, 스스로 일하는 방식을 선택하고 적극적으로 사회에 참여할 수 있는 장을 열어주고 있다. 이는 고령자 개인에게는 경제적 자립과 사회적 역할 확대, 사회 전체에는 지속 가능한 고령사회로 가는 인프라라는 의미를 지닌다.

사례 1. 파소나의 시니어 전문 인재 뱅크와 제2의 커리어 매칭

파소나 그룹(PASONA)은 일본을 대표하는 인재 파견·헤드헌팅 기업으로 고령 인력의 재취업을 경력의 재활용과 전문성의 확장이라는 관점에서 접근하고 있다. 단순 재고용이 아니라 은퇴 이후의 경력을 기반으로 새로운 역할을 만들어내는 것이 핵심이다.

파소나는 은퇴 후에도 경험을 살리고자 하는 시니어들을 위해 파트타임, 단기 프로젝트, 컨설팅 등 다양한 형태의 일자리를 중개한다. 특히 회계·인사·총무·영업·IT 등 지식집약 산업 분야에서 경력을 쌓은 고경력자에게 전문직 포지션을 제공하는 데 강점을 보

2019년 파소나그룹에 입사한 시니어 신입사원들이 입사식에 참석하고 있다.
(입사식에 참석한 사원 80명 중 절반 이상이 60~65세이며, 최고령은 74세다.)

이고 있다. 이를 위해 시니어 전용 서비스 체계를 다층적으로 운영 중이다. 대표적으로 관리직·전문직 경력자 채용을 지원하는 Pasona Careers, 일반 인력 풀을 기반으로 한 매칭 서비스인 Pasona Talent Bank, 시니어 전용 구인 정보와 상담을 제공하는 Pasona Job Search 등이 있다.

또한 고령 구직자가 은퇴 후에도 역량을 유지하고 발전시킬 수 있도록 맞춤형 재교육 프로그램을 운영한다. 기술직·사무직뿐 아니라 비전문직이나 비이공계 출신 고령자에게도 새로운 이직 기회를 열어두며, 기존 경험을 살려 다양한 직무를 발굴하는 구조다.

현재 파소나의 시니어 인재 서비스에는 65세 이상 등록자가 꾸준히 늘고 있으며, 이들 중 상당수는 전문 자문직이나 경영 컨설팅 분야에서 활발히 활동하고 있다. 구체적인 등록자 수는 공개되지 않았지만, 그룹 내부에서는 시니어 비즈니스를 향후 핵심 전략 분야로 삼고 있는 것으로 알려져 있다.

이 모델은 기업과 고령자 모두에게 의미 있는 기회를 제공한다. 기업은 정규직 채용 외에도 유연한 방식으로 전문 인력을 확보할 수 있고, 고령 인력은 은퇴 이후에도 멘토·관리자·품질관리 자문 등 새로운 역할을 맡아 경제적 자립과 사회적 기여를 동시에 이어갈 수 있다. 파소나는 이러한 구조를 통해 기업의 인력난 해소와 시니어 인재의 가치 실현을 동시에 달성한 성공 사례로 평가되고 있다.

사례 2. 마이나비의 중장년 플랫폼으로 여는 제2의 커리어

마이나비(Mynavi)는 인재 정보 서비스, 교육 콘텐츠, 출판 및 디지털 미디어를 아우르는 종합 커리어 솔루션 기업으로, 고령화 시대의 노동시장 변화를 반영해 중장년·고령자 특화 구직 플랫폼을 운영하고 있다. 대표 서비스인 마이나비 미들 시니어는 40대 이상 중장년층과 시니어를 대상으로 하며, 단순한 구직 지원을 넘어 제2의 커리어를 설계할 수 있는 통합 플랫폼을 제공한다.

이 플랫폼의 가장 큰 특징은 구직자 중심의 맞춤형 지원이다. 구직자의 경력과 적성을 분석해 알맞은 직무를 제시하고, 이력서와 경력 기술서 작성법, 면접 전략 등 실용적 콘텐츠를 정기적으로 제공해, 구직자가 자신의 경험과 강점을 기업이 원하는 방식으로 재구성할 수 있도록 돕는다. 이는 실제 채용 성과로 이어지며 재취업 성공률을 높이는 역할을 한다.

마이나비는 기업 측 인식 개선에도 적극적이다. 시니어 인재 활용 성공 사례, 직무별 채용 전략, 고령 인력이 가진 강점을 알리는 콘텐츠를 꾸준히 제공해, 기업의 심리적 장벽을 낮추고 채용 문화를 확산시키고 있다. 특히 사내에 시니어 전담 일자리 발굴팀을 두어, 유연 근무제, 단시간 근무, 재택 근무, 프리랜서 계약 등 다양한 근로 형태를 개발하고, 여기에 적합한 인재와 연결하는 시스템을 강화하고 있다.

이 같은 구조는 구직자와 기업 모두에게 실질적인 가치를 제공한다. 시니어에게는 단순한 재취업 기회를 넘어 자신에게 맞는 근무 형태와 생활 리듬을 선택할 수 있는 커리어 선택권을 주고, 기업에는 숙련된 인력을 유연하게 확보할 수 있는 통로가 된다.

마이나비의 모델은 고령화로 인한 노동 구조 변화를 새로운 기회로 전환하는 전략적 대응이라 할 수 있다. 구직자와 기업 양측을 잇는 이 플랫폼은 일본이 직면한 인력난을 완화하면서, 시니어가 사회적·경제적 역할을 지속할 수 있는 기반을 마련해주고 있다.

노후 자산 관리와 소득화

고령 인력의 일자리 확보만큼 중요한 과제는 이들이 평생 모아온 자산을 어떻게 지키고 안정적인 생활 기반으로 전환하느냐 하는 문제다. 노후의 가장 큰 불안 요인 중 하나는 예상보다 길어진 수명으로 자산이 고갈될 수 있다는 '장수 리스크'다. 특히 연금 외 소득원이 부족하거나 부동산과 같은 비유동성 자산에 자산이 집중된 경우, 이 위험은 더욱 현실적으로 다가온다. 정년 퇴직 이후 공적연금 수급 전까지의 소득 공백 또한 고령자에게 큰 불안 요인으로 작용한다.

이러한 상황에 대응해 일본의 금융기관과 신탁회사는 고령자의 생애주기별 금융 수요에 맞춘 다양한 해법을 내놓고 있다. 노후 초기에는 자산을 월급처럼 나누어 지급받아 소득 공백을 메우는 상품이 주목받는다. 대표적인 것이 부동산을 담보로 일정 기간 정기적 수입을 제공하는 리버스 모기지형 상품이나 금융자산을 연금화한 민간형 연금 보험이다.

또한 초고령사회가 본격화되면서 80대, 90대까지 이어지는 장수 리스크에 대응하는 종신 수령형 금융 상품, 실제 생존 기간에 맞추어 지급액이 조정되는 가변형 연금 상품도 확대되고 있다.

생애 후반으로 갈수록 자산 정리와 상속 설계에 대한 수요도 커진다. 특히 독거 고령자가 늘어나면서 인지 기능 저하나 판단력 약화에 대비한 금융 서비스에 대한 관심이 높아졌다. 이에 따라 생활 지원 신탁과 같은 신탁형 자산 관리 서비스가 확산되고 있다. 생활 지원 신탁은 고령자가 자산을 은행에 맡기고 일정 조건과 방식에 따라 운용·지출하도록 설계해 치매 발병 등 돌발 상황에서도 자산을 안전하게 보호하고 지속적으로 활용할 수 있게 한다. 또한 사망 후에는 자산을 원활하게 지정 수익자에게 이전하는 유언대용 신탁, 후견 제도를 보완하는 사전 관리형 신탁 등이 고령자의 선택지를 넓히고 있다.

1인 고령가구의 증가도 금융 서비스 구조를 변화시키고 있다. 의논할 가족이나 후견인이 없는 고령자를 대상으로 대리 지불 서비스, 자산 사용 목적을 제한한 신탁 등 금융기관이 보호자 역할을 일부 수행하는 구조가 확산되고 있다. 주요 은행과 신탁사는 이러한 수요에 맞춰 인지 기능 저하 대응 패키지 상품을 세분화하여 제공하고 있다.

일본의 금융·신탁업계는 단순한 상품 판매를 넘어 노후 자산의 유동화·소득화, 자산 보호, 상속 설계까지 아우르는 종합 라이프 솔루션 제공자로 진화하고 있다. 이는 고령자의 삶의 질을 높이고 경제적 자립을 뒷받침하는 실질적 대응책이라 할 수 있다. 특히 자산 고갈, 연금 수급 전 소득 공백, 인지 기능 저하, 1인 고령가구의 증가와 같은 복합적 위험을 완화하고, 노후 파산을 예방할 수 있는 현실적인 해법으로서도 의미가 크다.

일본과 한국의 신탁 시스템 비교

일본의 금융 구조를 이해할 때 가장 먼저 눈에 들어오는 것은 메가뱅크와 신탁은행의 이원적 체계다. 두 기관 모두 은행이라는 이름을 쓰지만, 역할과 전문 영역은 분명히 다르다.

메가뱅크는 일반 상업은행의 확장판이라 할 수 있다. 예금, 대출, 송금, 외환 같은 일상적 금융 서비스는 물론이고, 개인과 기업을 아우르는 다양한 금융상품을 전국적인 지점망과 압도적인 자본력으로 제공한다. 미쓰비시UFJ, 미쓰이스미토모, 미즈호가 대표적인 세 개의 메가뱅크다. 하지만 일본 경제가 장기 저금리와 인구 감소로 수익성 악화에 직면하면서, 이들 은행도 디지털 전환이나 해외 진출, 부동산·기업금융과 같은 새로운 수익원 발굴에 힘을 쏟고 있다.

반면, 신탁은행은 이름 그대로 신탁(信託) 기능을 중심에 두고 있다. 고객이 맡긴 금전, 부동산, 유가증권, 심지어 지적재산권 등의 자산을 수탁해 운용하고, 그 수익을 지정된 수익자에게 돌려주는 구조다. 단순한 예금이나 저축을 넘어, 상속 설계, 치매 등 인지기능 저하에 대비한 자산 관리, 연금 운용 같은 목적 기반의 맞춤형 자산 관리가 핵심이다. 일본의 신탁은행은 법적으로 부동산 중개업까지 직접 수행할 수 있는 권한을 지니고 있다는 점에서 메가뱅크와 확실히 구분된다. 즉, 메가뱅크가 자금의 흐름을 관리하는 은행이라면, 신탁은행은 자산을 어떻게 지키고, 어떻게 이어갈지를 설계하는 은행이라 할 수 있다. 특히 초고령사회에 접어든 일본에서는 고령자의 상속과 자산 보호, 인지 기능 저하에 대비한 서비스 수요가 급증하며 신탁은행의 존재감이 더욱 커지고 있다.

한국의 구조는 이와 다르다. 과거 한국신탁은행처럼 신탁 업무만을 전담하는 기관이 있었으나 현재는 사라지고, 기능이 여러 금융기관으로 분산되었다. 금전 신탁은 대부분 시중은행이 겸영 부서를 통해 담당하고, 부동산 신탁은 한국토지신탁, 코람코자산신탁, KB부동산신탁 같은 전문 회사들이 맡는다. 이들은 토지·관리·분양·담보 신탁 등 부동산 전반을 다루며, 은행보다 훨씬 전문적이다. 또한 증권사는 특정금전신탁이나 투자신탁을 통해 고객 자산을 운용하고, 자산운용사는 펀드를 설계하고 전략을 세운다. 보험사와 은행은 연금 신탁을, 법률 전문가들은 상속·유언 신탁을 설계하는 과정에서 중요한 역할을 맡는다.

즉, 일본의 신탁은행은 한 기관 안에서 종합 자산 관리가 가능한 집중형 모델이라면, 한국은 여러 금융기관이 기능을 나눠 맡는 분업형 모델이다. 한국의 구조는 자산별 전문성을 살린다는 장점이 있지만, 고객 입장에서는 필요한 서비스를 모두 설계하려면 더 많은 정보 탐색과 전문가의 조력이 필요하다. 반대로 일본은 원스톱 관리가 가능하다는 장점이 있지만, 금융기관 한 곳에 자산 관리 기능이 집중된 만큼 신탁은행에 대한 신뢰와 투명성이 필수적이다.

경제 불안 완화를 위한 일본 금융업계 전략

일본의 금융기관은 이제 단순히 예금을 받고 대출을 해주는 전통적인 은행의 역할에 머물지 않는다. 평균 수명 100세 시대라는 현실 속에서 금융업계는 노년기의 자산을 단순히 보존하거나 운용하는 수준을 넘어, 생애 후반 전체를 지원하는 시스템으로 진화해왔다.

특히 금융권은 고령자가 겪는 경제적 불안을 풀기 위해 세 가지 축을 중심에 두고 있다. 첫째, 노후 자산을 안정적으로 수익화하는 기능. 둘째, 자산을 안전하게 보호하는 기능. 셋째, 원활한 자산 승계를 지원하는 기능이다. 이 세 축은 단순한 금융상품 판매나 이자 제공을 넘어, 치매 등의 인지 기능 저하, 늘어나는 의료비와 간병비, 은퇴 후 소득 단절, 상속 분쟁과 같은 노년기 삶을 위협하는 다양한 리스크에 선제적으로 대응하려는 전략적 접근이다.

이러한 맥락에서 일본의 주요 은행, 신탁은행, 증권사, 자산운용사, 보험사 등은 각 업권의 특성과 강점을 살려 시니어 전용 금융 서비스를 다각적으로 전개하고 있다. 목표는 단순히 자산을 불리는 것이 아니라, 고령자가 자신의 삶의 마지막 순간까지 경제적 존엄을 유지할 수 있도록 뒷받침하는 것이다. 다시 말해, 고령자의 자산이 안전하게 보호되고, 필요할 때 적절히 활용되며, 사후에는 분쟁 없이 원활히 승계되도록 돕는 생애 주기형 금융 생태계를 구축하고 있는 셈이다.

그 가운데서도 가장 두드러진 변화는 신탁업(信託業)의 성장이다. 일본이 2000년대에 본격적인 초고령사회에 진입한 이후 금융업 전반에서 다양한 변화가 나타났지만, 그중에서도 고령화의 파급력에 가장 민감하게 반응하며 역할을 대폭 확대한 분야가 바로 신탁업이다. 신탁은행은 단순히 자산을 맡아 운용하는 기관이 아니라, 노후의 복잡한 리스크에 대응하는 종합 자산 관리 플랫폼으로 자리매김했다.

고령기 자산 보호와 승계의 핵심, 신탁업이 주목받는 이유

신탁업의 성장은 단순히 금융상품을 다양화한 결과만은 아니다. 그 배경에는 일본 사회가 직면한 구조적 변화가 자리하고 있다. 급격한 고령화, 자산 관리에 대한 인식 전환, 제도적 기반 정비가 동시에 맞물리면서 신탁은 노후 금융의 새로운 중심축으로 부상했다. 무엇보다 "막대한 자산을 보유한 고령층이 이를 어떻게 안전하게 관리하고, 다음 세대에 건네줄 것인가"라는 질문이 신탁업 성장의 결정적 동력이 되었다.

일본 가계 전체 금융자산의 60% 이상이 60세 이상 고령자에게 집중되어 있다. 2023년 기준 65세 이상 인구가 보유한 금융자산은 1,129조 엔, 2035년에는 1,601조 엔에 이를 것으로 전망된다(다이와종합연구소). 이렇게 압도적인 자산 규모 속에서 고령자들은 단순히 "남겨주겠다"가 아니라 "어떤 방식으로, 어떤 가치를 담아 자산을 승계할 것인가"에 관심을 가지기 시작했다. 이 과정에서 유언대용신탁, 증여신탁 같은 맞춤형 승계 서비스가 확산되었고, 상속 절차를 간소화하고 세금 부담을 줄이려는 수요도 빠르게 늘었다. 최근 확산된 웰다잉(Well-dying, 아름다운 마무리) 문화 역시 이러한 흐름을 뒷받침했다.

두 번째 요인은 치매 등 인지 기능 저하다. 스스로 금융 거래를 처리하지 못하는 고령자가 늘면서, 자산이 방치되거나 사기에 악용되는 문제가 사회 문제로 대두되었다. 이 때 등장한 것이 치매대응형 신탁이다. 고령자가 자신의 자산을 신탁에 맡기면, 신탁회사가 이를 안전하게 관리하면서 필요할 때 생활비, 의료비, 간병비를 정기적으로 지급해준다. 고령자 본인뿐 아니라 가족에게도 큰 심리적 안정을 주는 장치다. 단순한 금융서비스를 넘어 일종의 생활 안전망으로 자리 잡은 것이다.

세 번째 전환점은 2000년대 초 도입된 확정기여형(DC), 확정급여형(DB) 퇴직연금 제도였다. 기업과 개인 모두 퇴직 후의 안정적 자산 운용이 중요한 과제로 떠오르면서, 신탁은 연금 운용의 핵심 수단으로 자리 잡았다. 이를 통해 신탁업은 단기 운용에서 벗어나 장기 소득 보장 시스템을 제공하는 역할로 확장되었고, 은퇴 후 삶의 기반을 만드는 수단으로 인식되기 시작했다.

마지막 요인은 제도적 기반 정비다. 일본 정부는 2004년과 2006년 신탁업법을 개정해 신탁 가능한 자산 범위를 대폭 넓혔다. 금전·부동산·유가증권뿐만 아니라 지적재산권, 담보권, 장기요양 권리 등도 신탁 대상으로 포함되면서 활용 범위가 획기적으로 확대된 것이다. 여기에 교육자금증여신탁, 결혼·육아지원신탁, 장애인신탁, 치매신탁 등 사회 목적형 신탁에 세제 혜택을 부여해 신탁업 활성화를 제도적으로 뒷받침했다.

이 네 가지 요인이 결합하며 신탁업은 고령화 사회의 대표적 성장 업권으로 부상했다. 일본의 신탁 시장은 1993년 200조 엔 규모에서 2014년 852조 엔으로 4배 이상 성장했고, 2023년 9월말 기준 수탁고는 일본 GDP의 약 267%에 달했다. 물론 보험업계는 치매·간병보험으로, 자산운용업계도 투자 수요 증가로 성장했지만, 자산의 보호와 승계라는 고령층의 본질적 불안을 가장 직접적으로 해결한 분야는 단연 신탁업이었다.

사례 1. 은행의 고령자 맞춤형 금융 파트너로의 진화

일본의 주요 은행, 특히 미쓰비시UFJ, 미즈호, 미쓰이스미토모 등 이른바 메가뱅크들은 초고령사회의 도래와 함께 늘어나는 고령 고객의 금융 수요에 적극적으로 대응해 왔다. 과거 단순히 예금과 대출을 중개하던 전통적 은행의 역할에서 벗어나, 이제는 노년기 자산의 소득화와 예방형 자산관리라는 두 축을 중심으로 한 종합 금융 전략을 본격적으로 전개하고 있다.

이들의 전략은 단순히 금융상품을 판매하는 것을 넘어 고객의 건강 상태, 인지 기능 저하 가능성, 가족 구성 여부, 생활 방식 등 개인의 삶 전반을 고려해 맞춤형 솔루션을 제공하는 방향으로 발전하고 있다. 다시 말해, 은행은 더 이상 노후 자산의 단기 운용처가 아니라 생애 후반 전체를 함께 설계하고 안정화하는 생활 금융 파트너로서 위치하고 있는 셈이다.

금융자산의 월급화·연금화 전략

고령자 금융의 핵심 과제 중 하나는 퇴직 이후 연금 개시 전까지 발생하는 소득 공백기다. 일본의 공적연금은 원칙적으로 65세부터 지급되지만, 정년은 여전히 60세 전후에 이뤄지는 경우가 많다. 물론 2013년 고령자고용안정법 개정으로 기업들은 65세까지 재고용 제도를 의무적으로 도입했으며, 실제로 99% 이상의 기업이 이를 이행하고 있다. 그러나 현실적으로 재고용 근무의 임금 수준은 현직 시절보다 30~40% 이상 낮아지는 경우가 많아, 생활비를 충당하기에는 여전히 부족하다. 따라서 법적 제도는 마련되어 있어도 고령 가계 입장에서는 실질적인 소득 공백이 발생하는 셈이다.

이러한 공백을 메우기 위해 은행들은 고객이 보유한 금융자산을 단순히 보존하는 데 그치지 않고, 일정 금액을 정기적으로 생활비처럼 인출할 수 있도록 하는 자산의 월급화 서비스를 도입하고 있다. 미쓰비시UFJ은행의 정액 자동 송금 서비스가 대표적이다. 고객이 예치한 정기예금의 이자나 원금 일부를 매월 보통예금 계좌로 자동 이체해주는 방식으로, 금액과 주기를 자유롭게 설정할 수 있어 연금 개시 전의 부족한 소득을 보완하는 장치로 활용된다.

또한 최근에는 브릿지형 자금 관리 개념이 확산되고 있다. 이는 특정 금융상품이라기보다는 예금·저축성 자산을 생활비로 전환하는 전략적 운용 방식이다. 인출 조건을 유연하게 설계하고 자동 이체 기능을 강화해, 복잡한 금융 지식이 없어도 고령자가 쉽게 이용할 수 있도록 했다. 그 결과 예금은 단순한 축적 수단을 넘어, 안정적인 현금 흐름을 제공하는 실질적 생활 자금 관리 도구로 변모하고 있다.

보유 부동산의 현금 흐름화

일본 고령자의 자산 중 약 60%는 부동산에 집중되어 있다. 하지만 단독주택을 보유한 채 현금 흐름이 막혀 있는 경우가 많아 생활자금 확보에 어려움을 겪는 경우도 많다. 이에 은행과 신탁기관은 리버스 모기지(역모기지) 상품을 통해 주거지를 유지하면서도 부동산을 생활비로 전환하는 방안을 제안하고 있다.

미쓰이스미토모은행의 리버스 모기지형 주택대출이나, 오릭스은행의 가족신탁 부동산 활용론은 자택을 담보로 매월 일정 금액을 지급받고, 사망 후 부동산 매각으로 정산하는 구조다. 이는 한국의 주택연금 제도와 유사하지만 중요한 차이가 있다. 한국은 국가기관 보증으로 비소구(Non-recourse) 구조가 기본이어서 주택 가격이 대출금에 미치지 못하더라도 상속인에게 채무가 전가되지 않는다. 반면 일본은 민간 금융기관 중심이라 상품에 따라 소구·비소구 방식이 혼재한다. 한국의 주택연금은 국가 보증을 통한 높은 안정성이 강점이라면, 일본은 민간 경쟁을 기반으로 상품의 선택 폭이 넓고, 신탁은행은 치매 대비 기능이나 상속 설계까지 아우르는 복합 솔루션을 제공할 수 있다는 점에서 차별성을 가진다.

치매 대응 금융 서비스

일본 후생노동성은 2025년이 되면 65세 이상 인구의 약 20%인 700만 명이 치매를 겪을 것이라고 전망한다. 이런 현실은 더 이상 선택이 아닌 필수 과제로서 인지 기능 저하에 대비한 자산 관리의 중요성을 보여준다.

이러한 배경에서 미즈호은행은 인지증 리스크 대응형 자산관리 지원 서비스를 운영하고 있다. 고객이 건강할 때 미리 자산 운용 방식과 인출 권한을 가족이나 지정된 대리인에게 위임해 두는 구조다. 이후 치매 증세가 나타나면 사전에 정한 조건에 따라 자동으로 인출이 제한되거나 대리인이 거래를 대신 처리한다.

또한 비정상적인 출금이나 송금 패턴을 인공지능이 실시간으로 탐지해, 위험이 감지되면 거래를 차단하거나 경고를 발송하는 기능도 탑재되어 있다. 이처럼 치매로 인한 재정적 리스크를 사후에 수습하는 것이 아니라 사전에 관리 가능한 금융 시스템으로 전환한 것이다.

이 서비스는 단순히 치매에 대비하는 보험 장치가 아니라, 고령자와 가족이 안심하고 노후 생활을 이어갈 수 있도록 자산의 안전성을 제도적으로 보장하는 새로운 금융 인프라다.

찾아가는 금융, 하이 터치(High-Touch) 전략

디지털 전환이 가속화되면서 금융 서비스는 모바일과 온라인 중심으로 개편되고 있다. 그러나 고령 고객은 여전히 대면 상담, 실물 서류, 직접 설명을 선호한다. 이에 은행들은 하이 터치 전략을 적극적으로 도입하고 있다. 하이 터치란 디지털 기술에 기반한 비대면 자동화 서비스인 로우 터치(Low-Touch)와는 반대되는 개념으로 직접적인 사람 간 상호작용과 개인 맞춤형 응대를 중시하는 서비스 방식을 의미한다.

메가뱅크들은 고령자 전용 상담 창구를 운영하며, 자산운용, 상속, 연금, 치매 대비 등을 전문 직원이 알기 쉽게 설명한다. 거동이 불편한 고객을 위해 은행 직원이 자택이나 복지시설을 직접 방문해 상담하는 서비스도 확대되고 있다. 또한 ATM의 시각 보조 기능, 음성 안내, 종이 통지서 병행 발송 등 오프라인 지원도 강화되고 있다.

이러한 하이 터치 전략은 디지털 격차로 인한 고령자의 금융

소외를 막고, 고령자가 평생 안심하며 금융 서비스를 이용할 수 있는 기반을 마련하는 핵심 요소가 되고 있다.

정리하면, 일본 은행권은 단순히 금융을 다루는 창구가 아니라 노년기의 삶 전체를 뒷받침하는 생활 금융 파트너로 진화하고 있다. 자산의 월급화, 부동산 현금화, 치매 대응, 하이 터치 서비스는 모두 초고령사회의 불안 요인들을 해소하기 위한 현실적이고 전략적인 대응들이다.

사례 2. 증권사·자산운용사의 안정적 수익과 자산 수명 관리

일본의 증권사와 자산운용사들은 고령 세대가 직면한 경제적 불안을 완화하기 위해 투자 전략을 크게 전환해왔다. 은퇴 이후 안정적인 생활비를 확보하려는 수요가 커지면서, 이들은 단순한 자산 보존을 넘어 현금 흐름을 꾸준히 창출하고 자산의 수명을 연장하는 포트폴리오를 제시하고 있다.

대표적인 방식이 월지급형 펀드, 리츠(J-REIT), 타깃 데이트 펀드, 생애자산운용 전략이다. 월지급형 펀드는 매월 일정한 생활 자금을 제공하며 연금의 대체 수단으로 활용되고, 리츠는 부동산 임대 수익을 통해 안정적인 현금 흐름을 만들어낸다. 타깃 데이트 펀드와 생애자산운용 전략은 투자자의 연령과 은퇴 시점에 맞춰 자산 배분을 자동으로 조정해 장기 리스크에 대비할 수 있도록 설계되었다.

이처럼 증권사와 자산운용사는 고령자의 노후 경제를 지탱하는 재무 파트너로 변모하고 있다. 그 결과, 고령자는 예측 가능한 소득원을 확보하고 장수 리스크에도 대비할 수 있으며, 이는 초고령사회 일본에서 은퇴 후 삶의 안정성을 높이는 재무 솔루션으로 자리 잡고 있다.

월지급형 펀드 – 연금처럼 매월 생활자금 확보

노무라증권, 다이와증권, SMBC닛코증권 등은 고령자 고객층을 겨냥해 월지급형 펀드 라인업을 적극 확대하고 있다. 투자 원금과 수익 일부를 매달 정기적으로 분배하는 구조로 실질적인 연금 대체 수단으로 기능한다.

특히 글로벌 리츠형 펀드는 해외 부동산 임대 수익을 기반으로 안정적인 분배금을 제공해 고령층의 선호도가 높다. 다이와증권은 일정 자산 이상을 맡긴 고객에게 우대 금리와 함께 전문 자산 상담을 제공하고 있으며, 자산 유동화 대안으로 J-REIT 투자를 적극 권유한다. J-REIT는 오피스, 상업시설, 주거용 부동산 등 다양한 자산에 분산 투자할 수 있고, 소액 투자와 높은 유동성 덕분에 고령자에게 적합한 투자 수단으로 자리 잡았다.

타깃 데이트 펀드와 시니어 특화 펀드

노무라증권의 타깃 데이트 펀드(TDF)는 은퇴 시점을 기준으로 자산 배분을 자동 조정해, 투자자가 별도 결정을 하지 않아도 은퇴 이후 안정적인 자산 구조를 확보할 수 있도록 돕는다. 은퇴가 가까워질수록 위험자산을 줄이고 안전자산으로 이동하는 방식으로 특히 금융 판단이 점차 어려워질 수 있는 고령층에게 적합하다.

자산운용사인 애셋 매니지먼트 원은 미래의 나(未来のわたし) 펀드 시리즈를 출시해 고령자의 은퇴 시점에 맞춘 맞춤형 자산 배분을 제안하고 있다. 국내외 고배당 주식과 채권에 분산 투자해 정기적인 인컴 수익을 확보하는 구조로, 스스로 복잡한 판단을 하기보다는 전문가에게 운용을 위임하고자 하는 고령층의 니즈를 충족시키고 있다.

생애자산운용 전략 – 연령과 함께 조정되는 포트폴리오

고령자의 연령, 건강, 가족 구성, 상속 계획 등을 반영해 포트폴리오를 설계하는 생애자산운용(Life-Cycle Investing) 전략도 확산되고 있다. 연령이 높아질수록 위험자산 비중을 줄이고, 국공채·배당주·인프라 채권 등 안전자산 비중을 늘려 리스크를 관리하는 방식이다.

예를 들어, 70대 투자자에게는 주식 비중을 축소하고, 채권과 배당 중심 상품을 확대하는 포트폴리오를 설계한다. 노무라홀딩스는 웰스 매니지먼트 서비스(WM)를 통해 의료비, 간병비, 상속세까지 고려한 종합 자산관리 체계를 제공한다. 단순한 투자 조언이 아니라 노후 생활 전체를 아우르는 재무 설계라는 점에서 차별성을 가진다.

사례 3. 신탁은행의 고령기 자산 보호와 승계를 아우르는 플랫폼

일본의 신탁은행은 본래 금전, 부동산, 증권, 지식재산권 등 다양한 자산을 위탁받아 운용하고, 그 수익을 지정된 수익자에게 이

전하는 기능을 중심으로 발전해왔다. 그러나 초고령사회가 본격화되면서 그 역할은 한층 확장되었다. 치매 등 인지 기능 저하, 독거 고령자의 증가, 상속 분쟁, 노후 자산 고갈 위험 같은 새로운 과제가 현실화되면서, 신탁은 단순한 운용 수단이 아니라 자산 보호와 생전 승계를 동시에 담당하는 종합 관리 체계로 자리 잡게 된 것이다.

오늘날 일본의 주요 신탁은행들은 이러한 흐름 속에서 고령자 맞춤형 자산관리와 상속 솔루션을 강화하며, 금융을 넘어서는 생활 파트너로 진화하고 있다. 인지 기능 저하나 사후 행정 공백 같은 고령기의 특수한 리스크에 대응하는 시스템을 갖추고, 이를 통해 개인에게는 예측 가능한 안전망을, 가족에게는 투명하고 효율적인 관리 체계를 제공한다.

일본에서 신탁 시스템은 자산 보호 – 생전 활용 – 사후 승계를 하나의 연속된 흐름으로 설계해, 초고령사회에 필요한 새로운 금융 인프라로 자리매김했다.

미쓰비시UFJ신탁은행 – 독거 고령자를 지원하는 라이프 매니지먼트

미쓰비시UFJ신탁은행은 독거 고령자 증가에 주목해, 생전 자산 관리부터 사망 이후 절차까지 아우르는 오히토리사마 라이프 서비스를 운영한다. 이 서비스는 예탁금 관리형 신탁 기반으로 고령자가 맡긴 자산은 사전에 정한 기준에 따라 관리·지급된다. 인지 기능 저하 시에는 가족, 계약상 지정된 대리인, 혹은 법적 후견인이 자산관리 권한을 승계받도록 설계돼 있다. 이때 자금의 입출금 내역은 고령자와 대리인 모두에게 공유되어 무단 인출을 막는

2025년 2월 도입한 AI 기반 인지기능 측정 앱을 통해, 신탁은행 직원이 고령 고객에게 금융상품을 추천하고 있다.

자료: 미쓰비시UFJ신탁은행

모니터링 기능도 포함되어 있다.

또한 유언대용신탁과 연계해, 사망 사실이 확인되면 은행이 자동으로 장례업체나 법률사무소에 통보하고 필요한 절차를 대행한다. 이는 가족이 없는 고령자에게 특히 유용한 서비스다.

최근에는 IBM·준텐도 대학과 공동 개발한 AI 기반 인지기능 측정 앱을 점포에 도입해 고객의 표정·음성·대화를 분석해 인지 상태를 평가한 뒤 상품 안내 방식을 달리하는 서비스도 출시했다.

미쓰이스미토모신탁은행 – 치매에 대비한 자산 보호 신탁

미쓰이스미토모신탁은행은 고령자의 인지 기능 저하 문제에 가장 먼저 대응해온 은행 중 하나다. 이들이 선도적으로 내놓은 대표 상품이 바로 '인생 100년 응원 신탁〈100년 패스포트〉'다.

이 상품은 고객이 아직 판단 능력을 온전히 유지할 때 자산을 미리 은행에 신탁해 두고, 이후 치매 등 인지 기능 저하가 감지되면 자동으로 자산 보호 체계가 가동되도록 설계되어 있다. 즉, 고객이 스스로 결정을 내리기 어려운 상황에 놓이더라도 자산이 무분별하게 사용되지 않고 안정적으로 생활을 이어갈 수 있도록 돕는 장치다.

구체적으로는 의료기관의 진단이나 가족 확인 등을 통해 인지 기능 저하가 확정되면, 사전에 정해둔 조건에 따라 자산의 인출과 사용이 제한된다. 생활비나 의료비는 매월 은행을 통해 일정액이 지급되며, 대규모 인출이나 외부 송금은 원칙적으로 차단된다. 여기에 수익자 변경 제한, 위반 시 자동 통보 시스템 등 다양한 안전장치가 포함돼 있어 불필요한 분쟁이나 자산 유출을 미연에 방지한다. 또한 가족이나 법적 후견인이 개입할 수 있는 범위 역시 계약 당시 명확히 규정할 수 있어, 사후의 혼란 가능성을 줄여준다.

사망 이후에도 이 신탁은 기능을 이어간다. 유언대용신탁의 기능이 결합돼 있어, 고객이 사망하면 자산은 지정된 상속인에게 자동 이전되며 장례 비용 지급 등 사후 절차에 필요한 자금 관리까지 포함할 수 있다. 즉, 치매 발병 이후의 생활 유지에서부터 사후 절차에 이르기까지 끊김 없는 관리가 가능하다.

이러한 체계는 고령자에게는 자산이 안전하게 관리된다는 심리적 안정감을 제공하고, 가족에게는 불필요한 부담과 갈등을 덜어주는 실질적인 도움으로 이어진다.

미즈호신탁은행 – 조건부 자산 관리와 생전 승계

미즈호신탁은행은 고령자의 노후 자산을 안전하게 보호하기 위해, 인지 기능 저하나 건강 악화, 가족 간 갈등 등 현실적인 리스크에 대응하는 특화된 신탁 서비스를 제공하고 있다.

이 서비스의 핵심은 조건부 자산 관리 구조다. 고객이 아직 건강할 때 미리 자산 운용 방식과 지급 조건을 설정해 두면, 이후 특정 조건이 충족되었을 때 자산이 자동으로 운용되거나 지정된 수익자에게 이전된다. 예컨대 일정 연령에 도달했을 때, 특정 질환이 진단되었을 때, 혹은 인지 기능 저하가 확인되었을 때, 그 시점부터 사전에 정한 자산 지급이 개시되는 방식이다. 덕분에 본인이 판단 능력을 잃은 뒤에도 자산이 원래 의도한 목적대로 활용될 수 있어, 치매 등 인지 저하가 우려되는 고령자에게 특히 효과적이다.

또한 계약 단계에서 지정된 후견인이나 수탁자가 자산 운용을 이어가며, 모든 자금 흐름은 고객 본인이나 가족에게 정기적으로 보고된다. 이를 통해 무단 인출을 예방하고 자산 운용의 투명성과 안정성을 확보할 수 있다.

이와 더불어, 미즈호신탁은행은 생전 승계형 신탁을 통해 고객이 사망하기 전에 자산의 일부 혹은 전부를 지정된 수익자에게 순차적으로 이전할 수 있도록 지원한다. 즉, 단순히 사망 이후의 상속 절차를 기다리는 것이 아니라, 생전부터 자산을 나누고 관리하는 구조를 설계할 수 있는 것이다. 이는 사망 이후 상속 과정에서 흔히 발생하는 가족 간 분쟁이나 행정 절차의 혼란을 사전에 차단하는 실질적인 수단으로 작용한다. 특히 가족 구성이나 자산 구조가 복잡한 고객일수록 이러한 시스템은 매우 유용하다.

이러한 미즈호신탁은행의 서비스는 노후 자산을 안전하게 관리하면서도, 필요한 시점에 올바르게 쓰이도록 설계하는 장치라

할 수 있다. 단순한 금융상품을 넘어 고령자의 인생 후반기를 지탱하는 생활 인프라로 기능하고 있는 것이다.

부동산을 포함한 자산관리 플랫폼

일본의 신탁은행이 가지는 가장 큰 특징은 부동산 업무를 직접 수행할 수 있다는 점이다. 이를 활용해 자가주택이나 부동산을 신탁자산으로 설정하고, 임대 수익을 노후 생활비나 의료비로 활용하도록 돕는다. 동시에 사망 후에는 해당 부동산을 자동으로 상속인에게 이전해 생전 활용과 사후 승계가 하나의 흐름으로 이어지도록 설계한다.

등기 변경, 임대 계약, 세무 조정, 상속 절차까지 신탁은행이 원스톱으로 대행해 고령자의 부담을 덜어주며, 일부 은행은 리노베이션, 매각 후 임대 전환, 시니어 주택으로의 이전 지원까지 포함하는 패키지 서비스를 제공하고 있다.

사례 4. 보험업계의 장수·의료·치매 리스크를 다층적으로 관리하다

일본의 보험업계는 초고령사회로 접어들며 고령자의 경제적 불안을 장수 리스크, 의료비 부담, 치매 리스크라는 세 가지 축으로 체계화해 대응해 왔다. 특히 75세 이상 후기고령층이 급격히 늘어나면서 보험의 역할은 단순한 사망 보장을 넘어, 노후의 삶의 질을 지켜주는 장치로 확대되고 있다.

이 과정에서 보험사들은 고령자의 자산을 안정적인 소득으로 전환하는 연금 상품, 예상치 못한 의료·간병 비용을 보장하는 특화형 보험, 그리고 가족 간 상속 갈등을 예방하는 자산 이전형 상품까지 연계하며 새로운 보장 생태계를 구축해왔다. 장수 리스크에는 종신형·톤틴형 연금, 의료·치매 리스크에는 간병 연계형 상품과 생활 밀착 서비스, 후기고령층에는 80세 이후 가입 가능한 연금보험, 그리고 상속 단계에서는 자산 이전 기능을 갖춘 맞춤형 보험이 대표적이다.

종합하면 일본의 보험업계는 보험을 단순한 위험 대비 수단이 아니라, 고령자의 전 생애 재무 구조를 안정적으로 설계하는 사회적 장치로 재정의하고 있다. 이는 초고령사회가 직면한 다양한 불안을 실질적으로 완화하는 동시에, 고령자의 존엄과 삶의 지속 가능성을 뒷받침하는 핵심 인프라로 자리매김하고 있다.

장수 리스크 대응 – 종신형 연금과 톤틴 구조

평균 수명이 길어지면서 가장 큰 불안은 자산 고갈이다. 일본의 주요 생명보험사들은 이를 해결하기 위해 종신형 연금, 확정형 연금, 톤틴 구조 연금 등 다양한 상품을 내놓았다.

예컨대 일본생명이 2019년에 출시한 변액연금 '그랜드 라이프(Grand Life)'는 90세 이상 장수할 경우 연금 지급액이 늘어나는 구조를 도입해, 오래 살수록 이득이라는 인식을 확산시켰다. 이는 단순히 장수에 대비하는 차원을 넘어, 노후의 경제적 안정과 심리적 만족을 동시에 충족시키려는 시도였다.

다이와생명은 장수 보너스형 톤틴 연금을 통해 또 다른 접근을 선보였다. 여러 가입자가 공동으로 낸 자금을 기반으로 오래 생존

한 가입자일수록 더 많은 연금을 수령하도록 설계된 것이다. 특히 공적연금만으로는 부족한 계층에게 민간 연금의 필요성을 부각시키며, 자산을 오래도록 소득으로 유지하는 수단으로서 주목받았다.

치매 및 의료 리스크 대응 – 특화형 보장과 돌봄 서비스

치매와 의료비 부담은 고령자뿐 아니라 가족 전체가 함께 짊어져야 하는 큰 걱정거리다. 이에 일본의 보험사들은 전통적인 사망 보장에서 벗어나, 치매 진단 시 일시금 지급, 간병 지원, 의료비 보장 등을 중심으로 한 특화 상품을 적극적으로 확대해왔다.

다이요생명은 2016년 업계 최초로 건강상 문제가 있어도 가입할 수 있는 '히마와리 치매 치료 보험'을 출시했다. 당시만 해도 치매 관련 보험은 주로 건강 상태가 양호한 사람만 가입할 수 있었기 때문에, 이미 만성질환을 앓고 있거나 나이가 많은 고령자들에게는 사실상 선택지가 없었다. 히마와리 상품은 이러한 장벽을 허물고 더 많은 고령자들이 치매에 대비할 수 있는 길을 열었다.

보험 구조는 치매 진단을 받았을 때 일시금 지급과 연금 증액 두 가지 방식을 통해 장기간의 간병 비용에 대응할 수 있도록 설계되어 있다. 예를 들어 초기 진단 시에는 목돈이 한 번에 지급되어 주거 환경을 정비하거나 전문 요양 시설에 입소하는 데 활용할 수 있다. 이후에는 매달 지급되는 연금이 증액되어, 지속적으로 발생하는 돌봄 비용과 생활비를 충당할 수 있다.

이 상품이 주목받은 이유는 치매라는 장기적 리스크에 대해, 언제든 발병할 수 있다는 불안감을 금융적으로 예측 가능하게 관리할 수 있는 구조를 제시했기 때문이다. 즉, 치매가 개인과 가족의 갑작스러운 경제적 파탄으로 이어지지 않도록 발병 순간부터 장기 돌봄 단계까지의 비용을 체계적으로 대비할 수 있게 한 것이다.

다이요생명의 시도가 치매 진단 이후의 장기 돌봄 비용 대비라는 틀을 마련했다면, 도쿄해상일동화재보험은 2018년 출시한 '치매 안심 플랜'을 통해 한 단계 더 나아간 모델을 제시했다. 이 상품은 치매 발병 이후에도 가입할 수 있어 가입 문턱을 크게 낮췄고, 보장 범위 또한 금전 지급에 국한되지 않았다. 행방불명 시 수색 비용, 치매 환자의 배상 책임 보장, 가족 상담 지원, 전문 간병기관 연계까지 포함해 생활 전반을 포괄하는 종합 지원 체계를 갖춘 것이다. 이 상품은 2025년 판매 종료가 예정되어 있지만, 보험이 단순한 금전 보장이 아니라 생활 전반을 지원하는 구조로 진화했음을 잘 보여준다.

소형·단기 보험 – 단순성과 접근성을 중심으로 한 실용적 상품

최근 일본 보험업계는 복잡하고 고액의 종합 보험 대신, 고령자가 쉽게 이해하고 가입할 수 있는 소형·단기 보험 개발에 집중하고 있다. 이러한 상품은 의료·간병비 등의 지출에 대비하고자 하는 수요가 증가함에 따라 고령자의 실질적인 생활 패턴과 금융 이해도를 반영해 설계되었다.

T&D 파이낸셜라이프는 단기 보장형 보험, 소액 종신보험, 고령자 전용 상해보험 등 단순한 구조의 상품을 개발했다. 짧은 납입 기간, 저렴한 보험료, 간단한 가입 절차는 경제적 부담을 줄이면서

필요한 보장은 놓치지 않도록 돕는다. 또한 상담·가입 채널도 전화, 우편, 지역 대리점 등으로 확대해 디지털 접근성이 낮은 고령자도 쉽게 가입할 수 있도록 배려하고 있다. 이 흐름은 고령자에게 필요 이상의 고액 보장보다 적정 보장이 중요하다는 새로운 소비 기준을 제시하며 보험 상품의 실용성을 강조한다.

후기고령층 전용 연금보험 – 80세 이후에도 가능한 노후 소득 설계

평균 수명이 늘면서 75세 이후에도 재무 설계가 필요하다는 인식이 확산되자, 보험사들은 80세까지 가입 가능한 후기고령층 전용 연금보험을 내놓았다.

일본생명과 다이이치생명은 일시납형 연금보험을 통해, 가입자가 목돈을 낸 뒤 일정 기간 경과 후부터 매월 연금을 수령하도록 했다. 이 구조는 후기 고령자가 생전 생활비를 확보하면서도, 사망 시 남은 자산은 가족에게 승계되도록 설계되어 있다. 특히 의료·돌봄 지출이 급증하는 후기 노후에 안정적인 소득원을 제공한다는

노년기, 경제 불안 완화를 위한 일본 금융기관별 주요 서비스

	금융 수요	주요 서비스 및 전략
은행	소득화·예방형 자산관리	월지급형 예금, 치매 대응 금융, 시니어 맞춤 창구
증권사·자산운용	생애 포트폴리오 설계	월지급형 펀드, 고령자 중심 분산 투자, 맞춤 컨설팅
신탁은행	자산 보호·생전 승계	치매 대비 신탁, 유언대용신탁, 부동산 활용 신탁
보험사	장수·치매 리스크 대응	후기고령 연금보험, 치매 보험, 보험을 통한 상속

점에서 큰 의미를 가진다.

상속 및 자산 이전 – 보험의 자산관리 기능 확장

보험은 이제 단순히 사망 보장이 아니라 생전 자산 이전과 상속 설계 도구로 확장되고 있다. 예를 들어 수익자를 단계적으로 지정하거나, 보험 계약 자체가 유언과 유사한 기능을 하도록 설계해 가족 간 상속 분쟁을 예방하고 있다.

스미토모생명의 미래 설계 상품이 대표적이다. 납입을 완료한 후 일정 연령이 되면 연금으로 수령하고, 사망 시에는 보험금이 지급되는 구조를 갖췄다. 이러한 상품 구조는 자산의 관리, 운용, 이전에 이르는 전 과정을 보험 하나로 통합할 수 있다는 점에서 고령자의 생애 재무 설계를 보다 체계적이고 전략적으로 지원한다. 특히 보험을 활용한 자산 이전은 상속·증여세 등의 세제 혜택이 적용되기 때문에 자산 규모가 크지 않더라도 자녀나 손주에게 효율적으로 자산을 이전할 수 있도록 설계되어 있어, 고령자의 생애 주기와 가족 상황에 맞는 자산 이전 전략으로 활용되고 있다.

고령자를 노리는 금융 사기를 막아라: "잃지 않는 것이 가장 중요하다"는 교훈

노후의 경제적 불안을 극복하기 위해 자산을 소득화하거나 연금화하는 전략은 분명 중요하다. 그러나 그보다 더 근본적인 과제가 있다. 바로 쌓아온 자산을 지켜내는 일이다. 은퇴 이후의 삶에서 가장 큰 위험은 무모한 투자보다도, 한순간의 사기나 착오로 자산이 소멸되는 상황이다. 평생 모아온 자산을 잃는 것은 단순한 손실이 아니라 노후 삶 전체의 기반이 무너지는 치명적 사건이 될 수 있다.

실제로 일본 사회는 고령자를 겨냥한 금융사기의 급증이라는 심각한 문제에 직면해 있다. 일본 경찰청 자료에 따르면 2023년 한 해 동안 65세 이상 고령자가 피해를 입은 특수사기 건수는 약 1만 3천건, 피해액은 328억 엔에 달했다. 이는 전체 피해액의 74.5%에 해당하며, 피해자의 평균 연령은 75.8세였다. 다시 말해 후기고령층이 사기 범죄의 주된 표적이 되고 있는 것이다.

수법 또한 갈수록 교묘해지고 있다. 대표적인 오레오레 사기(振り込め詐欺, 보이스피싱)는 자녀나 손자를 사칭해 송금을 요구하는 방식이며, 이 외에도 관공서를 사칭한 전화, ATM 조작을 유도하는 문자 등 다양한 비대면 수법이 빠르게 확산되고 있다. 특히 디지털 기기에 익숙하지 않은 고령자의 취약점을 노려 전화, 문자, 우편 등을 통해 심리를 흔드는 사례가 증가하는 추세다.

여기에 더해 고령자들이 겪는 고립감과 건강 불안 같은 정서적 요인 역시 경계심을 약화시키는 요소로 작용한다. 결국 사기를 당하면 피해 금액이 수백만 엔에 달하는 경우가 많아, 사실상 회복이 불가능한 상태에 내몰리게 된다. 그래서 일본 사회에서 점점 더 강조되는 원칙은 노후 자산 관리의 핵심은 잃지 않는 것이라는 교훈이다.

이러한 현실에 대응해 일본의 주요 은행들은 ATM 고액 출금 제한, 계좌 개설 지연, 의심 거래 확인 같은 예방 장치를 강화하고 있다. 예를 들어, 미즈호은행이나 미쓰이스미토모은행은 70세 이상 신규 계좌 개설 시 현금카드 발급을 1개월 이상 늦추어 즉시 인출을 어렵게 만든다. 일부 지자체와 협력해 10만 엔 이상의 출금이 발생할 경우 은행 직원이 직접 용도를 확인하거나 전담 콜센터를 통해 점검하고, 이상 징후가 있으면 즉시 출금을 중단하고 경찰에 통보하는 체계도 마련했다.

지방은행 중에는 사기 예방 전용 계좌까지 도입한 곳도 있다. 이 계좌는 연금 등의 입금은 가능하지만, 출금은 반드시 보호자 동반이나 대면 확인 절차를 거쳐야 한다. 과거 이바라키은행이 제공한 안심 서포트 계좌가 대표적인 사례다. 가족신탁처럼 복잡한 절차를 거치지 않고도 간단한 신청으로 이용할 수 있어 일반 고령자도 쉽게 접근할 수 있었다는 점에서 큰 호응을 얻었다.

기술을 활용한 사기 예방도 활발히 이루어지고 있다. NTT도코모와 일부 지방은행은 고령자 가정의 전화기에 사기 탐지 장치(迷惑電話対策機器)를 설치해 발신 번호, 음성 패턴, 통화 시간을 분석하고 사기 가능성이 높으면 자동으로 가족이나 경찰에 알리도록 한다. 히로시마은행은 창구 상담 과정에서 AI 음성 분석 시스템을 활용해 '손자', '급한 송금', '병원비' 같은 키워드가 언급되면 직원에게 자동 경고가 전달되도록 했다. 이를 통해 상담 단계에서부터 피해를 미연에 방지하는 구조를 만든 것이다.

지자체 역시 고령자를 보호하기 위해 다양한 장치를 마련하

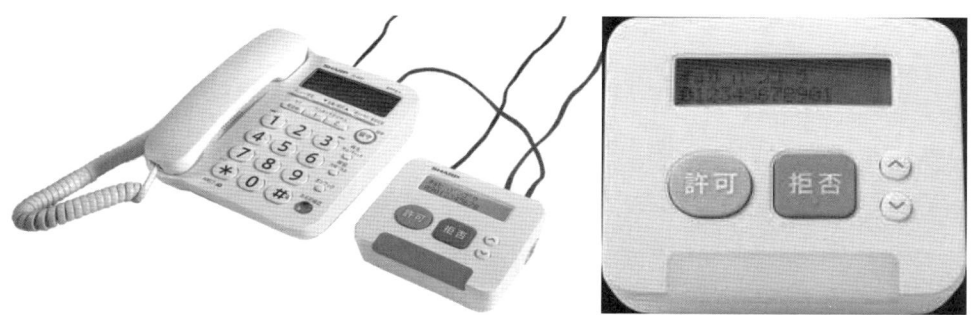
고령자 대상 금융사기 예방을 위해 지자체가 고령자 자택에 사기 전화 탐지기를 무료로 설치하고 있다.

고 있다. 나가사키현 이사하야시(諫早市)는 고령자 가정에 자동 응답 경고 장치를 보급해 전화를 받을 때 "이 전화는 사기일 수 있습니다"라는 안내 메시지가 먼저 나오도록 했다. 도쿄도는 2023년부터 고령 인구가 많은 자치구를 중심으로 특수사기 방지 모델 사업을 시작해 계도 방송, 순찰 활동, 주민 참여형 감시 체계를 강화했다. 이렇게 지역사회가 함께 고령자의 자산을 지키는 사회적 방파제 역할을 하고 있는 것이다.

일본의 사례는 우리에게 중요한 교훈을 준다. 노후 자산의 운용이나 상속 설계도 중요하지만, 그보다 먼저 "잃지 않는 것"이 최우선 과제다. 사기 예방 장치와 제도적 보호망은 고령자 개인의 금융 지식이나 판단력에만 의존하지 않고, 사회 전체가 함께 실수를 줄이고 자산을 보호하는 구조를 만든다는 점에서 의의가 크다. 고령자에게 자산을 지킨다는 것은 단순한 재무 관리 차원을 넘어, 노후 삶의 지속 가능성과 존엄을 지키는 생존 전략이라 할 수 있다.

지역과 기업의 협업

초고령사회에 접어든 일본에서 고령자의 경제적 자립을 뒷받침하기 위해서는 단순히 일할 기회를 제공하거나, 금융 서비스를 통해 자산을 관리해주는 것만으로는 충분하지 않다. 보다 근본적인 해법은 민간 기업이 지역 커뮤니티와 손을 맞잡고, 고령자의 활동과 소비를 지역 경제의 순환 구조 안에 자연스럽게 녹여내는 것이다.

이 접근은 고령자를 더 이상 보호와 지원이 필요한 존재로만 바라보지 않고, 지역사회에 기여할 수 있는 능동적 경제 주체로 다시 세우는 시도다. 실제로 일본 각지에서는 이러한 인식 전환을 바탕으로 기업, 지자체, 시민사회가 함께 고령자의 삶과 활동을 중심에 두고 지역 경제를 새롭게 설계하는 다양한 실험을 전개하고 있다.

그 중심에는 지역에 뿌리를 둔 기업의 역할이 있다. 기업은 자본과 기술, 인적 자원을 바탕으로 지역의 현실적인 과제에 직접 손을 대고 실행력 있는 해법을 제시할 수 있는 주체다. 중요한 점은 기업의 참여가 단순한 사회공헌에 그치지 않는다는 것이다. 일정한 소득을 확보한 고령자는 지역에서 안정적이고 충성도 높은 소비층이 될 수 있으며, 기업 입장에서는 장기적 수요 기반을 확보하는 전략적 선택이 된다. 다시 말해, 고령자의 경제적 자립은 개인의 문제를 넘어 기업의 지속 가능성과도 직결되는 구조다.

또한 고령자가 일정 수준의 소득을 유지하며 지역 안에서 활발히 활동하게 되면 복지 서비스에만 의존하지 않고, 스스로 역할을 하며 살아갈 수 있다. 이는 사회 전체의 복지 부담을 줄이고, 지역 경제가 내부에서 순환하는 구조를 만드는 효과로 이어진다. 따라서 고령자의 자립은 개인의 생존 전략인 동시에 지역 공동체의 지속 가능성과도 이어지는 핵심 과제다.

이처럼 고령자의 경제적 불안을 해소하기 위해서는 기업이 단순히 일자리를 제공하는 수준을 넘어, 지역과 함께 커뮤니티 경제를 설계하고 실행하는 파트너로 나서야 한다. 고령자를 단기적 노동력이나 특정 계층으로 한정하지 않고, 지역 경제의 미래를 함께 만들어가는 공동 주체로 재정의하는 것. 이것이야말로 일본이 직면한 구조적 문제에 대응하는 다음 단계의 해법이다.

이러한 배경 속에서 일본 각지에서는 고령자의 활동을 지역 경제 안에 통합하고, 기업과 지역사회가 협력하여 지속 가능한 생태계를 구축하려는 다양한 시도가 이어지고 있다. 다음에서 소개할 두 가지 사례는 그 구체적 실현 방식을 잘 보여준다.

사례 1. 벳푸시의 전통 산업과 고령자 참여를 잇는 지역형 관광 모델

오이타현 벳푸시(別府市)는 일본을 대표하는 온천 관광지이자, 경제산업성이 지정한 전통 공예품인 벳푸 대나무 세공의 본고장이기도 하다. 이 도시는 빠른 고령화에 대응해 전통 산업과 관광 자원을 결합하여 고령자의 사회 참여와 소득 창출을 동시에 실현하는 커뮤니티형 경제 모델을 만들어내고 있다.

대나무 세공 기술을 보유한 장인들은 단순히 작품을 제작하는 데 그치지 않고, 관광객을 대상으로 체험 워크숍을 열어 직접 기술을 전수한다. 이 과정은 단발적인 이벤트가 아니라, 고령자의 경험과 손기술이 지역 관광 콘텐츠로 전환되는 구조 속에 자리 잡고 있다. 또한 고령자들은 지역의 역사와 문화를 안내하는 관광 가이드로 활동하거나, 지역 특산물을 활용해 음식을 제조, 판매하며 관광 산업의 실질적 경제 주체로 참여하고 있다.

이 모델의 핵심은 고령자를 지역 문화의 정체성과 경제 생태계의 핵심 자원으로 재정의했다는 점이다. 삶의 지혜와 경험, 손끝의 기술을 지닌 고령자들이 지역 콘텐츠로 편입되며 관광과 지역 경제에 활력을 불어넣고 있는 것이다.

사례 2. 도쿠시마현의 생활과 돌봄을 잇는 이동 슈퍼 '도쿠시마루'

시코쿠 동부 도쿠시마현(德島県)에서 2012년 시작된 이동 슈퍼 도쿠시마루(とくし丸)는 단순한 이동 판매 서비스를 넘어, 고령자의 일상과 지역 커뮤니티를 연결하는 생활 밀착형 사회 인프라로 성장했다.

2025년 현재, 일본 전역 47개 도도부현에서 1,200대 이상의 차량이 운영되고 있으며, 약 18만 명의 고령자가 정기적으로 이 서비스를 이용하고 있다. 특히 대도시 외곽이나 산간 지역처럼 접근성이 떨어지는 곳일수록 수요가 높다. 소형 트럭에 400여 종의 식료품과 생필품을 싣고 주택가와 외곽 마을을 찾아가 필요한 물품을 판매하며, 현장에 없는 상품은 주문을 받아 다음 방문 시 전달하는 방식으로 유연하게 대응한다.

도쿠시마루의 가장 큰 특징은 판매자가 단순한 상인이 아니라 안부 확인(見守り) 역할까지 수행한다는 점이다. 고령 고객의 건강이나 생활에 이상 징후가 감지되면 지자체나 지역 복지기관에 즉시 연락하는 체계가 마련돼 있어, 상거래와 돌봄 기능이 결합된 하이브리드형 서비스로 작동한다. 이로써 고령자의 사회적 고립을 예방하고, 필요할 경우 조기 대응이 가능한 안전망으로 기능하고 있는 것이다.

또한 일부 지역에서는 고령자들이 직접 이동 슈퍼 운영 파트너나 보조 인력으로 참여하기도 한다. 이 경우 고령자는 소비자에 머물지 않고 생산적 역할을 수행하며, 지역 생활 경제 속에 다시 편입되는 경험을 얻게 된다. 기업의 서비스가 단순한 판매를 넘어 지역 커뮤니티와 고령자의 삶을 함께 지지하는 구조로 발전한 대표적 사례라 할 수 있다.

이 두 가지 사례가 보여주는 메시지는 분명하다. 고령자는 더 이상 복지의 수혜자나 일시적인 노동력이 아니라, 지역 경제의 동등한 구성원으로 자리매김하고 있다. 기업 또한 자본과 기술을 제공하는 데 그치지 않고, 지역이 안고 있는 현실적 문제를 함께 풀어가는 실질적 파트너로 기능하고 있다. 그 중심에는 지자체와 시민, 그리고 기업이 함께 기획하고 실행하는 커뮤니티 기반 인프라가 있다.

결국 초고령사회에서는 복지 제도만으로는 지속 가능한 해법을 만들 수 없다. 필요한 것은 경제 구조 자체를 고령자의 참여와 활동을 중심으로 다시 설계하는 일이다. 그리고 이 구조 속에서 기

2012년 도쿠시마현에서 시작된 이동 슈퍼 '도쿠시마루'에서 고객이 장을 보고 있다.

업이 지역과 긴밀히 협력할 때, 고령자의 경제적 자립은 단순한 임시 방편이 아닌 살아 있는 지역 생태계의 일부로 자리 잡게 된다.

노후 파산의 불안을 이겨내는 개인의 실천 전략

노후 경제 불안과 개인의 실천 전략

초고령사회에서 노후의 경제적 불안은 누구에게나 피할 수 없는 현실이다. 그러나 그 해법을 제도나 정부의 지원에만 의존할 수는 없다. 결국 노후의 삶을 지탱하는 힘은 개인의 선택과 실천에서 비롯된다.

일본처럼 초고령화를 먼저 겪은 사회에서는 이미 다양한 대응 방식이 나타나고 있으며, 그 중요성 또한 크게 부각되고 있다. 단순히 저축을 늘리거나 소비를 줄이는 차원을 넘어, "어떻게 일할 것인가, 무엇에 지출할 것인가, 자산을 어떻게 활용할 것인가, 누구와 연결되어 살아갈 것인가"와 같은 본질적 질문을 스스로 던지고 해답을 찾아가는 과정이 이어지고 있다. 이는 단순한 생활비 절감이 아니라 삶의 구조와 방향을 다시 설계하는 일에 가깝다.

지출을 줄이는 방식도 전략적으로 진화하고 있다. 예를 들어,

공동주택이나 공유 공간을 활용해 고정비를 낮추거나, 도시를 떠나 지방으로 이주해 생활비와 돌봄 비용을 줄이려는 움직임이 그 예다. 사람과의 연결을 경제적 자산으로 삼으려는 시도도 눈에 띈다. 마을기업, 생활협동조합, 커뮤니티 기반의 교환 경제 활동은 단순한 소득 창출을 넘어 돌봄과 사회적 관계망까지 함께 확보하는 방식으로 확산되고 있다.

이와 함께 고령자들의 개별적인 실천도 점점 다채로워지고 있다. 평생학습을 통해 새로운 자격증을 취득하거나, 온라인 강좌를 개설해 지식을 나누는 사례가 늘고 있다. 취미나 전문성을 살려 작은 가게를 열거나 소규모 창업에 나서는 경우도 많다. 유튜브, 중고거래 앱, 크라우드 펀딩 같은 디지털 플랫폼을 통해 소소한 수익을 얻는 모습도 흔해졌다. 나아가 월지급형 펀드, 부동산 임대, 지역 프로젝트 참여 등으로 보유 자산을 능동적으로 운용하는 흐름도 분명해지고 있다.

이처럼 각자의 여건에 맞춰 노후 불안을 덜어내려는 시도는 이미 하나의 흐름이 되어 확산되고 있다. 방법은 다양하지만 그 바탕에는 한 가지 공통점이 있다. 바로 "지금, 여기서, 내가 할 수 있는 일부터 시작한다."는 태도다. 일본의 고령자들은 더 이상 외부의 도움만을 기다리지 않는다. 스스로 삶을 설계하며, 자신이 감당할 수 있는 방식으로 새로운 안정의 기반을 만들어가고 있다.

일을 계속할지, 자산을 어떻게 활용할지, 어디서 얼마나 지출을 줄일지, 누구와 함께할지를 스스로 선택하고 실행하는 과정. 이처럼 작지만 구체적인 결정들이 모여 노후 파산을 막고, 예측하기 어려운 미래를 버텨내는 실질적인 생존 전략이 된다. 정부와 기업이 제도적 틀을 제공할 수는 있지만, 그 위에 삶의 방향을 세우고 실천으로 옮기는 것은 결국 개인의 몫이다. 그리고 바로 이러한 조합이야말로 고령사회의 경제 생태계를 더욱 견고하고 지속 가능한 구조로 이끄는 힘이 된다.

현역으로 남는 길을 선택하다

"나는 정년이 없어요. 할 수 있는 한 계속 일할 겁니다."
일본에서 92세까지 한 회사의 총무 업무를 맡았던 타마키 야스코(玉置泰子)씨는 인터뷰에서 이렇게 말했다. 1956년 입사 후 66년간 회계와 인사 업무를 이어온 그는 기네스북에 '세계 최고령 총무과장'으로 등재되기도 했다. "하루하루 출근해 맡은 일을 해낸다는 것이 내 삶의 리듬이자 사회와 연결된 감각"이라는 그의 말은, 고령기에 일을 지속하는 의미가 단순한 생계가 아니라 삶의 정체성과 직결된다는 사실을 잘 보여준다.
오늘날 고령자에게 일은 단순한 수입원이 아니다. 누군가에게는 사회적 연결망이고, 또 다른 이에게는 자아 실현의 통로이며, 일상을 유지하는 리듬이 된다. 일본 내각부 조사에서도 60세 이상 고령자 다수가 "65세 이후에도 계속 일하고 싶다"고 응답했는데, 이는 일본 사회 곳곳에서 새로운 형태의 일자리와 활동 기회를 만들어내는 토대가 되고 있다.

예를 들어, 도쿄 에도가와구(江戸川区)의 실버인재센터에서는 고령자들이 공원 청소, 화단 가꾸기, 안내 도우미 등 가벼운 활동에 참여한다. 주 1~2회, 하루 2~3시간의 단시간 근무로 설계되어 있어 체력에 맞춰 유연하게 참여할 수 있고, 소액이지만 사례비도 받는다. 단순한 일자리 이상의 의미가 있는 것이다.

정년을 끝이 아니라 새로운 출발로 삼는 흐름도 확산되고 있다. 은퇴한 은행원이 지역 재무 상담소에서 고령자를 돕거나, 교사 출신이 아동센터에서 학습 지원을 이어가는 사례가 대표적이다. 또한 비교적 단기간 교육으로 취득 가능한 행정서사, 파이낸셜 플래너(FP), 보육 보조와 같은 자격증에 도전해 전혀 새로운 직업에 뛰어드는 고령자들도 늘고 있다.

정부와 지자체의 지원도 이러한 흐름을 뒷받침한다. 후생노동성은 생애설계 지원 사업을 통해 고령자의 재취업 연계, 직업훈련, 생애설계 세미나 등을 운영하고 있으며, 일부 지역은 고령 인재 뱅크를 통해 숙련 기술을 가진 시니어와 기업을 연결한다. 최근에는 디지털 플랫폼 기반의 일자리도 활발하다. 우버이츠 배달, 아마존 물류, 경비 업무, 단기 사무 보조 등은 신체적 부담이 크지 않고 근무 시간이 유연해 70대 중반까지도 활동이 가능하다. 도쿄 시부야구(渋谷区)의 액티브 시니어 취업 지원 센터는 이러한 일자리를 연결하는 동시에 디지털 기초 교육과 생애 재설계 상담까지 함께 제공한다.

물론 기술 환경 변화에 대한 적응은 여전히 과제다. 그러나 전국적으로 디지털 기초 교육과 직업훈련을 결합한 고령자 대상 프

한 회사에서 무려 66년 동안 회계와 인사 업무를 담당해 온 타마키 야스코씨가
90세의 세계 최고령 총무 관리자로 기네스에 등재되며, 인증서와 함께 환하게 웃고 있다.

로그램이 확산되면서 점차 극복의 길이 열리고 있다.

'현역으로 남는다'는 것은 단순히 은퇴 시점을 늦추는 선택이 아니다. 자신의 경험과 기술, 그리고 삶의 우선순위에 맞춰 새로운 일과 삶의 균형을 찾아가는 과정이다. 일본 사회에서는 이제 70세 이후 새로운 일을 시작하는 것이 낯설지 않은 풍경이 되었고, 많은 고령자들이 각자의 방식으로 경제 활동을 재구성하고 있다.

고령자가 자신에게 맞는 속도와 방식으로 일을 이어갈 수 있는 사회. 그것은 단순한 일자리 정책을 넘어, 초고령사회가 직면한 불안을 가장 인간다운 방식으로 풀어내는 길이자, 한 사람의 존엄을 지켜주는 실질적인 해법이 되고 있다.

디지털을 활용한 새로운 소득 모델

노후의 경제활동은 이제 오프라인을 넘어 디지털 공간에서도 활발히 전개되고 있다. 과거에는 젊은 세대의 전유물처럼 여겨졌던 유튜브, 중고거래 앱, 온라인 커머스 플랫폼이 고령자에게도 새로운 일과 소득의 창구로 자리 잡고 있는 것이다.

대표적인 사례가 시니어 유튜버다. 일본에서는 자신이 살아온 이야기를 콘텐츠화하거나 전통 요리법, 정리 수납 노하우, 수예, 목공 등 손기술을 영상으로 담아내는 고령 유튜버들이 꾸준히 늘고 있다. 단순한 취미나 일상의 기록에서 출발한 채널이 광고 수익을 올리며 직업으로 전환되는 경우도 적지 않다. 예컨대 유튜브 채널 《최강 할머니와 가끔 현손들(最強ばあちゃんときどき玄孫)》은 90세가 넘은 할머니와 손자녀가 전통 가정식과 일상을 소개해 구독자 10만 명을 넘어섰다. 스마트폰 촬영과 최소한의 편집만으로 누구나 도전할 수 있다는 점에서 시니어 창작자의 가능성을 잘 보여준다.

세계 최고령 게이머 유튜버로 기네스북에 오른 모리 하마코(1930년생)씨도 대표적인 인물이다. 2014년부터 《Gamer Grandma》 채널을 운영하며 다양한 게임을 소개했고, 90세 무렵에는 25만 명 이상의 구독자를 확보했다. 그는 "게임을 통해 세대와 소통한다"는 메시지를 전하며, 고령자도 디지털 창작자로 충분히 자리 잡을 수 있음을 입증했다.

한국에서도 비슷한 흐름이 나타나고 있다. 대표적인 인물이 유튜브 《코리아 그랜마》로 유명한 박막례 할머니다. 71세에 손녀와 함께 시작한 그의 채널은 솔직한 매력과 삶의 경험을 바탕으로 국내외에서 큰 반향을 일으켰다. 요리와 여행, 생활 팁을 공유하며 단순한 기록을 넘어 인생의 전환점을 만들어냈고, 자서전 『박막례, 이대로 죽을 순 없다』에서 "인생은 끝까지 모를 일이다"라는 메시지를 전하며 많은 이들에게 희망을 주었다.

디지털 수익 모델은 유튜브에만 머물지 않는다. 일본 최대 중고거래 앱 메르카리(Mercari)에서는 60세 이상 사용자 비중이 이미 20%에 이르렀다(2022년 기준). 퇴직 후 정리한 생활용품이나 손자녀의 물건을 판매하며 소액이지만 꾸준한 현금 흐름을 만들어내고 있다.

이러한 변화의 기반에는 학습 기회 확대가 있다. 일본 각지의 지자체와 통신사는 고령자를 위한 디지털 기초 교육을 활발히 운영하고 있으며, 스마트폰 교실, 메르카리 사용법 강좌 같은 실습형 프로그램이 빠르게 확산되고 있다. 도쿄 시부야구(渋谷区)나 오사카 히라카타시(枚方市)에서는 복지관과 연계한 디지털 실습 교육을 정기적으로 실시하며 단순한 기기 사용을 넘어 실제 경제 활동으로 연결될 수 있도록 유도한다.

더 나아가 일부 고령자들은 온라인 강의 플랫폼을 통해 자신의 전문지식을 콘텐츠화하기도 한다. 은퇴한 교사가 인터넷 학습 사이트에 강좌를 개설하거나, 수공예 기술을 온라인 워크숍으로 운영하는 식이다. 이는 디지털을 소비가 아닌 생산의 수단으로 활용하는 사례로, 고령자의 경험이 새로운 지식 자산으로 이어질 수 있다는 가능성을 보여준다.

이처럼 디지털 기술은 고령자에게 단순한 편의 그 이상이다.

Gamer Grandma로 활동 중인 모리 하마코씨(1930년생)가 세계 최고령 게이머 유튜버로 기네스에 등재되며, 인증서를 들고 웃고 있다. 오른쪽 그림은 2019년 출판된 박막례 할머니의 에세이집

경제적 자립을 뒷받침하고, 세대 간 소통을 가능하게 하며, 새로운 자기 정체성을 형성하는 통로로까지 확장되고 있다.

기술은 나이를 가리지 않는다. 오히려 삶의 깊이와 경험을 콘텐츠로 전환할 수 있다는 점에서 고령자는 디지털 시대에 강력한 창작자가 될 잠재력을 가진 존재다. 일본 사회가 보여주는 고령자의 디지털 참여는 일의 방식은 물론 노년기의 삶 자체를 새롭게 정의하는 흐름이 되고 있다.

연금 외 소득 창출을 위한 자산 운용

일본의 고령자들은 비교적 다양한 자산을 보유하고 있다. 일본 내각부 조사에 따르면 60세 이상 고령층은 전체 가계 금융자산의 약 60%를 차지하며, 2인 이상 고령자 가구의 평균 금융자산은 수천만 엔에 달한다. 여기에 부동산까지 포함하면 그 규모는 훨씬 더 커지며, 이는 노년의 삶이 곧 빈곤으로 직결되지 않는다는 점을 말해준다.

그러나 이렇게 보유한 자산이 곧바로 생활 소득으로 연결되는 것은 아니다. 많은 고령자들이 "노후 자산에는 가능한 한 손대고 싶지 않다"는 심리와 함께, 자산이 줄어드는 것에 대한 막연한 불안감을 가지고 있기 때문이다. 그 결과 상당수 자산이 장롱안에 잠자고 있는 돈으로 머무르며 실질적인 현금 흐름을 만들어내지 못하고 있다.

하지만 인생 100세 시대가 현실이 된 지금, 이러한 태도는 점차 변하고 있다. 이제는 '자산을 어떻게 지킬 것인가'보다는 '어떻게 활용할 것인가'가 더 중요한 질문으로 부상하고 있는 것이다.

이런 흐름 속에서 일본의 주요 증권사들은 고령자를 위한 중위험·중수익 상품을 확대해왔다. 월지급형 펀드나 부동산투자신탁(리츠)은 대표적인 사례다. 이들 상품은 자산 가치를 일정 수준 보존하면서도 매월 생활비와 같은 정기 수익을 제공한다. 단순히 축적 중심에서 벗어나, 생활 기반을 위한 현금 흐름을 만들어주는 새로운 운용 방식인 셈이다.

정부의 제도적 지원도 뒷받침된다. 일본 정부는 NISA(소액투자 비과세 제도), iDeCo(개인형 확정기여 연금) 등 세제 혜택 상품을 통해 개인 자산의 금융시장 참여를 적극 장려하고 있다. 특히 2024년 개편된

신(新) NISA는 투자 한도를 크게 늘리고 비과세 기간을 사실상 무제한으로 연장해 고령 투자자에게 실질적인 이점을 제공한다. 실제로 신규 계좌 개설자 중 60대 이상 비중이 꾸준히 늘고 있으며, 은퇴 후 일반 고령자들의 투자 참여가 확대되고 있음을 보여준다.

이러한 변화는 한국에서도 유사하게 나타나고 있다. 대표적으로 IRP(개인형 퇴직연금)와 ISA(개인종합자산관리계좌)가 있다. IRP는 퇴직금과 개인 납입금을 스스로 운용하며 세액공제 혜택을 받을 수 있고, ISA는 예금·펀드·ETF를 한 계좌에서 통합 운용할 수 있는 '만능통장'으로 불린다.

특히 2023년 세법 개정으로 연금저축과 IRP를 합산해 연간 최대 900만 원까지 세액공제를 받을 수 있게 되면서, 고령자들의 참여가 빠르게 늘고 있다. 실제로 채권형 상품 분산투자, 예금과 펀드를 혼합한 ISA 활용 등은 일본과 마찬가지로 저축 중심에서 투자 중심으로의 전환을 보여준다.

부동산 역시 중요한 자산 활용 수단이다. 일본 도쿄·오사카 외곽에서는 고령자가 소유한 단독주택을 소형 임대주택으로 개조하거나, 빈방을 에어비앤비(Airbnb) 등 민박 플랫폼에 등록해 단기 임대 수익을 얻는 사례가 늘고 있다. 단순한 소득 창출을 넘어 자산의 유동성을 확보하고 지역사회와 연결되는 효과까지 낳는다.

지자체 차원의 지원도 있다. 예컨대 아이치현 나고야시(名古屋市)는 고령자 소유 빈집을 리모델링해 저소득층·청년층 임대 주택으로 전환하는 제도를 운영한다. 리폼 보조금과 보증료 감면을 제공해 고령자의 자산을 지역 주거 수요와 연결하고, 사회 전체에 긍정적인 파급 효과를 만드는 것이다.

최근에는 디지털 금융 플랫폼을 통해 직접 자산을 관리하려는 고령자도 늘고 있다. 로보어드바이저 기반 자동화 투자, 온라인 자산관리 앱, 가족 공동 운용형 금융 서비스 등이 그 예다. 이에 발맞춰 금융기관과 지자체는 NISA, iDeCo 활용법을 포함한 고령자 대상 금융 교육을 전국적으로 확대하고 있다. 스마트폰 교실, 실습형 자산운용 워크숍 등이 정기적으로 운영되며, 고령자의 디지털 금융 참여를 돕고 있다.

자산은 이제 단순히 지켜야 할 대상이 아니다. 고령자 스스로 자산을 일하게 만들어, 그 수익이 일상의 안정된 흐름으로 이어지도록 활용하는 것이 핵심이다. 크게 벌기보다 작지만 꾸준히 만들고, 매월 일정한 소득 흐름을 확보하는 방식. 이것이야말로 일본 고령자들이 만들어가고 있는 현실적이고 지속 가능한 자산 운용의 길이다.

관계 자산 – 연결을 통한 자립 구조를 만들다

노후의 경제 불안은 단순히 소득이나 자산만으로는 해결되지 않는다. 예상치 못한 지출, 건강 악화, 정서적 고립이 겹치면 경제적 어려움은 곧 삶 전반의 위기로 이어질 수 있다. 일본에서는 이러한 복합적인 문제에 대응하기 위해 관계 자산을 기반으로 한 커뮤니티 중심의 경제 활동이 고령자의 자립을 돕는 새로운 방식으로 자리 잡고 있다.

대표적인 사례가 마치노엔 스테이션(まちの縁ステーション, 마을 교류 거점)이다. 2012년 도쿄도 히가시무라야마시(東村山市)에서 시작된 이 모델은 도움을 주고받을 수 있는 고령자들이 함께 회원으로 등록해 지역 내에서 생활을 서로 지원하는 구조다. 회원은 연회비를 내고 청소·식사 배달·병원 동행 같은 생활 지원 서비스를 요청할 수 있고, 운영센터는 적합한 협력 회원을 연결해준다. 서비스를 제공한 고령자는 시간당 600~700엔 정도의 활동비나 지역 포인트를 받는다. 이는 단순한 자원봉사가 아니라, 고령자에게 경제적 보상과 사회적 역할을 동시에 부여하는 구조다.

이와 비슷한 시도는 일본 각지에서 이어지고 있다. 예를 들어, 나가노현 마쓰모토시(松本市)에서는 주민과 고령자가 함께 운영하는 커뮤니티 키친(공동 부엌)이 주 3회 문을 연다. 이곳에서는 함께 식재료를 준비하고, 고령자들이 조리와 서빙을 맡아 저렴한 가격에 식사를 제공한다. 참여한 고령자는 소액의 현금이나 지역 포인트를 받으면서 사회적 교류와 식생활 안정을 동시에 얻는다.

보다 체계적인 모델로는 생활협동조합(생협)의 커뮤니티 연계 사업이 있다. 일부 지역의 생협은 단순한 식료품 공동 구매를 넘어, 안부 확인, 식사 배달, 생활용품 배송까지 아우르며 고령자의 일상을 촘촘히 지지한다. 여기에 참여한 고령자에게는 활동비나 지역 통화 포인트가 지급되고, 이를 통해 경제적 자립과 공동체 기여가 동시에 실현된다.

또한 커뮤니티 카페나 세대 혼합형 공유 공간에서는 고령자들이 손기술을 활용해 자수나 바느질, 요리 등을 함께 나누고, 소규모 물품을 제작해 판매하는 활동도 활발하다. 여기서 얻는 수익은 크지 않을지라도 세대 간 교류와 지역 내 역할 확대라는 사회적 가치가 함께 창출된다.

이러한 흐름은 노후의 경제 불안을 개인의 문제로만 남겨두지 않고, 지역사회 전체가 함께 해법을 찾는 공동체 기반의 대응 전략으로 볼 수 있다. 혼자 감당하던 노후에서 벗어나, 서로 연결되고 역할을 나누며 함께 살아가는 구조로의 전환이 조용히 그러나 꾸준히 확산되고 있는 것이다.

그리고 이 전환의 중심에는 돈으로 환산할 수 없는 관계와 신뢰, 서로 돌봄이라는 무형의 자산이 있다. 때로는 지역사회가 연금보다 더 강력한 안전망이 될 수 있으며, 이러한 관계 기반 경제 생태계는 고령자의 삶을 지속 가능하게 만들고 초고령화로 인한 사회 전체의 위험을 완화하는 중요한 수단이 된다. 고령자는 더 이상 복지의 수혜자가 아니라 경제와 커뮤니티의 적극적인 참여자이자 창조자로 새롭게 정의되고 있다.

노후의 삶에 정답은 없지만 분명한 것은 있다. 지금 여기서 자신의 삶을 어떻게 다시 설계할 것인가에 대한 주체적 태도, 그리고 그것을 작은 실천으로 옮기는 꾸준한 노력이야말로 안정된 미래로 가는 가장 현실적인 전략이다. 일본의 수많은 고령자들이 오늘도 관계 자산을 바탕으로 경제적 불안을 넘어서는 자신만의 삶을 만들어가고 있다.

4장

노후 고독의 불안, 일본은 어떻게 극복했을까

: 관계 불안을 기회로 바꾸다

단절을 다시 회복하여
함께하는 삶으로

고독 불안이라는 사회적 구조
– 단절된 시대, 관계의 붕괴

"세상을 떠난 지 한 달이 지나서야 이웃이 이상함을 느끼고 신고했습니다."

2010년 방영된 NHK 스페셜 〈무연고사회~ "무연고사" 3만 2천 명의 충격(無縁社会)〉은 일본 사회에 큰 반향을 불러일으킨 다큐멘터리였다. 방송은 가족, 이웃, 친구 등 그 어떤 사회적 연결도 없이 생을 마감하는 사람들의 현실을 조명하며, 고독사가 더 이상 예외적인 사건이 아니라 사회 구조 속에서 반복되는 현상임을 드러냈다.

도쿄의 한 아파트에서 홀로 사망한 70대 남성의 사례는 이를 상징적으로 보여준다. 그는 퇴직 이후 이웃과의 교류를 끊고, 집세를 자동이체로 처리하며 세상과 단절된 채 살았다. 결국 그의 죽음은 악취와 이상한 소리를 감지한 이웃의 신고를 통해서야 세상에 알려졌다.

이 이야기는 한 개인의 불행이 아니라 일본 사회 전반에 깊이 자리 잡은 현실을 드러낸다. 내각부의 2023년 조사에 따르면, 80세 이상 응답자의 4명 중 1명은 "자주 외로움을 느낀다"고 답했다. 여기서 말하는 고독은 단순한 감정이 아니라, 퇴직 후 급격히 줄어드는 사회적 접촉, 도시화와 핵가족화로 인한 지역 단절, 자녀와의 소원해진 관계 같은 생활 구조의 변화가 만들어낸 결과다.

특히 1인 가구 증가는 고독의 구조화를 단적으로 보여준다. 2022년 기준 일본의 65세 이상 1인 가구는 약 762만 가구로, 1980년(110만 가구)의 7배 이상 증가했다. 이들 가운데 상당수는 "하루 종일 한 마디 말도 하지 않고 지낸다"고 고백한다.

고독은 단순한 외로움에 머물지 않는다. 국립사회보장 인구문제연구소에 따르면 사회적 견결망이 없는 고령자는 인지 기능 저하, 우울증, 만성질환 악화 위험이 높고, 의료비 지출도 평균의 두 배에 이른다.

영화 〈플랜 75〉는 이러한 현실을 상징적으로 담아낸 작품이다. 극 중 일본 정부는 75세 이상 고령자에게 삶을 정리할 수 있는 제도를 마련해 자발적으로 생의 마무리를 선택할 수 있도록 유도한다. 제도는 선택을 강요하지는 않지만, 외로운 현실과 경제적 궁핍 속에서 벼랑 끝으로 내몰린 고령자들에게는 그 유혹이 더 현실적으로 다가온다. 주인공 미치(ミチ)는 점점 사라지는 사회적 역할과 존재감을 체감하며 고립과 무력감 속에서 방황한다. 이 영화는 고

독이 단순히 혼자 있는 상태가 아니라, "더 이상 누구에게도 필요하지 않다"는 감각에서 비롯된 절망임을 정면으로 보여준다.

고령자의 고독은 개인의 성격이나 선택 때문이 아니다. 가족의 축소, 지역 공동체의 해체, 정년 이후 사회적 역할의 상실, 디지털 격차, 건강 악화 등 다양한 요인이 복합적으로 작용한 결과다. 특히 남성 고령자는 직장 중심의 인간관계에 의존해 온 경우가 많아 퇴직과 동시에 관계망이 끊어지는 경우가 흔하다. "직장을 그만두고 나니 전화 한 통, 인사 한 마디도 사라졌다"는 어느 퇴직자의 말처럼, 고립은 그렇게 조용히 일상 속에 스며든다.

이 현상은 일본만의 이야기가 아니다. 한국, 독일, 이탈리아 등 고령화가 빠르게 진행되는 국가들에서도 고령자의 고독은 사회적 과제로 떠오르고 있다. 수명이 길어진 시대, 고독은 단순한 감정이

2010년 방영된 NHK 〈무연고사회〉 속 한 장면. 사진 속 관에는 신원 불명의 남성 고인을 뜻하는 글씨가 적혀 있으며, 사회적 연결 없이 홀로 세상을 떠난 이들의 현실을 상징적으로 보여주고 있다(左). 2022년 일본에서 공개된 영화 〈PLAN 75〉는 일본 정부가 75세 이상 고령자들에게 죽음을 선택할 수 있도록 유도하는 가상의 제도를 통해 노인들의 고립과 삶의 존엄성을 다루고 있다(右).

아니라 삶의 질을 직접적으로 위협하는 리스크다.

고독은 누군가 의도적으로 선택한 고립이 아니라, 사회 구조와 생활 조건이 겹쳐진 끝에 점차적으로 형성되는 결과다. 그리고 그 끝에는 관계 단절, 사회적 배제, 나아가 고독사라는 위험이 도사리고 있다.

관계를 복원하는 일본의 공공 전략

고독은 한 개인의 감정에서 출발하지만, 그 여파는 사회 전체로 번져간다. 일본 정부는 이 문제를 단순한 개인 복지 차원이 아니라 사회 지속 가능성의 핵심 과제로 인식하고, 국가적 대응에 본격적으로 나서기 시작했다.

전환점은 2021년이었다. 내각부 산하에 고독·고립 대책 담당실이 신설되고, 총리가 직접 본부장을 맡는 고독·고립 대책 추진본부가 출범했다. 고독 문제를 더 이상 개인에게만 떠넘기지 않고, 사회 전체가 함께 해결해야 한다는 의지를 제도적으로 천명한 것이다. 같은 해 발표된 「고독·고립 대책 추진 방향」에서는 세 가지 과제가 제시되었다. 첫째, 위험군을 조기에 발견하고 개입할 것. 둘째, 지역 커뮤니티와 민간 조직의 연계를 강화할 것. 셋째, 디지털 포용을 통해 단절된 연결을 회복할 것.

이러한 과제들은 선언에 그치지 않았다. 일본의 각 지역에서는 이를 구체적인 실행 전략으로 옮겨가고 있다.

그 중심에는 지역 포괄지원 센터가 있다. 각 지자체가 운영하는 이 센터에는 보건사, 사회복지사, 케어 매니저 등이 상주하며 고령자의 건강 상태, 생활 환경, 인간관계를 종합적으로 파악하고 필요한 지원을 조율한다. 단순히 행정 서비스를 제공하는 곳이 아니라, 고독과 고립을 조기에 감지하고 대응하는 사회적 센서 역할을 하고 있다.

지자체 차원의 창의적인 실천도 눈에 띈다. 전국 곳곳에 배치된 생활지원 코디네이터들은 지역 주민, 민간 기업, 시민단체를 잇는 촉진자 역할을 한다. 예를 들어, 도쿄 아라카와구(荒川区)에서는 인사 운동(声かけ運動)이 활발히 진행되고 있다. 이 지역의 코디네이터들은 병원, 슈퍼마켓, 세탁소, 미용실 등 고령자들이 자주 찾는 일상 공간과 협력해 외출 동선 곳곳에서 자연스럽게 인사와 대화가 오가도록 유도한다. 고령자에게 매일 건네는 "안녕하세요" 한마디가 고립을 막는 마중물이 된다는 발상에서 출발한 이 활동은 사회적 연결을 일상의 흐름 속에서 회복하려는 정서적 접근 방식이다.

기술을 활용한 시도도 주목할 만하다. 일부 지자체는 혼자 사는 고령자의 전기·수도 사용량을 실시간 감지해 일정 시간 이상 변화가 없으면 경고 알림을 전송하는 IoT 기반 안심 시스템을 도입했다. 민간 기업과 협력해 데이터 분석을 통해 고독사 위험을 예측하는 모델을 개발하려는 시도도 이어지고 있다.

또 하나의 과제는 디지털 소외다. 디지털 접근성이 부족하면 사회적 단절은 더 심해진다. 이를 해결하기 위해 돗토리현(鳥取県)은 디지털 동행 서포터 제도를 운영해 젊은 세대의 자원봉사자가 고령자에게 스마트폰과 SNS 사용법을 직접 가르치고 있다. 나가사키현 등 일부 지역에서는 고령자 전용 태블릿을 무상 대여해 화상 통화, 온라인 진료, SNS 등을 체험할 수 있도록 지원하고 있다.

이러한 정책적 움직임은 고독과 고립이라는 개인적 문제를 사회적 인프라의 문제로 보고, 관계를 다시 설계하려는 시도라 할 수 있다. 일본은 "누구나 혼자가 될 수 있다"는 냉정한 현실을 직시하며, 사회 전체가 함께 관계를 복원하는 시스템을 만들어가고 있다.

이제 관계 맺기는 더 이상 개인의 책임만이 아니다. 사회가 함께 지탱해야 할 과제로 인식되고 있으며, 이에 대한 공감대도 점차 확산되고 있다. 정부 주도의 이러한 구조적 노력은 고립된 개인을 다시 관계망 속으로 끌어올리려는 시도이자, 초고령사회가 지속가능성을 확보하기 위해 반드시 구축해야 할 핵심 축이 되고 있다.

고독 불안을 기회로 만든
일본의 극복 솔루션

지자체의 고립 제로를 향한 커뮤니티 인프라 구축

일본 각지의 지자체들은 고령자의 고독과 고립을 단순히 개인의 외로움이나 복지 차원의 문제로 보지 않는다. 그것은 지역 공동체 전체의 존립과 지속 가능성을 위협하는 구조적 과제라는 인식이 점차 확산되고 있다. 고립은 한 개인이 홀로 살아가는 상태에서 끝나지 않는다. 그것은 지역 사회의 관계망이 약해지고, 자원의 순환이 멈추며, 결국 지역 경제의 활력마저 떨어뜨리는 과정과 직결되어 있기 때문이다.

특히 인구 감소와 고령화가 동시에 진행되는 지방 소도시나 농산어촌에서는 이 문제가 더욱 절박하다. 고령자가 많아질수록 1인 가구가 늘어나고, 이는 곧 사회적 고립의 확산으로 이어진다. 결과적으로 지역 내의 관계망은 끊어지고, 공동체의 기능은 약화되며, 지역 경제는 활력을 잃는다. 고독과 고립이 개인의 삶의 질 저하에 그치지 않고 지역 전체의 지속 가능성을 위협하는 요인이 되는 것이다.

이러한 현실 속에서 많은 지자체들은 고령자의 참여와 연결을 단순한 비용이 아닌 사회적 투자로 전환하고 있다. 외부 자원을 투입하는 방식이 아니라, 지역 안에 이미 존재하는 사람과 공간, 관계 자산을 다시 엮어내며 커뮤니티를 재구성하는 전략을 택하고 있는 것이다. 이는 단순한 복지 행정의 확장이 아니라, 살아 있는 커뮤니티 인프라를 복원함으로써 초고령사회를 지속 가능한 구조로 만들려는 실천적 접근이라 할 수 있다.

'고립 제로(孤立ゼロ)'는 단순히 고독사를 줄이기 위한 예방 캠페인이 아니다. 그것은 고령화한 지역 사회가 앞으로 어떻게 공동체를 유지하고 재생산할 것인가에 대한 근본적인 질문이자, 관계망을 회복함으로써 경제적·사회적 지속 가능성을 확보하려는 전략적 시도다.

오늘날 일본의 지자체들은 이러한 인식 아래 고령자의 사회적 연결을 중심에 둔 다양한 사업을 전개하고 있다. 이는 돌봄 서비스나 시설 지원을 넘어, 사람과 사람을 잇는 관계 기반의 커뮤니티를 다시 세우려는 노력으로 이어지고 있다.

이제부터 소개할 지역 사례들은 바로 이러한 전략적 접근을 실제로 구현한 구체적인 실천들이다. 지역마다 처한 환경과 자원을 바탕으로 저마다의 방식으로 고립을 줄이고 관계를 회복하는 커뮤니티 인프라를 설계해 나가고 있는 모습은 고령 사회가 나아가야 할 방향을 잘 보여준다.

사례 1. 쓰야마시의 이키이키 살롱

농촌 지역은 도시보다 훨씬 빠른 속도로 고령화가 진행되고 있다. 교통망 부족, 생활 편의시설의 감소, 인구 밀도의 급격한 하락은 고령자의 외출 자체를 어렵게 만들고, 이는 곧 지역 내 관계의 단절로 이어지기 쉽다. 고립 문제는 단순한 개인의 외로움을 넘어 농촌 사회의 구조적 문제로 자리 잡고 있는 것이다.

이러한 상황에 대응해 오카야마현 북부의 중산간 도시인 쓰야마시(津山市)는 조금은 독특한 이키이키 살롱(生きいきサロン)을 운영하고 있다. 이 살롱은 행정 주도가 아닌, 주민 스스로 기획하고 운영하는 소규모 커뮤니티 거점이다. 특정 운영 기관이나 상근 인력이 따로 있는 것이 아니라, 마을 주민들이 요일별로 교대로 책임을 맡아 프로그램을 직접 꾸린다. 바느질, 건강 체조, 바둑과 장기 같은 놀이 활동, 소규모 농산물 직판 등 일상과 밀접한 활동이 중심이며, 참여자의 대부분은 70세 이상의 고령자들이다.

공간 활용 방식도 눈길을 끈다. 대규모 시설을 새로 짓는 대신, 마을에 방치돼 있던 공터나 노후 공공건물을 리모델링해 살롱 공간으로 활용한다. 주민들에게 익숙한 장소를 관계 맺기의 거점으로 바꾸어낸 덕분에 고령자들이 부담 없이 일상적으로 드나들며 자연스럽게 사람들과 접촉할 수 있다.

운영 방식은 단순하지만 지속 가능하다. 인건비나 고정 운영비가 들지 않고, 주민들의 순환적인 역할 분담을 통해 자발적 운영이 가능하다. 이는 외부 자원에 의존하지 않고도 오랫동안 유지될 수 있는 구조를 만들어낸다.

쓰야마시 주민들이 자발적으로 살롱에 모여 교류를 하고 있다.

자료: 쓰야마시 사회복지협의회

무엇보다 중요한 점은 이키이키 살롱이 누군가가 제공해주는 관계가 아니라 스스로 만들어가는 관계라는 가치에 기반하고 있다는 것이다. 쓰야마시는 거창한 제도나 대규모 예산을 들이지 않고도, 주민들이 자율적으로 운영하는 작은 살롱을 통해 초고령사회가 직면한 고립과 단절이라는 구조적 과제에 대응하고 있다.

이키이키 살롱은 고령자가 여전히 지역 사회의 중심에 설 수 있다는 가능성을 보여준다. 단순히 외로운 노후를 달래는 곳이 아니라, 고령자가 주체가 되어 경제적·사회적 연결을 다시 짜나가는 생활 기반의 커뮤니티인 것이다.

사례 2. 미토요시의 주민 주도 커뮤니티 모델

고령자의 고립 문제는 대규모 인프라 건설이나 복잡한 행정 프로그램만으로는 해결하기 어렵다. 일본 시코쿠 지방의 소도시 가가와현 미토요시(三豊市)는 이 과제를 생활 밀착형 방식으로 풀어내고 있다. 그 중심에는 미토요시 사회복지협의회가 운영하는 지역 활동 지원 제도가 있다.

이 제도는 몇 명의 주민이 모여 자발적인 활동을 지속할 수 있도록 소규모 운영비를 직접 지원하는 구조다. 지원 대상은 반드시 지역 과제의 해결에 기여하는 활동이어야 하며, 실제로는 고령자 교류의 장 마련, 일상 돌봄, 취미 활동 등이 주를 이룬다. 일주일에 한 번 함께 식사하거나, 수공예·장기·산책·독서 모임을 여는 정도면 충분하다.

지원 규모는 초기 설립비 최대 20만 엔, 활동비 최대 5만 엔으로 식음료비나 소모품, 비품 구입 등 운영에 필요한 다양한 항목에 활용할 수 있다. 절차 역시 간단해 주민들이 부담 없이 신청하고, 행정의 간섭 없이 유연하게 활동을 이어갈 수 있도록 설계되어 있다.

이 접근법이 효과적인 이유는 생활 반경 가까이에서 관계가 형성되기 때문이다. 대규모 시설에 의존하는 방식이 아니라, 주민 스스로 작고 친밀한 관계망을 이어갈 수 있도록 조건을 마련해 주는 구조다. 실제로 미토요시에서는 이 제도를 통해 여러 소규모 활동 그룹이 자연스럽게 생겨났고, 일부는 지역 복지기관이나 커뮤니티 센터와 연계해 더 큰 활동으로 확장되기도 했다.

이러한 활동은 "누군가가 나를 기다린다"는 정서적 안정감, 외출을 유도하는 생활 리듬, 일상적인 접촉 증가는 신체 건강 유지와 정신 건강에도 긍정적 효과를 준다. 미토요시 사회복지협의회 역시 이 사업이 고립 예방을 넘어 프레일(쇠약) 방지와 정신 건강 유지에도 의미 있는 성과를 내고 있다고 평가한다.

경제적 관점에서도 이 모델은 작은 비용으로 지역 네트워크를 재생산하는 고효율 구조다. 시민 주도의 자율성, 낮은 운영비, 높은 지속 가능성을 두루 갖춘 이 사업은 일본 고립 대응 정책 가운데 작지만 가장 현실적인 모델 중 하나로 손꼽힌다.

사례 3. 교토 솔리데르의 세대 공존 주거 실험

고령화가 심화되면서 홀로 사는 고령자의 고독과 사회적 고립은 더 이상 예외가 아닌 일상이 되었다. 반면 젊은 세대는 치솟는 주거비와 불안정한 일자리로 삶의 질이 갈수록 낮아지고 있다. 교토부(京都府)는 이 두 세대가 직면한 문제를 따로 떼어 보지 않고, 하나의 사회적 과제로 묶어 동시에 해결하고자 했다. 그 결과 등장한 프로젝트가 바로 '교토 솔리데르'다.

이 시도의 뿌리는 유럽에 있다. 2003년 기록적인 폭염이 파리를 강타했을 때, 홀로 지내던 많은 고령자가 고립된 채 생을 마감하는 비극이 발생했다. 이를 계기로 고령자의 빈방을 젊은 학생에게 제공하는 르 파리 솔리데르(Le Pari Solidaire) 모델이 탄생했고, 교토 솔리데르는 이를 일본 사회의 문화와 현실에 맞게 현지화한 사례다.

프로젝트의 구조는 단순하다. 고령자가 소유한 주택의 빈방을 저렴한 주거 공간이 필요한 학생과 연결하는 것이다. 학생은 시세보다 훨씬 저렴한 비용으로 방을 얻을 수 있고, 그 대신 고령자와 함께 시간을 보내는 교류자의 역할을 맡는다. 중요한 점은 학생의 역할이 간병이나 돌봄 노동이 아니라는 것이다. 식사를 함께하고 대화를 나누거나, 디지털 기기를 도와주는 등 자연스러운 일상 속 교류를 통해 관계가 형성된다. 고령자는 젊은 세대와의 소통으로 정서적 안정을 얻고 활력을 되찾으며, 학생은 경제적 부담을 덜면서 따뜻한 인간관계와 삶의 지혜를 얻는다.

물론 동거인 관계가 순조롭기만 한 것은 아니다. 프로젝트 운영을 맡은 비영리단체(NPO)와 지자체는 학생과 고령자 모두에게 사전 면담을 실시해 생활 습관과 성향을 확인하고, 짧은 체험 동거를 통해 상호 적합성을 검증한다. 생활 중 갈등이나 문제가 생길 경우에는 제3자가 개입해 중재와 지원을 제공함으로써 안정적이고 지속 가능한 동거 환경을 보장한다.

교토 솔리데르의 가장 큰 강점은 대규모 예산이나 신규 시설을 짓지 않고, 이미 존재하는 자원인 고령자의 빈방을 활용했다는 점

시니어와 학생이 함께 교류하며 유대감을 형성하고 있는 모습이다.

자료: 르 파리 솔리데르 그룹 협회, 교토 솔리데르 이노베이션 저널

이다. 2017년 시작된 이 프로젝트는 7년간 70쌍 이상의 고령자와 학생을 성공적으로 연결했으며, 현재는 교토부를 넘어 나라현 등 다른 지역으로 확산되고 있다.

교토 솔리데르는 단순히 남는 방을 채우거나 주거 문제를 해결하는 수준을 넘어선다. 초고령사회가 직면한 고독과 단절이라는 구조적 문제를 세대 간 공존과 일상의 교류라는 생활 속 해법으로 풀어내고 있다는 점에서 의미가 크다. 이는 복지 제도만으로는 부족한 문제를 사람 사이의 연결과 관계의 힘으로 보완할 수 있음을 보여주며, 지속 가능한 사회로 나아가는 또 하나의 길을 제시한다.

민간 기업의 참여로 정서적 케어의 일상화

고령자의 고독과 고립은 단순히 복지나 의료 지원만으로는 해소하기 어렵다. 특히 1인 가구의 증가와 사회적 접점의 축소는 정서적 단절을 심화시키며, 이는 삶의 질 전반에 직접적인 영향을 미친다. 외형적으로는 누군가와 함께 살아도 실질적인 교류가 없다면 오히려 더 깊은 고립감을 느낄 수 있다.

이 문제를 사회적 차원에서 다루려는 움직임은 2021년 일본 정부가 고독·고립 대응 담당 장관을 신설하고 관련 법률을 제정하면서 본격화됐다. 고립 문제를 개인의 생활 문제가 아닌 사회적 지속 가능성의 과제로 인식한 이 전환은 민간 기업의 전략에도 큰 변화를 불러왔다.

과거에는 고령자 친화적 제품 개발이나 유니버설 디자인처럼 물리적 편의성에 초점이 맞춰져 있었다면, 최근에는 정서적 연결과 사회적 관계 형성을 지원하는 서비스로 무게 중심이 옮겨가고 있다. 제품과 서비스는 이제 기능을 제공하는 도구가 아니라, 사람과 사람을 이어주는 매개 장치로 재정의되고 있는 것이다.

대표적인 변화는 일상의 서비스 접점을 교류의 기회로 전환하려는 시도다. 통신, 금융, 식사, 이동 등 고령자가 매일 접하는 영역에서 단순한 효율을 넘어, 대화와 마음이 오갈 수 있는 여백을 의도적으로 설계하는 사례가 늘고 있다. 작은 접점이 반복되면서 관계의 끈을 회복하는 방식이다. 편의점 점원과의 짧은 대화, 정기적으로 방문하는 택배 기사와의 인사, 마트 내 휴게 공간에서 나누는 대화는 사소해 보이지만 고령자에게는 때로는 가족보다 더 큰 정서적 지지를 제공한다.

또 하나 주목할 점은 고령자를 단순한 돌봄 대상이 아닌 함께하는 주체로 바라보는 관점의 변화다. 보호하거나 보살피는 일방적 구조가 아니라, 무언가를 함께 배우고 경험하며 교류하는 수평적 관계가 강조되고 있다. 이는 고령자의 자존감을 지키는 동시에 고립 해소에도 긍정적인 영향을 미친다.

정서적 케어는 기술 발전과 맞물리며 확장되고 있다. 일부 전자·통신 기업은 고령자의 표정이나 목소리, 감정 변화를 감지해 가족이나 돌봄 담당자에게 공유하는 서비스를 개발 중이다. 이는 단순히 건강을 모니터링하는 차원을 넘어, 멀리 떨어져 있어도 서로 연결되어 있다는 감각을 회복시키려는 시도다.

또한 최근에는 기업이 지자체나 NPO와 협력해 지역 기반의 정서적 케어 인프라를 함께 구축하는 사례도 늘고 있다. 유통, 통신, 생활지원 등 일상에 깊숙이 관여하는 산업일수록 이런 연계가 활발하다. 기업은 단순히 제품을 공급하는 데서 그치지 않고, 지역 커뮤니티와 함께 관계를 설계하는 플랫폼으로 진화하고 있는 것이다.

이처럼 일본의 민간 기업들은 고령자를 더 이상 단순한 고객이나 배려의 대상으로 보지 않는다. 오히려 사회적 상호작용의 능동적인 주체로 새롭게 정의하며, 제품과 서비스를 통해 소속감과 관계 회복이라는 정서적 가치를 구현하고 있다. 기능 중심에서 관계 중심으로의 전환은 단순한 트렌드가 아니라, 초고령사회가 요구하는 새로운 기업의 역할을 보여주는 방향성이 되고 있다.

다음에 이어지는 사례들은 이러한 변화의 구체적 실천을 보여준다. 거창한 시스템이 아닌 일상 속 작지만 반복되는 접점에서 관계를 회복하는 방법들이다.

사례 1. 파나소닉의 소셜 커넥션 프로젝트

가전업체로 잘 알려진 파나소닉(Panasonic)은 최근 고령자의 삶의 질을 높이는 과제를 기업 전략의 중심에 두고 있다. 단순히 기능을 개선한 가전을 제공하는 수준을 넘어, 기술을 활용해 사람과 사람을 이어주는 관계의 설계를 시도하고 있다는 점에서 주목할 만하다.

대표적인 시도가 바로 소셜 커넥션 디자인(Social Connection Design)

프로젝트다. 이 프로젝트는 원격 모니터링이나 IoT 기술을 단순히 안전 관리의 도구로 쓰는 데 그치지 않고, 정서적 연결감을 회복하는 데 초점을 맞추고 있다. 파나소닉은 복지 스타트업 폴라리스(Polaris)와 협력해 오사카부와 효고현에서 '단기 자립 체험형 원격 재활 서비스'를 운영 중이다. 웨어러블 기기와 AI를 통해 고령자의 건강 상태를 분석하고, 호텔과 같은 낯선 공간에서 일정 기간 재활 프로그램을 체험하도록 설계된 이 서비스는 단순한 신체 회복을 넘어 새로운 사람들과 교류하며 정서적 활력을 회복할 수 있도록 돕는다.

이와 함께 파나소닉은 에어컨, 조명, 카메라 등 생활 가전을 네트워크로 연결해 고령자의 행동 패턴을 감지하고 이상 신호를 가족이나 지자체에 자동으로 알리는 스마트 홈 케어 시스템도 개발하고 있다. 사용자가 특별히 조작하지 않아도 일상 속에서 자연스럽게 가족이나 지역과 연결되도록 설계된 이 시스템은 기술이 조용한 동반자처럼 정서적 안정을 지원하는 방식의 좋은 예라 할 수 있다.

이러한 접근은 기업 전략 전반으로 확장되고 있다. 파나소닉은 '관계 중심의 웰빙(Relationship Well-Being)'을 핵심 키워드로 내세우며, 디자인 주도 경영(Design-Driven Management)을 통해 제품과 서비스에 관계 형성의 구조를 적극적으로 통합하고 있다. 사내 디자인 연구소인 FUTURE LIFE FACTORY는 세대 간 소통과 가족 간 교류를 촉진하는 다양한 실험적 프로젝트를 기획하며 새로운 가능성을 탐색 중이다.

그중 하나가 SXSW(사우스 바이 사우스웨스트)에서 발표된 HOUSE KEEPING CLUB 프로젝트다. 가족이 함께 집안일을 놀이처럼 수행하며 자연스럽게 대화를 나누도록 설계된 이 실험적 콘셉트는 생활 공간 자체를 관계 형성의 무대로 바꾸려는 파나소닉의 방향성을 잘 보여준다.

기능 중심의 기술을 넘어 일상 속 경험과 관계를 디자인하려는 파나소닉의 시도는 초고령사회가 요구하는 새로운 서비스 모델로 자리 잡고 있다. 기술은 이제 편의성을 넘어 감정을 이해하고 관계를 매개하는 도구로 진화하고 있으며, 파나소닉은 그 최전선에서 실험을 이어가고 있다.

사례 2. KDDI의 감정을 잇는 통신 인프라

일본의 통신 대기업 KDDI는 단순히 정보를 주고받는 네트워크 제공자를 넘어, 기술을 통해 사람과 사람 사이의 감정적 연결을 회복하는 실험을 이어가고 있다. 특히 고령자의 정서적 고립 문제를 통신 인프라로 해결하려는 접근은 기업의 정체성을 새롭게 정의하는 시도로도 볼 수 있다.

대표적인 사례는 GPS 기반 웨어러블 기기인 안심워치다. 버튼 하나만 누르면 보호자에게 현재 위치가 전송되고, 사용자가 설정한 활동 범위를 벗어나면 자동으로 알림이 전달된다. 가족은 스마트폰을 통해 실시간으로 위치를 확인할 수 있어, 단순한 위치 확인을 넘어 누군가 나를 지켜보고 있다는 안도감을 고령자에게 제공한다.

KDDI는 또한 전국적으로 'au 스마트폰 교실'을 운영하며 고령자의 디지털 격차 해소에도 나서고 있다. 사진 찍기, 메시지 전송, 앱 활용 같은 생활 밀착형 교육을 통해 참가자들은 점차 디지털 환경에 익숙해지고, 이를 통해 가족이나 사회와의 연결을 다시 경험하게 된다. 단순한 기능 학습을 넘어 자존감 회복과 사회적 관계망 형성으로 이어지는 효과를 낳고 있다.

흥미로운 시도는 AI 대화 로봇을 활용한 정서 케어 프로젝트다. KDDI는 샤프(Sharp)와 협력해 소형 로봇 RoBoHoN(로보혼)을 고령자 가정에 도입하는 실증 실험을 진행했다. 로봇은 매일 정해진 시간에 인사를 건네고 건강 상태를 묻는다. 고령자의 응답은 기록으로 남겨져 가족이나 케어 매니저에게 전달된다. 단순한 말벗을 넘어, 대화 기록을 통해 가족과의 소통을 간접적으로 이어주는 다리

GPS 기반 웨어러블 기기 안심워처를 통해 멀리 떨어져 사는 자녀가 고령 부모의 위치를 실시간으로 확인하며 안도하는 모습이다.

자료: KDDI

역할을 하는 것이다.

이처럼 KDDI의 실험들은 공통적으로 멀리 떨어져 있어도 함께 있다는 감각을 회복하는 데 초점을 맞추고 있다. 기술은 이제 단순히 편의를 제공하는 도구가 아니라, 일상 속에 스며들어 정서적 안정과 연결감을 형성하는 매개체로 작동하고 있는 것이다.

KDDI는 통신 기업의 정체성을 네트워크 제공자에만 머무르지 않고, 관계 회복을 지원하는 사회적 플랫폼으로 확장하고 있다. 이는 초고령사회가 요구하는 기술의 새로운 방향을 보여주는 대표적 사례이자, 고독 문제를 정서적 인프라 차원에서 다시 바라보려는 흐름 속에서 중요한 의미를 갖는다.

사례 3. 못토메이토의 세대 연결 플랫폼

대기업들이 기술을 활용해 고령자의 정서적 연결을 설계하는 방향으로 전략을 넓혀가고 있는 한편, 일상에 더욱 밀착된 접근으로 주목받는 스타트업들도 있다. 이들은 지역사회와의 협력, 세대 간 소통, 생활 속 작은 접점을 통해 고립과 고독의 문제를 풀어가는 또 다른 해법을 제시한다.

그중 대표적인 사례가 AgeWellJapan이 운영하는 플랫폼 '못토메이토(もっとメイト)'다. 이름 그대로 "조금 더 나은 삶을 함께 만들어간다"는 취지에서 출발한 이 서비스는 고령자와 청년 세대를 연결해 일상적인 교류와 상호작용이 자연스럽게 이어지도록 설계됐다. 단순히 돌봄을 제공하는 구조가 아니라, 정서적 지지와 관계 회복을 핵심 가치로 삼는다는 점에서 기존의 고령자 지원 서비스와는 뚜렷한 차별성을 가진다.

가장 주목받는 서비스는 손주 메이트(孫メイト)다. 대학생이나 청년이 마치 실제 손주처럼 고령자의 가정을 방문해 스마트폰 사용법을 알려주거나, 온라인 쇼핑을 도와주고, 함께 산책하거나 대화를 나누는 방식이다. 참가자는 사전 교육과 심사를 거쳐 선발되며 활동 시간에 따라 일정한 보수를 받는다. 이는 단순한 인력 매칭이 아니라, 세대 간 교류라는 사회적 가치를 함께 추구하는 구조라는 점에서 의미가 크다.

AgeWellJapan은 도쿄도, 가나가와현, 오사카부 등 여러 지자체 및 NPO와 협력해 고립 예방을 위한 실증 사업을 진행하며, 이를 통해 지역 기반 모델로서의 가능성을 검증하고 있다. 특히 못토메이토는 일회성 방문이 아닌 지속적 관계 형성을 지향한다. 청년 참가자의 활동 내용과 고령자의 반응을 데이터로 기록하고, 양측의 피드백을 반영해 매칭 알고리즘을 지속적으로 개선하는 방식이다. 이러한 반복적 교류는 고령자에게는 심리적 안정감과 자존감 회복을, 청년에게는 세대 간 이해 확대와 새로운 삶의 관점을 제공한다.

이처럼 못토메이토는 플랫폼과 기술을 단순히 효율성의 도구가 아닌, 정서적 안정과 사회적 연결을 설계하는 수단으로 활용하고 있다. 민간 기업이 정서적 돌봄이라는 사회적 과제에 스스로 나서고 있다는 점에서 주목할 만하며, 이는 초고령사회에서 지속 가능성을 확보하는 현실적인 해법이 될 수 있다.

아직 일본 사회 전반에 이러한 방식이 널리 확산된 것은 아니

못토메이트를 통해 청년 세대와 고령자가 함께 산책하며 대화를 나누고 있고, 고령자에게 디지털 기기 사용법을 알려주며 소통하고 있다.

자료: AgeWellJapan

다. 많은 기업이 여전히 물리적 안전이나 기능 중심의 서비스에 집중하는 경향이 강하다. 그러나 AgeWellJapan과 같은 소규모 혁신 기업들은 고령자를 사회의 동등한 구성원으로 재정의하며 새로운 가능성을 실험하고 있다.

　이러한 시도는 복지를 넘어 정서적 돌봄이 비즈니스와 커뮤니티가 함께 설계하는 사회적 인프라가 될 수 있음을 보여준다. 앞으로 더 많은 기업이 이 흐름에 동참한다면, 고령자를 위한 정서적 생태계는 더욱 확장될 것이며 이는 단순히 고독을 줄이는 차원을 넘어, 고령자가 존중받고 능동적으로 살아갈 수 있는 사회 구조로 이어질 수 있다.

개인이 기획하고 선택하는 관계 만들기

고독 불안은 사회 구조에서 비롯된 문제이지만, 동시에 개인의 삶에 직접적으로 파고드는 현실이다. 일본 사회는 초고령화가 심화되면서 고독과 고립을 정책적 과제로 인식했고, 2021년에는 전담 장관직을 신설하고 관련 법을 제정하면서 제도적 대응을 본격화했다. 정부와 민간이 힘을 합쳐 사회적 인프라를 확충하며 관계 단절을 줄이기 위한 다양한 시도를 이어가고 있다.

그럼에도 불구하고 고독사로 추정되는 고령자의 수는 쉽게 줄지 않고 있다. 도쿄 23구만 보더라도 2022년 한 해 동안 65세 이상 고독사 추정 사례는 5,111건으로, 10년 전보다 약 70%나 증가했다. 전국적으로도 매년 약 4만 명이 고독사에 가까운 형태로 생을 마감하며, 이 중 절반 이상이 고령자로 분석된다. 이는 아무리 제도와 기술이 뒷받침되더라도 관계의 회복에는 결국 개인의 선택과 실천이 함께해야 한다는 사실을 보여준다.

최근 일본 사회에서는 누군가 나를 찾아주기를 기다리는 것에서 벗어나, 스스로 관계를 기획하고 만들어가는 삶을 선택하는 고령자들이 늘고 있다. 고립을 피하기 위한 일상의 재설계가 실제 행동으로 이어지고 있는 것이다.

이제부터 살펴볼 두 가지 사례는 고령자들이 어떻게 관계의 중심에 서서 자신만의 방식으로 새로운 삶을 선택하고 실현해 나가고 있는지를 잘 보여준다.

혼자보다 함께 – 도심에서 찾는 새로운 노년

일본 대도시에서 혼자 살아가는 노년은 이제 흔한 풍경이 되었다. 그러나 익숙한 일상 속에서도 정서적 고립과 불안은 쉽게 사라지지 않는다. 벽 하나를 사이에 두고 살면서도 이웃의 얼굴조차 모르는 시대. 이런 현실 속에서 혼자 살지 않는 노년을 스스로 기획하는 사람들이 도심 곳곳에서 새로운 선택을 하고 있다.

대표적인 사례가 바로 도쿄 니시도쿄시(西東京市)에 위치한 시니어라이프 타나시다. 2021년 문을 연 이곳은 65세 이상 고령 여성 전용 셰어하우스로, 단순한 주거 공간이 아니라 함께 관계를 만들어가는 공동체적 생활 공간이다. 1인 1실의 개인 공간 외에도 공동 거실, 식당, 세미나실, 그리고 지역 주민과 교류할 수 있는 구조로 설계되어 있다.

이곳의 일상은 소박하지만 단단하다. 함께 아침을 준비하고 집안일을 나누며, 지역 행사나 건강 강좌에 참여하는 과정에서 작은 접점들이 쌓이고 그것이 정서적 유대로 발전한다. 가족은 아니지만 서로의 안부를 챙기며 일상을 공유하는 관계. 바로 이것이 시니어라이프 타나시가 지향하는 삶의 방식이다.

한국 독자들에게는 KBS 프로그램 《박원숙의 같이 삽시다》가 자연스레 떠오를 수 있다. 혼자 지내던 중년 여성 연예인들이 한 집에 모여 요리하고, 웃고, 때로는 갈등하고 화해하는 과정을 담은 이 프로그램은 일본 고령자 셰어하우스의 일상과 닮아 있다. 단순한 동거를 넘어, 함께 살아간다는 감각을 회복한다는 점에서 두 사례는 같은 울림을 준다.

실제로 시니어라이프 타나시의 입주자들은 자율적으로 프로그램을 기획한다. 요가·그림·식생활 관리·자산 설계 등 다양한 활동을 함께하고, 1층 지역 교류센터에서는 요가 수업이나 금융 교육 프로그램이 열리며 외부 주민과의 접점도 넓혀간다. 이곳은 단순한 셰어하우스를 넘어 지역 커뮤니티와 연결된 삶을 실현하는 무대가 되고 있다.

무엇보다 중요한 점은 이 모델이 의료나 복지 시스템에 크게 의존하지 않으면서도 정서적 안정과 생활의 활력을 회복할 수 있는 구조라는 것이다. 실제 조사에서도 입주자들의 우울감이 줄고 외부 활동이 늘어나는 긍정적인 변화를 확인할 수 있었다. 작은 연결이 일상의 리듬을 바꾸고, 그 리듬이 심리적 안정으로 이어지는 선순환이 형성된 것이다.

시니어라이프 타나시는 도시형 고령자 주거의 한 예시를 넘어, 고령자가 스스로 관계를 선택하고 함께 살아가는 방식을 기획하는 주체임을 보여주는 공간이다. '어디서 살 것인가' 보다 '누구와 어떻게 살아갈 것인가'를 고민하는 이들에게, 그리고 혼자 살아가야

2021년 오픈한 65세 이상 여성 전용 쉐어하우스 《시니어라이프 타나시》에서 입주민들이 함께 교류하며 생활하고 있다. 오른쪽은 KBS 《박원숙의 같이 삽시다》의 홍보 포스터

하는가? 라는 질문 앞에서 망설이는 이들에게 이곳은 충분히 의미 있는 대답이 될 수 있다.

디지털로 확장하는 관계 – 온라인 커뮤니티

고령자의 디지털 활용은 더 이상 기술 격차 해소라는 차원에만 머물지 않는다. 최근 일본에서는 온라인 커뮤니티가 고령자에게 새로운 관계망을 제공하며, 고독과 고립을 완화하는 중요한 통로로 자리 잡고 있다. 특히 이동이 불편한 고령자나 지방 소도시에 거주해 물리적 접근성이 떨어지는 사람들에게는 디지털 기반 관계 형성이 현실적인 대안이 되고 있다.

대표적인 사례로 오사카부 스이타시(吹田市)의 시니어 스마트폰 살롱이 있다. 이 프로그램은 단순히 스마트폰의 기본 기능을 가르치는 데 그치지 않는다. 참가자들이 실제로 SNS나 메신저, 사진 공유 앱을 활용해 서로의 일상을 나누고 댓글을 주고받도록 유도한다. 디지털 교류가 자연스럽게 이어지면서 온라인에서도 공동체적 감각을 회복할 수 있다는 가능성을 보여준다.

민간 통신사 J:COM이 운영하는 지역 SNS '도 로컬(ど·ろーかる)'도 고령자 디지털 커뮤니티 확산을 뒷받침하는 중요한 기반이 되고 있다. 원래는 재해 정보 공유를 위해 만들어졌지만, 지금은 지역 소식, 건강 정보, 행사 안내까지 다루며 고령자들이 일상적인 대화를 이어가는 장으로 확장되었다. 실제로 도쿄 네리마구(練馬区) 등에서는 이 플랫폼을 통해 온라인에서의 대화가 오프라인 모임으로 연결되기도 한다.

이처럼 온라인 공간은 단순히 정보를 전달하는 수단을 넘어, 새로운 만남과 관계를 만들어가는 정서적 인프라로 기능하고 있다. 특히 코로나19 이후 비대면 일상이 확산되면서, 이러한 디지털 커뮤니티 활동은 고령자에게 꾸준한 사회 참여의 기회를 제공하는 통로가 되고 있다.

무엇보다 중요한 점은 고령자들이 단순히 기술을 이용하는 소비자가 아니라는 사실이다. 그들은 스스로 콘텐츠를 만들고, 대화를 이어가며, 관계를 선택하고 유지하는 능동적인 주체로서 디지털 공간 속에 존재하고 있다. 관계는 더 이상 오프라인에서만 형성되는 것이 아니다. 온라인에서도 충분히 새로운 소통과 교류가 만들어질 수 있으며, 이미 일본 곳곳에서 이러한 실천이 조용히 그러나 확실하게 확산되고 있다.

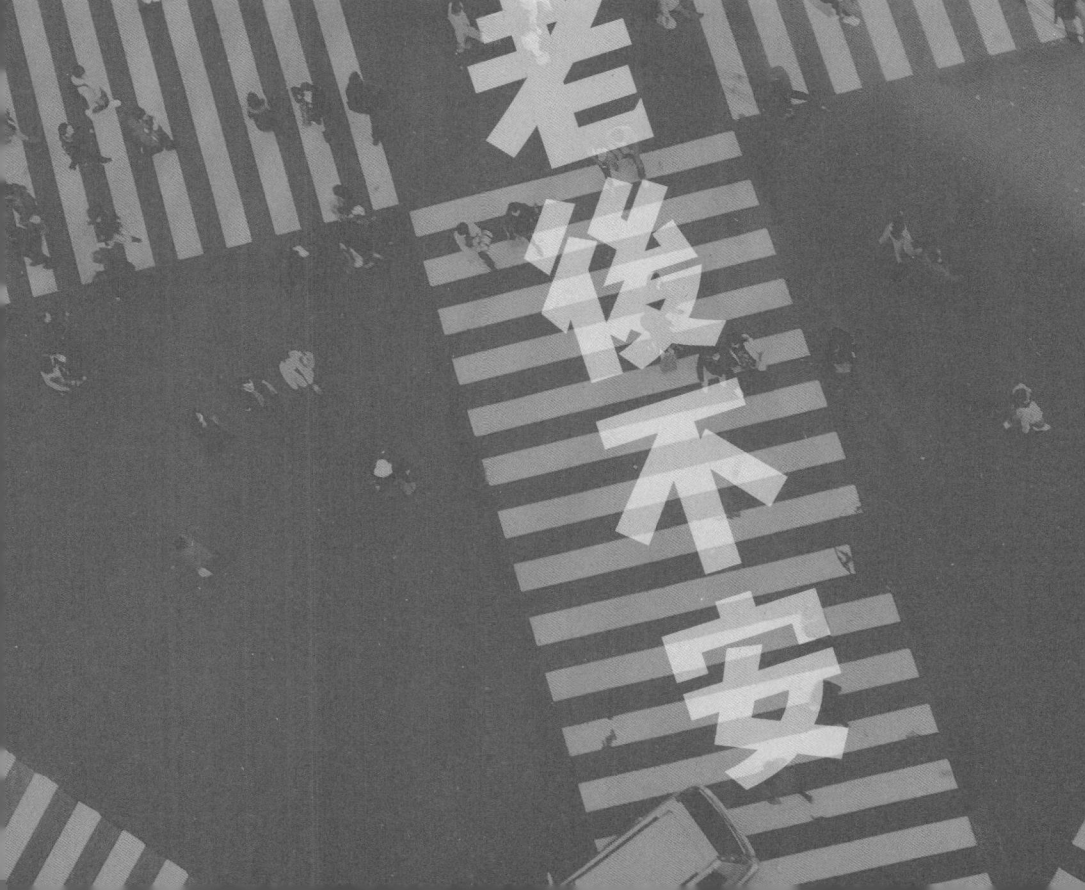

5장

초고령사회 일본은 마지막 10년을 어떻게 준비했을까

80세 이후, 어떻게 살아갈 것인가

건강하게 오래 살고 싶다는 바람은 누구에게나 같다. 하지만 나이가 들수록 그 바람의 방향은 조금씩 달라진다.

60대와 70대에는 스스로 움직이며 사회와 연결된 삶을 유지하는 것이 가장 큰 관심사였다면, 80세를 넘긴 시점부터는 전혀 다른 질문이 삶의 중심에 자리 잡는다.

"내 힘으로 일상을 지킬 수 있을까?"

"존엄을 유지하며 생을 마무리할 수 있을까?"

이 두 질문은 단순히 건강이나 소득의 문제가 아니라, 마지막 시간을 어떻게 설계할 것인가에 대한 근본적인 고민으로 이어진다.

2023년 기준 일본의 80세 이상 고령자는 약 1,410만 명. 전체 인구의 11.3%에 해당한다. 다시 말해 일본 국민 10명 중 1명이 이미 생애 마지막 단계인 초고령기를 살아가고 있다는 뜻이다. 규모로 따지면 서울시 전체 인구를 훌쩍 뛰어넘는 수준이다.

한국도 상황이 크게 다르지 않다. 같은 해 한국의 80세 이상 인구는 약 250만 명으로, 전체 인구의 4.8%를 차지한다. 아직 비중은 낮지만, 빠른 고령화 속도를 감안하면 2035년경에는 한국도 일본과 비슷한 수준에 근접할 가능성이 크다.

평균수명이 늘어난 사회에서 일본이 맞닥뜨린 현실은 장수의 이면에 자리한 '마지막 10년을 어떻게 살아갈 것인가'라는 문제다.

특히 주목할 점은 일본에서 장기요양보험(개호보험)을 이용하는 고령자의 평균 연령이 87세, 요양시설 입소자의 평균 연령이 88.2세라는 사실이다. 이는 누구나 돌봄 없이는 일상을 유지하기 어려운 시기가 온다는 점을 보여준다. 이 시기를 준비 없이 맞이한다면, 장수는 더 이상 축복이 아니라 불안과 부담으로 바뀔 수밖에 없다.

일본 후생노동성 조사에 따르면 85세를 넘긴 시점부터 혼자서 일상생활을 유지하지 못하는 고령자 비율이 급격히 높아진다. 이와 함께 재택 요양과 시설 돌봄에 대한 수요도 빠르게 증가한다. 결국 생애 마지막 10년은 개인이나 가족의 노력만으로는 감당하기 어려운 시기가 되었으며 사회 전체가 함께 설계하고 대응해야 할 과제로 부상했다.

이를 위해 일본은 지난 20여 년간 다양한 정책과 실험을 이어왔다.

대표적으로 지역포괄케어시스템을 통해 의료, 돌봄, 생활지원, 주거를 하나의 구조 안에 통합하고, 고령자가 가능한 한 오래 자신이 살던 곳에서 생활할 수 있도록 지원한다. 이는 한국의 지역사회 통합돌봄(커뮤니티 케어)과 유사한 개념이다.

요양이 필요한 시점에는 고령자의 경제적 여건과 신체 상태에 맞춰, 대규모 시설에서부터 소규모 그룹홈, 고급 민간형 모델에 이르기까지 다양한 형태의 요양시설을 선택할 수 있도록 했다. 이를 통해 개인별 상황에 맞는 맞춤형 선택이 가능해졌다.

가족의 간병 부담을 줄이기 위한 사회적 장치도 정교해졌다. 장기 간병에 지친 가족을 위한 리프레시 서비스, 지역 커뮤니티를 기반으로 한 간병 분담 네트워크, 디지털 플랫폼을 통한 돌봄 연결 서비스 등이 그 예다.

돌봄 인력 부족이라는 구조적 문제에 대응하기 위해 로봇, IoT, 음성 인터페이스, AI 등 첨단 기술을 활용한 케어테크 솔루션도 빠르게 확산되고 있다.

무엇보다 일본 사회에서 주목할 변화는 삶의 마지막을 스스로 준비하고 설계하려는 종활(終活) 문화의 확산이다.

유언장 작성, 생전 장례 준비, 디지털 자산 정리, 공동 묘지 계약(하카토모, 무덤친구)과 같은 활동은 더 이상 특별한 일이 아니다. 죽음을 준비한다기보다, 남은 시간을 의미 있게 살기 위한 주체적 실천이며, 정서적 자립과 존엄한 마무리를 위한 새로운 문화적 기반이 되고 있다.

한국은 아직 일본만큼 초고령사회가 깊숙이 진행된 단계는 아니지만 고령화 속도만큼은 세계에서도 손꼽힐 정도로 빠르다. 그렇기에 일본이 지금 마주하고 있는 마지막 10년의 과제는 머지않아 한국이 직면하게 될 현실이기도 하다.

이 장은 일본의 현재를 비추어 우리가 맞이할 마지막 10년을 어떻게 준비할 것인가에 대한 노후 설계의 마지막 퍼즐을 맞추려는 시도다.

이제는 단순히 오래 사는 것을 넘어, "우리의 마지막 10년을 어떤 모습으로 살아갈 것인가"라는 질문에 답을 찾아야 할 때다.

초고령기의 시작:
살던 곳에서 계속되는 돌봄

80세를 넘어서도 많은 사람들은 여전히 자신이 익숙한 집에서 일상을 이어가기를 바란다. 병원이 아닌 내 집에서, 오랫동안 정든 공간에서 생을 마무리하고 싶다는 마음은 일본뿐 아니라 한국에서도 고령자 다수가 공유하는 삶의 목표다.

이러한 바람은 전 세계적으로 에이징 인 플레이스(Aging in Place, AIP)라 불린다. 가능한 한 오래, 자신이 살아온 집과 지역사회에서 독립적으로 생활하는 것을 뜻하며, 단순히 물리적 공간에 머무는 것을 넘어 그 사람이 쌓아온 관계망과 생활 리듬, 정서적 안정까지 지켜내는 삶의 방식이다.

하지만 이 바람은 단순한 감정의 문제가 아니다. 나이가 들면 신체 기능이 점차 저하되고, 외출이나 식사, 청결 관리처럼 사소해 보이던 일상도 점점 버거워진다. 그 순간 "지금 이 집에서 계속 살아갈 수 있을까?"라는 물음은 더 이상 막연한 소망이 아니라 해결해야 할 구체적인 과제로 다가온다. 이를 현실로 만들기 위해서는 개인의 의지만으로는 부족하며 이를 뒷받침할 탄탄한 사회적 인프라가 함께 마련되어야 한다.

지역포괄케어시스템의 진화

일본은 이러한 과제에 대응하기 위해 2006년부터 지역포괄케어시스템(커뮤니티 케어)이라는 새로운 돌봄 모델을 도입했다.

이 시스템은 방문 돌봄 서비스를 확대하는 데서 한 걸음 더 나아간다. 고령자가 특별한 이주나 장거리 이동 없이, 자신이 오랜 시간 살아온 지역 안에서 의료, 간호, 돌봄, 생활지원, 주거, 그리고 예방 서비스까지 통합적으로 제공받을 수 있도록 설계된 종합케어 구조다. 말하자면, 지역 전체가 하나의 거대한 돌봄 플랫폼이 되는 셈이다.

일본 후생노동성은 2025년까지 전국 모든 기초지자체에 이 시스템을 구축한다는 목표를 세우고, 각 지역의 인구 구조와 생활권 특성에 맞춰 유연하게 조정해 왔다.

인구가 적은 지방에서는 여러 마을을 하나의 생활권으로 묶어 커뮤니티 거점을 운영하고, 대도시권에서는 복합 건물 안에 의료·돌봄·복지 기능을 결합한 다기능형 소규모 거점을 마련했다. 이러한 거점은 고령자가 가능한 한 오래 자택에서 생활할 수 있도록 돕는 동시에, 이동의 불편함이나 사회적 고립, 관계 단절과 같이 눈에 잘 드러나지 않는 노화의 문제를 완화하는 역할도 수행한다.

최근에는 기능 중심의 돌봄을 넘어, 정서적 교류와 지역 커뮤니티 회복, 사회적 관계 형성까지 아우르는 통합형 케어 모델로 발전하고 있다. 돌봄이 단순한 수발의 영역을 넘어, 존엄과 삶의 의미를 지켜주는 구조로 재설계되고 있는 것이다.

한국 역시 유사한 방향에서 정책 실험을 진행하고 있다. 2018년부터 보건복지부가 추진한 지역사회 통합돌봄(커뮤니티케어)은 고령자, 장애인, 정신질환자 등 돌봄이 필요한 사람들이 병원이나 시설이 아닌 지역에서 자립적으로 생활할 수 있도록 지원하는 것을 목표로 한다. 기본 취지와 방향은 일본의 지역포괄케어와 맞닿아 있다. 다만 한국은 아직 초기 단계로 의료·요양·주거·생활 지원 간의 연계 강화, 재정과 인력 확보, 민간과의 협력 기반 확충 등은 앞으로 풀어야 할 과제로 남아 있다.

이처럼 두 나라는 서로 다른 사회적 배경과 고령화 속도 속에서 고령자가 살던 곳에서 계속 살 수 있는 사회를 만들기 위해 제도적·지역적 실험을 이어가고 있다.

예컨대, 일본의 생활지원 코디네이터 제도, 주거와 돌봄을 결합한 사코주(서비스형 고령자 주택) 모델, 민간 서비스와 자원봉사를 통합적으로 연계하는 구조 등은 한국에서도 적용 가능성을 충분히 검토해볼 만한 구체적 사례들이다.

결국 "살던 곳에서 계속 살 수 있는가"라는 물음은 단순한 정책 논의를 넘어, 개인의 노후 삶의 질과 존엄, 그리고 평생에 걸쳐 형성된 관계망을 지켜낼 수 있는지에 대한 본질적인 질문이 된다.

돌봄이 필요한 순간에도 낯선 시설로 옮겨가지 않고 익숙한 동

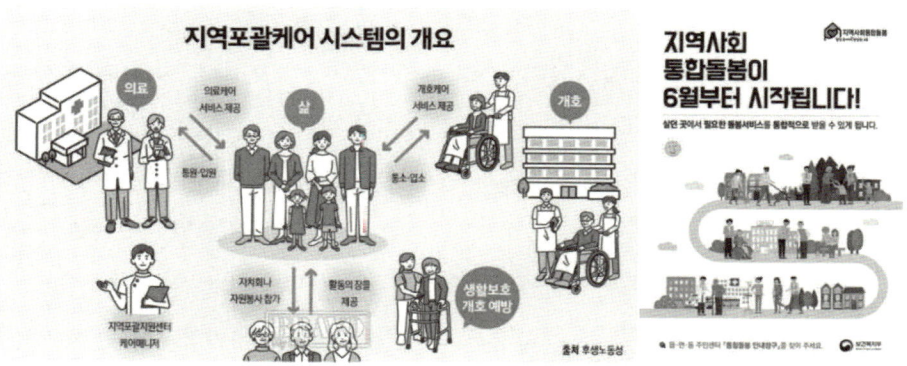

일본의 지역포괄케어시스템(左), 한국의 지역사회 통합돌봄(右)　　　　자료: 브라보 마이 라이프, 연합뉴스

네와 이웃, 그리고 나만의 생활 리듬을 이어갈 수 있도록 사회가 어떤 선택지를 마련할 수 있는가?

이 질문 앞에서 일본과 한국은 서로 다른 속도와 방식으로 해답을 모색하고 있다. 중요한 것은 이 과제가 더 이상 먼 미래의 이야기가 아니라는 점이다. 이제 이는 고령자의 막연한 바람이 아니라, 우리 모두가 준비해야 할 현실의 조건이 되었다.

생활지원 코디네이터와 지역 네트워크

지역포괄케어체계의 핵심 축 중 하나가 바로 생활지원 코디네이터 제도다.

2015년 일본은 초고령사회에 대응하기 위해 지역포괄케어 강화를 위한 법 개정을 실시했고, 이를 계기로 이 제도가 전국적으로 도입됐다. 목적은 명확하다. 고령자가 가능한 한 오래, 익숙한 지역에서 자신답게 살아갈 수 있도록 생활 지원망을 설계하는 것이다.

2024년 현재 일본 전역에는 약 1만 명의 생활지원 코디네이터가 시정촌(한국의 시군구) 단위로 배치되어 있다. 이들은 각 지역의 특성과 여건에 맞춘 네트워크를 구축하며, 행정·의료·돌봄·민간 서비스·자원봉사 조직을 하나로 묶는 '중간 조정자' 역할을 수행한다. 단순히 행정 서비스만 전달하는 사람이 아니라, 지역 사정과 인적 네트워크를 잘 아는 생활밀착형 조율자라는 점이 특징이다.

예를 들어, 병원에서 퇴원한 고령자가 팔 힘이 약해져 식사 준비가 어려운 경우, 생활지원 코디네이터는 해당 지역의 배달식 서비스 단체를 연결한다. 이 서비스는 사회복지협의회나 NPO가 운영하며, 하루 한 끼 또는 주 2~3회 가정에 식사를 배달한다. 일부 지자체는 한 끼당 400~600엔 수준에서 비용을 책정하고, 예산 범위 내에서 일부를 보조한다.

무엇보다 중요한 점은 배달과 동시에 안부 확인이 이루어진다는 것이다. 배달원이 식사를 전달하며 건강 상태를 살피고, 이상이 발견되면 즉시 지역포괄지원센터에 연락한다. 이는 단순한 식사 제공을 넘어, 저작 기능 저하나 식욕 감퇴로 인한 저영양 상태를 예방하고, 돌발 상황을 조기에 발견하는 생활 안전망으로 기능한다.

정서적 고립 해소도 생활지원 코디네이터의 중요한 업무 영역이다.

혼자 사는 고령자가 "사람을 만나고 싶다"고 말하면, 코디네이터는 살롱 모임이나 취미·교류 활동을 안내한다. 이러한 모임은 마을회관, 상점가, 민간 커뮤니티 공간, 심지어 슈퍼마켓 휴게 공간 등 다양한 장소에서 열린다. 차를 함께 마시거나, 가벼운 체조, 노래·바둑·수공예, 미니 강연 등 주민 주도의 활동으로 구성된다.

아이치현 토요타시(豊田市)의 후레아이 살롱(교류 살롱)은 매달 한 차례, 10~20명이 모여 진행되는 소규모 커뮤니티 프로그램이다. 지자체가 장소와 재료를 지원하면, 주민들이 스스로 기획하고 운영을 맡는다. 후생노동성 조사 결과, 이 살롱에 참여한 고령자는 비참여자에 비해 1년 후 우울감 발생률이 40% 이상 낮았다. 단순한 여가 모임을 넘어 사회적 관계망을 회복하고 심리적 안정을 되찾는 중요한 장치로 기능하는 것이다.

생활지원 자원봉사자와의 연결도 중요한 축이다.

이들은 장기요양보험에서 다루지 않는 가벼운 생활 지원을 제공한다. 예를 들어 간단한 청소, 쓰레기 분리, 세탁, 소규모 장보기 등 겉으로는 사소해 보이는 일들이지만 이런 불편이 쌓이면 의료적·간호적 도움이 필요 없는 상황에서도 결국 요양시설로 이주하는 경우가 생긴다.

시즈오카현 하마마쓰시(浜松市)의 간단 도움 서비스(ちょこっとサービス)는 대표적인 사례다. 30분 이내의 간단한 업무를 1회 300엔 수준에서 제공하며, 2022년 이용자 조사에서는 서비스 이용 후 시설 입소 의향이 줄었다고 답한 비율이 70%를 넘었다. 이는 작은 생활 지원만으로도 고령자가 더 오래, 안정적으로 익숙한 집에서 생활할 수 있음을 보여준다.

최근에는 디지털 기술을 활용한 매칭 서비스도 확산되고 있다.

나가노현 우에다시(上田市)는 스마트폰 앱 '지역 도움 네트워크'를 통해 도움 요청자와 봉사자를 평균 2시간 이내에 연결한다. 전구 교체, 가구 이동, 짧은 말벗 서비스까지 대응하며, 도입 첫해에만 1,000건이 넘는 매칭이 성사됐다. 이는 거동이 불편한 고령자에게 신속한 지원을 제공하고 기존 오프라인 네트워크의 한계를 보완한다.

한국도 지역사회 통합돌봄을 추진하며 일본과 유사한 방향을 지향하고 있지만, 일본의 생활지원 코디네이터처럼 생활 전반을 조율하는 중간 조정자 제도는 아직 제도권에 뿌리내리지 못했다.

그러나 자원봉사센터, 노인복지관, 마을활동가 네트워크 등 이미 지역 내에 다양한 기반이 형성되어 있어, 이를 디지털 매칭 시스템과 결합하면 한국형 모델로 충분히 발전시킬 수 있다.

생활지원 코디네이터와 자원봉사 네트워크는 단순한 돌봄 서비스를 넘어, 고령자가 익숙한 곳에서 생활을 이어갈 수 있는 환경을 만드는 사회적 연결망이다. 일본의 경험은 제도 설계와 운영 과정에서 참고할 수 있는 사례로서, 한국이 같은 목표를 향해 나아가는 과정에서 실행력을 높일 수 있는 실질적인 길잡이 역할을 할 수 있다.

서비스형 고령자 주택, 사코주

고령기에 접어들면 누구나 한 번쯤 이런 고민과 마주하게 된다.
"아직 요양시설에 들어갈 정도는 아니지만, 지금처럼 완전히 혼자 지내는 것도 불안하다면 앞으로 어디에서 어떻게 살아야 할까?"

일본이 제시한 해답 중 하나가 서비스형 고령자 전용주택(サービス付き高齢者向け住宅), 이른바 '사코주'다. 2011년, 일본 국토교통성과 후생노동성은 급증하는 고령 1인 가구, 요양시설 대기자 문제, 그리고 사회적 고립과 고독사 증가라는 복합적 과제에 대응하기 위해 관련 법과 제도를 정비하고 사코주 제도를 도입했다. 단순히 주택을 늘리는 것만으로는 해결이 어려웠던 현실에서, 자택에서의 완전한 독립생활과 요양시설의 전면 간병 사이에 비어 있던 중간 주거지대를 메울 새로운 모델이 필요했고, 사코주는 그 공백을 채우는 역할을 하며 자리 잡았다.

사코주는 일정 수준의 자립 능력이 있는 고령자를 대상으로 건물 내 상주 직원이 안부 확인, 식사 제공, 긴급 대응 등 기본적인 생활 지원 서비스를 제공하는 구조를 갖추고 있다. 병원처럼 상시 간병을 하는 시설은 아니지만, 혼자 생활하기 불안한 이들에게는 현실적인 대안이 된다. 2023년 기준 일본 전역에는 약 28만호의 사코주가 운영되고 있으며, 특히 대도시권에서 고령 1인 가구의 주거 대안으로 뚜렷한 수요를 보이고 있다.

입주자의 평균 연령은 80세 전후다. 조사에 따르면 입주 후에는 응급 상황 대응이 빨라지고 고독사 위험이 크게 줄었으며, 상주 인력과 이웃과의 일상적 교류가 심리적 안정감을 높였다. 특히 필요할 때만 서비스를 선택해 이용할 수 있어 통제받지 않는 돌봄이라는 자율성을 지키면서도 안전망 안에서 생활할 수 있다는 점이 높은 만족도로 이어졌다.

사코주는 단순한 주거 공급을 넘어 일본이 장기적으로 추진하는 지역포괄케어시스템의 핵심 인프라다. 지역포괄케어는 고령자가 익숙한 지역에서 의료·돌봄·생활 지원을 통합적으로 받으며 살아가도록 설계된 구조다. 사코주는 이 안에서 불필요한 시설 입소를 줄이고, 건강 상태나 생활 여건 변화에 따라 서비스 강도를 조정할 수 있는 유연성을 제공한다. 거주 지역 내에서 생활이 이어지기 때문에 지역사회와의 관계망이 끊기지 않는다는 장점도 있다. 이러한 이유로 일본 정부는 지자체 보조금, 건축 규제 완화, 민간 사업자 참여 지원 등 다양한 촉진책을 통해 사코주 보급을 장려하고 있다.

입주 절차도 비교적 간단하다. 지자체의 고령자 상담창구나 민간 운영사의 안내를 거쳐 건강 상태와 돌봄 필요도를 평가한 뒤, 임대차 계약과 함께 필요한 서비스를 선택하면 된다. 대부분 본인의 의사로 결정하지만, 80세 전후의 고령자가 많아 가족이 동행하거나 결정 과정에 적극 참여하는 경우도 흔하다. 특히 자택에서의 낙상, 건강 악화 등 응급 상황을 겪은 뒤 더 이상 혼자 지내는 것은 위험하다고 판단해 입주를 결정하는 사례가 자주 보고된다.

비용은 지역과 시설 규모에 따라 다르지만 기본 임대료는 월 5

만~10만 엔 수준이며, 여기에 공용 관리비와 선택형 서비스 이용료를 포함해도 총 10만~15만 엔(한화 약 150만 원 이내) 정도다. 초기에는 보증금을 제외하면 별도의 부담이 거의 없고, 서비스 선택 폭이 넓어 경제적·심리적 부담이 적다. 보증금도 월 임대료의 약 3개월분 정도로 비교적 부담이 낮은 편이다.

이는 일본의 대표적인 장기 거주형 요양시설인 유료노인홈(有料老人ホーム)과 뚜렷이 구분된다. 유료노인홈은 24시간 전면 간병과 식사, 생활 전반의 지원을 제공하는 시설로, 한국의 민간 실버타운이나 전문 요양원에 가까우며, 대개 고액의 일시금과 높은 월 이용료가 필요하다. 반면 사코주는 임대차 계약을 기반으로 한 주거형 모델로 입퇴실이 비교적 자유롭고 생활 자율성이 높다. 필요한 시점에만 돌봄 서비스를 추가할 수 있어 생활 방식의 급격한 변화를 피하면서도 안전과 편의를 확보할 수 있다는 점이 큰 장점이다.

한국에는 아직 사코주와 동일한 제도나 주거 모델이 없다. 일부 공공임대형 고령자 주택이나 민간 실버타운이 유사한 기능을 하지만, 주거와 돌봄이 결합된 집합형 구조는 거의 부재한 상태다. 현재 진행 중인 지역사회 통합돌봄 시범사업에서도 주택 기반 지원이 시도되고 있으나, 대부분 개별 주택 중심에 머물러 제도화된 집합형 주거로까지는 확장되지 못한 상태다.

사코주는 자택과 시설 사이의 선택지를 넓히는 중간 지대형 주거 솔루션으로서, 초기 비용이 낮고 서비스 이용의 유연성이 높으며, 생활 공간 안에서 돌봄이 자연스럽게 이루어져 고립과 위험을 예방하는 효과를 제공한다. 이는 고령자가 살던 곳에서 존엄과 독립성을 유지하며 안전하게 살아갈 수 있는 조건을 마련해주는 중요한 기반이며, 일본의 지역포괄케어시스템을 현실화하는 데 필수적인 주거 모델로 기능하고 있다.

일본 대표 시니어주택 비교 (사코주 vs. 유료노인홈)

	사코주(서비스형 고령자주택)	유료노인홈 (일본형 실버타운)
시설 성격	주거형 고령자 전용 임대주택 + 선택형 돌봄 서비스	24시간 전면 간병·생활지원 제공 장기거주형 요양시설
한국의 유사 사례	일부 공공임대형 고령자 주택, 민간 실버타운(돌봄 기능 약한 형태)	민간 실버타운(돌봄 기능 강한 형태), 전문 요양원
운영 주체	민간 사업자, 사회복지법인, 지자체	민간 사업자, 사회복지법인
입주 대상	일정 수준의 자립 능력이 있는 고령자 (주로 80세 전후)	간병·돌봄이 상시 필요한 고령자
입주 절차	건강·돌봄 필요도 평가 후, 임대차 계약, 서비스 선택	건강 상태·간병 필요도 평가 후, 입소 계약(장기 거주 전제)
계약 형태	임대차 계약 → 입퇴실 자유로움	장기 거주 계약 → 퇴소 시 제약 가능
서비스 범위	안부 확인, 식사 제공, 긴급 대응, 생활 지원 (필요 시 선택)	24시간 전면 간병, 식사·청소·생활 전반 지원
의료 연계	외부 의료기관·방문진료와 연계	시설 내 간호 인력 상주 + 외부 의료 연계
생활 자율성	비교적 높음 (자율 생활 가능, 필요 시 돌봄 추가)	낮음 (생활 일정·규칙에 맞춰 생활)
초기 비용	없음 또는 소액(보증금 수준)	고액 일시금 필요(수백만~수천만 엔)
월 이용료	10만~15만 엔 수준 (임대료+관리비+선택 서비스)	20만~30만 엔 이상 (간병·생활지원 포함)
지역포괄케어와의 관계	주거 부문 핵심 인프라로서 자택과 요양시설 사이의 중간지대 역할	시설 입소 중심의 돌봄 제공, 지역 연계는 제한적

재택 돌봄 서비스 확산

사코주(서비스형 고령자 주택)가 모든 고령자에게 최선의 해답은 아니다.

여전히 많은 이들이 익숙한 집에서 생의 마지막 순간까지 생활하기를 원한다. 이들에게 필요한 것은 집을 떠나지 않고도 일상과 안전을 유지할 수 있는 구조이며, 그 핵심 축 중 하나가 바로 재택·방문 케어, 즉 재가 돌봄 서비스다.

초고령기에 들어서면 "가능한 한 오래 살던 집에서 머물고 싶다"는 바람은 더욱 강해진다. 그러나 홀로 지내다 보면 갑작스러운 건강 악화나 집안 관리 부담이 현실적인 장벽이 된다. 일본의 재택·방문 케어 서비스는 이러한 간극을 메우는 중요한 연결고리다.

2000년, 일본은 장기요양보험(개호보험)을 도입하며 돌봄의 주체를 가족에서 사회 전체로 전환했다. 제도 초기에는 방문요양, 방문간호, 방문목욕 등 기본 서비스만 제공됐지만, 25년이 지난 현재는 방문재활, 전문 방문입욕, 가사지원, 주야간보호(데이서비스), 단기보호(숏스테이), 복지용구 대여, 주택 개조 지원 등으로 서비스 영역이 크게 확장됐다. 이는 고령자의 건강 상태와 생활 환경 변화에 맞춰 필요한 지원을 자유롭게 선택하고 조합할 수 있는 체계로 발전해 온 결과다.

예를 들어, 방문간호는 전문 간호사가 정기적으로 자택을 방문해 혈압·혈당을 측정하며 건강 상태를 확인하고, 복약 관리, 상처 치료, 재활 지도를 제공한다. 특히 만성질환자나 병원 퇴원 직후

회복기에 있는 고령자에게 필수적이다.

방문입욕은 혼자 목욕이 어려운 고령자를 위해 이동식 욕조를 설치하고, 입욕 전후 이동·세정·탈의를 지원한다. 위생 관리뿐 아니라 욕창 예방, 혈액순환 개선, 신체 기능 유지에도 도움이 된다.

방문재활은 물리치료사나 작업치료사가 자택에서 맞춤형 재활 프로그램을 진행하는 형태로 골절이나 뇌졸중 후 회복기 고령자의 근력 회복과 낙상 예방에 효과적이다.

가사지원 서비스는 식사 준비, 세탁, 청소뿐 아니라 장보기, 쓰레기 배출, 계절 의류 정리, 가벼운 집안 정리까지 포함된다. 일부 지역에서는 지역 자원봉사 네트워크와 연계해 필요 시 신속하게 생활 지원 인력을 연결한다.

복지용구 대여·주택 개조 지원은 전동침대, 보행기, 목욕의자, 경사로 등 이동·안전 보조 장비를 월 단위로 빌릴 수 있고, 욕실 미끄럼 방지, 손잡이 설치, 문턱 제거, 휠체어 진입로 확장 등 주택 개조 비용 일부를 공적 보험에서 지원한다.

한국에도 유사 제도가 있으나 일본의 특징은 이를 지역포괄케어 시스템 안에서 의료·재활·생활 지원·환경 개선이 유기적으로 하나의 패키지로 통합 운영된다는 점이다.

여기서 말하는 유기적 통합 구조란, 개별 서비스가 흩어져 있는 것이 아니라 하나의 계획서와 조정 체계 안에서 연결·운영되는 방식을 뜻한다. 고령자가 서비스를 이용하고자 할 때는 먼저 지역포괄지원센터나 케어매니저에게 연락하면 된다. 케어매니저는 본인과 가족을 만나 건강 상태, 생활 환경, 지원망, 경제 상황을 평가한 뒤 케어플랜(돌봄 계획서)을 작성한다. 이 계획서에는 필요한 서비스의 종류와 이용 주기, 제공 기관이 모두 포함되며, 예를 들어 월·수·금에는 방문간호, 화·목에는 방문재활, 매일 가사지원, 주 1회 데이서비스, 필요 시 숏스테이, 주택 개조와 복지용구 대여까지 한 번에 조합할 수 있다.

그리고 이 모든 과정은 케어매니저가 총괄하며, 서비스 간 일정 조율, 정보 공유, 품질 관리까지 맡는다. 고령자와 가족은 개별 사업자를 일일이 찾아다닐 필요가 없고, 건강 상태가 변하면 케어플랜을 즉시 수정해 재활 중심에서 간호 중심으로 전환하거나 주택 개조를 추가하는 등 유연하게 대응할 수 있다.

반면 한국은 장기요양등급 판정 이후에도 방문요양·방문간호·방문목욕은 개별 기관과 별도로 계약해야 하며, 주택 개조·복지용구 대여·재활 서비스는 또 다른 절차를 거쳐야 한다. 이로 인해 서비스 간 조율과 신속한 전환이 어려워 이용자와 가족의 부담이 커질 수 있다.

2022년 기준 일본에서 개호보험을 통한 재택케어 이용자는 468만 명을 넘어섰으며, 이 중 절반 이상이 80세 이상이다. 이는 집에서 생활하는 것이 일부만의 선택이 아니라, 고령층 전반에 보편화된 방식임을 보여준다.

한국은 아직 80세 이상 인구 비중이 일본보다 낮지만, 변화 속도를 고려하면 10년도 채 남지 않은 '골든타임' 안에 대응 체계를 강화할 필요가 있다. 결국 재택·방문 케어는 단순히 집으로 찾아오는 돌봄이 아니라, 고령자가 가능한 한 오래 익숙한 환경에서 존엄과 안전을 유지하며 살아갈 수 있도록 설계된 생활 기반 인프라다.

본격 요양기:
시설과 가족을 잇는 돌봄 생태계

요양시설의 진화

살던 곳에서의 생활이 힘들어지는 순간은 누구에게나 찾아온다. 신체 기능이 급격히 저하되거나 24시간 상시 간병이 필요한 상태가 되면, 그동안 유지해 온 재택 돌봄은 한계에 부딪힌다. 이 시점에서 선택지는 시설 중심의 돌봄으로 옮겨가지만, 그것이 반드시 마지막 거처나 단순한 수발의 공간일 필요는 없다.

오늘날 일본의 요양시설은 생존을 위한 최소한의 보호소를 넘어, 삶의 마지막 단계를 존엄하고 품격 있게 설계하는 생활 무대로 변화하고 있다. 평균 입소 연령은 88.2세로, 이미 대부분의 입소자가 중등도 이상의 신체 기능 저하나 인지 기능 감퇴가 진행된 시점에 들어온다. 다시 말해, 요양시설은 비교적 건강할 때 미리 선택하는 곳이 아니라, 일상 전반에서 상시 지원이 필요한 본격 요양기 이후의 생활 기반이 되는 경우가 많다.

이 시기의 생활은 단순한 수발을 넘어, 신체·정신·정서·사회적 측면의 균형을 회복하고 유지하는 데 초점이 맞춰진다. 일본은 세계에서 가장 먼저 초고령사회에 진입한 국가로, 지난 20여 년간 이 마지막 10년의 돌봄을 어떻게 설계할 것인가를 두고 끊임없이 실험해 왔다. 초기의 요양시설이 획일적인 간병과 기초 생활 지원에 머물렀다면, 지금은 입소자의 건강 상태와 경제 여건, 가치관과 생활 습관까지 고려한 다층적·맞춤형 모델로 진화했다.

그 결과 소규모 지역밀착형 시설, 복합 기능형 거점, 고급 민간형 시설, 다세대 복수거주형 모델 등 다양한 형태가 등장하며, 고령자의 신체 상태, 경제력, 생활 선호에 따라 선택의 폭이 넓어졌다. 요양시설은 단순한 돌봄의 장을 넘어 누구와 어떤 환경에서 어떤 방식으로 남은 생을 보낼지를 스스로 설계할 수 있는 생활 플랫폼으로 자리 잡고 있다.

사례 1. 공공형 요양시설 – 사회 안전망의 최전선

공공형 요양시설은 저소득층, 중증 돌봄 필요자, 가족 돌봄이 어려운 고령자를 우선적으로 지원하는 사회적 인프라다. 대표적인 형태가 특별양호노인홈(特別養護老人ホーム, 이하 '특양')이다. 요양필요도 3등급 이상, 즉 일상생활 전반에서 상시 케어가 필요한 경우에 입소할 수 있으며, 민간 대비 월 이용료가 낮아 경제적 부담이 적다. 이곳에서는 간호·간병 인력이 24시간 상주하며, 의사 왕진, 치매 전문 프로그램, 말기 완화의료까지 포함한 종합 돌봄 거점 역할을 수행한다.

다만 특양은 공급 부족이 심각하다. 2023년 기준, 정원은 약 65만 명이지만 대기자가 29만 명에 달한다. 특히 대도시권에서는 입소까지 2~3년 이상 기다리는 사례도 흔하다. 독거, 무연고, 돌봄자 부재 등 긴급한 사정이 있는 경우에는 우선 입소가 가능하지만, 그렇지 않으면 장기간 대기가 불가피하다. 이로 인해 많은 고령자들이 특양 입소를 기다리며 민간 유료홈이나 단기보호(숏스테이) 등 임시 대안을 활용한다.

특양 외에도 일본에는 아직 한국에 없는 독자적 모델이 존재한다.

대표적으로 지역밀착형 소규모 다기능형 거점(小規模多機能型居宅介護)이 있다. 하루 정원 9명 안팎으로, 통원(데이서비스)·방문(홈케어)·숙박(단기보호)을 동일 인력과 시설에서 통합 제공하는 시설이다. 낮에는 데이서비스를 이용하다가 필요하면 그날 밤 숙박으로 전환하는 등 서비스 간의 경계가 유연하다. 특히 치매 초기~중기 고령자에게 효과적이며, 익숙한 인력이 일관된 케어를 제공해 심리적 안정과 기능 유지에 도움을 준다. 한국의 경우 방문, 데이, 단기보호가 각각 다른 기관에서 제공되는 경우가 많아, 이처럼 하나의 창구에서 통합 서비스를 운영하는 구조는 아직 일반화되지 않았다.

또 다른 형태는 공영 복수거주형 주택이다. 지자체가 소유한 공영주택을 리모델링해 고령자, 청년, 장애인이 함께 거주하는 모델로, 각 세대는 독립된 생활을 유지하면서도 공동 식당·거실·취미실을 공유한다. 상주 코디네이터가 세대 간의 교류를 촉진하고, 필요 시 가벼운 생활 지원과 돌봄 연계를 담당한다. 세대 간 상호 돌봄, 공동 식사, 취미 활동이 자연스럽게 이루어지며, 저렴한 임대료와 안정적인 지원 체계가 장점이다. 일본에서는 농촌과 중소도시를 중심으로 확산 중이며, 한국에서는 유사한 형태의 시도가 제한적으로 이루어지고 있다.

마지막으로 공공형 케어하우스는 비교적 자립 가능한 고령자를 위한 생활지원 중심의 공공 주거다. 기본적으로 식사 제공, 긴급 호출, 생활 상담 서비스를 제공하며, 필요 시 외부 재택·방문케어와 연계한다. 한국에도 노인복지주택이라는 유사 개념이 존재하지만, 상당수가 민간이 운영하며 공공 주도의 케어하우스형 주거는 아직 보편화되지 않았다.

이처럼 일본의 공공형 요양시설은 단순한 보호소를 넘어, 경제적 약자와 돌봄 취약층을 위한 사회 안전망의 최전선으로 기능하며, 다양한 주거·돌봄 수요를 수용하는 다층적 모델로 발전해 왔다. 한국 역시 장기요양보험을 통해 공공형 서비스를 제공하고 있으나, 시설 유형의 세분화나 통합 운영 구조에서는 일본과는 다른 경로를 보이고 있다.

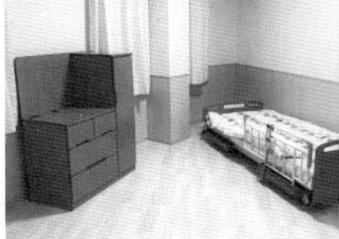

특별양호노인홈 '프라임가든 코엔지' (도쿄 코엔지역 도보 8분 거리에 위치한 공공형 요양시설)

사례 2. 민간형 요양시설 – 다양성과 차별화

민간형 요양시설은 공공형이 감당하기 어려운 폭넓은 수요를 흡수하며, 돌봄과 주거를 새로운 방식으로 결합한 시장이다. 공공형이 사회 안전망 역할에 집중한다면, 민간형은 개인의 생활 수준과 취향, 가치관까지 반영하는 다양성과 맞춤성이 강점이다.

일본에서 민간형 요양시설은 2000년 장기요양보험(개호보험) 제도 도입 이후 빠르게 성장했다. 제도 초기에는 공공형과 중저가형 중심의 시설이 주류였지만, 2005년 전후부터는 단카이세대와 그 상위 부유층 고령자 사이에서 표준화된 공공 시설이 아닌, 자신의 생활 수준과 라이프스타일에 맞춘 공간을 원하는 수요가 본격적으로 늘어났다. 이에 부동산 개발사, 호텔·리조트 운영사, 금융·보험 그룹 등 대기업이 잇따라 시장에 진입하며 고급형 유료노인홈과 리조트형 요양시설이 등장했다.

특히 2010년대 중반 이후 초고령사회에 본격 진입하면서 "마지막 10~20년을 어떻게 보낼 것인가"라는 화두가 사회 전반에서 주목받기 시작했다. 그 결과 단순한 요양이나 수발 중심의 공간이 아니라, 의료·돌봄·문화·여가·웰빙이 결합된 종합 라이프스타일 거점으로서의 민간형 시설이 급성장했다. 코로나19 팬데믹 이후에는 폐쇄적이고 집단형 시설에 대한 우려가 커지면서, 넓은 개인 공간과 프라이빗 서비스를 제공하는 고급 리조트형 모델이 다시 주목받는 흐름이 나타났다.

2023년 기준, 일본의 가장 대표적인 민간형 요양시설인 유료노인홈은 약 16,000개소에 달하며, 이 중 상당수가 민간 사업자에 의해 운영된다. 고급형 시장은 전체 민간형의 일부에 불과하지만, 브랜드화와 차별화 속도가 빠르며, 부유층 고령자의 주거와 소비 패턴을 반영한 새로운 시장으로 확고히 자리잡고 있다.

사례 3. 일본형 실버타운 - 유료노인홈

민간형 요양시설의 대표격은 유료노인홈(有料老人ホーム)이다. 건강 상태와 돌봄 필요도에 따라 크게 자립형(건강형), 주거형, 개호형(돌봄형)으로 나뉜다.

자립형(건강형)은 주로 60~70대 초반의 액티브 시니어가 입소하며, 의료나 간병보다는 생활의 질과 여가 활동이 중심이다. 호텔식 레스토랑과 카페 라운지, 피트니스 센터, 수영장, 사우나, 온천 시설을 갖춘 곳이 많고, 매일 아침 뷔페식 조식, 오후에는 음악·미술 교실, 요가·필라테스, 원예, 서예 등 다양한 취미 프로그램이 운영된다. 일부 시설은 인근 골프장·리조트와 제휴한 레저 패키지를 제공하거나, 도심형의 경우 극장·미술관과 연계한 문화 멤버십을 마련해 입소자의 사교와 취미 생활을 지원한다. 하루 일과가 마치 제2의 인생학교처럼 구성되는 셈이다.

주거형은 독립적인 주거 공간에 식사·청소·세탁 등의 생활지원 서비스를 결합한 형태다. 원룸에서 투룸 규모의 아파트형 주거가 일반적이며, 필요할 경우 외부 재택·방문 케어 서비스를 연계해 돌봄을 보강한다. 예를 들어 평소에는 자율생활을 유지하다가 부상이나 질병 회복기에는 단기간 방문간호나 재활 서비스를 추가하는 식이다.

개호형(돌봄형)은 24시간 상주하는 간병 인력이 중증 치매, 거동 불편, 말기 질환 고령자를 대상으로 집중 케어를 제공한다. 의사·간호사·물리치료사가 상주하거나 인근 의료기관과 긴밀히 협력해, 일상 간병은 물론 의료 처치, 재활, 치매 전문 프로그램, 말기 완화의료까지 지원한다. 입소자는 개별 욕실과 침실을 갖춘 프라이빗 공간에서 생활하며, 공동 식당·거실·정원 등에서 다른 입소자와의 교류도 가능하다. 특히 치매 케어 전문 시설은 색채·조명·동선 설계를 통해 혼란을 최소화하고, 정원과 실외 산책로를 활용해 심리적 안정과 인지 자극을 동시에 제공한다.

2023년 기준, 일본 전역의 유료노인홈 정원은 약 17만 명이며, 이 중 개호형(돌봄형)이 전체의 약 60%로 가장 큰 비중을 차지한다. 주거형은 약 35%, 비교적 건강한 시니어를 위한 자립형은 5% 내외에 머문다. 이는 유료노인홈이 실제로는 생활형 주거보다는 '돌봄형 주거' 중심으로 발전해 왔음을 보여준다.

비용은 입소금이 수백만 엔에서 수천만 엔(한화 수천만~수억 원)까지 다양하며, 월 이용료는 대체로 20만~40만 엔 수준이다. 도심의 고급 시설일수록 호텔 수준의 서비스, 미식 셰프가 준비하는 식단, 개인별 라이프 코디네이터 배정 등 고급화된 프로그램을 제공한다. 반면 지방 중소도시의 중저가형 시설은 기본 돌봄과 생활지원 중심으로 운영된다.

유료노인홈은 한국의 실버타운이나 전문 요양원과 유사한 개념이지만, 구조와 서비스 방식에서는 차이가 있다. 한국의 실버타운은 대체로 자립형·주거형 중심이며, 돌봄이 필요해지면 외부 요양서비스를 별도로 연계해야 하는 경우가 많다. 반면 일본은 한 시설 안에서 자립형부터 개호형까지 선택할 수 있으며, 건강 상태 변화에 따라 같은 시설 내에서 돌봄 강도를 단계적으로 조정할 수 있는 체계를 갖추고 있다는 점이 가장 큰 특징이다.

사례 4. 리조트형 요양시설 - 삶의 질을 상품화하다

최근 10여 년간 일본 민간형 요양시장에서 가장 빠르게 주목받은 분야 중 하나는 고급 리조트형 요양시설이다. 2000년대 후반, 대형 부동산 개발사와 호텔·리조트 운영 기업들이 고령화와 부동산 재개발 수요를 결합해 본격적으로 시장에 진출하면서, '생애 마지막 10~20년을 어떻게 보낼 것인가'라는 질문에 새로운 답을 제시했다. 이들은 단순한 요양시설이 아니라 고령자 전용의 거주형 리조트라는 새로운 생활 모델을 만들어냈다.

이들 시설은 주로 해안·온천·고원 휴양지나 대도시 고급 주거지에 자리한다. 개별 프라이빗 레지던스를 기본으로, 호텔 수준의 로비·라운지·레스토랑·바, 온천 스파, 피트니스센터, 실내 수영장, 라이브러리, 아트 갤러리, 시네마룸까지 갖춘 곳도 많다. 일부는 골프장·테니스코트·요트항만 등 야외 레저 인프라와 직결되며, 입주자는 여행지에 온 듯한 생활을 매일 누릴 수 있다.

운영 방식은 호텔식 컨시어지 서비스와 전문 간병·의료 연계를 결합한다. 전담 코디네이터가 입주자의 일정을 관리하고, 매일 청소·세탁·식사를 제공한다. 간호사와 물리치료사가 상주하며, 인근 종합병원·대학병원과 제휴해 정기 건강검진과 전문 진료를 받을 수 있다. 거동이 불편해질 경우 단지 내 개호동으로 이동해 24시간 요양 서비스를 받을 수 있는 케어 일체형 구조를 갖춘 곳도 많다.

입주자의 일상은 여행과 일상이 섞인 풍경에 가깝다. 아침에는 바다 전망 레스토랑에서 셰프가 준비한 코스 조식을 즐기고, 오전에는 요가·필라테스·수영 강습에 참여한다. 오후에는 미술사 세미나나 음악회에 참석하고, 저녁에는 라운지 바에서 담소를 나누거나 셔틀버스를 타고 온천 마을과 미술관을 방문한다. 계절마다 벚꽃놀이, 단풍여행, 와이너리 투어 등 테마형 프로그램이 운영되어 은퇴 후에도 활발한 사회·문화 활동이 이어진다.

다만 비용이 상당하다. 초기 입주금이 수천만 엔에서 1억 엔 이상(한화 수억~10억 원 이상), 월 이용료가 30만~80만 엔에 이른다. 하지만 단독주택을 매각해 관리 부담 없이 안전하고 쾌적한 환경에서 살고자 하는 은퇴 부부, 자산을 처분해 이후의 삶을 확실히 설계하려는 중상류층까지 폭넓은 수요가 존재한다.

2023년 기준, 전국적으로 200개 이상의 대형 리조트형 요양시설이 운영되고 있으며, 운영 주체에 따라 강점이 뚜렷하다. 호텔체인 운영형은 서비스 품질과 식음료 수준을, 부동산 개발사 주도형은 입지와 커뮤니티 규모를, 의료법인 운영형은 의료·요양 일체형 지원을 내세운다.

물론 한계도 있다. 높은 비용으로 인한 진입 장벽, 지역사회와의 단절 가능성, 그리고 후기 요양 단계에서의 지속 가능성에 대한 의문이 대표적이다. 초기에는 활발한 생활을 누리지만, 돌봄 필요가 커지면 외부 전문 요양시설로 이동해야 하는 경우도 있다.

그럼에도 고급 리조트형 요양시설은 은퇴 후 소비를 새로운 산업 카테고리로 확장시킨 대표적 사례다. 일본 사회에서는 이를 단순한 노인복지가 아니라 고령층의 라이프스타일 산업으로 인식하며, 부유층뿐 아니라 중상류층까지 포함하는 시장으로 성장하고 있다.

사례 5. 특수형 요양시설 – 전문 케어와 틈새 수요 대응

일본의 요양 인프라에서 특수형 요양시설은 전체 규모로 보면 비중이 크지 않다. 그러나 일반 시설에서 수용하기 어려운 특수한 상황이나 개별적 욕구를 세심하게 채워주는 중요한 역할을 맡고 있다. 고령화가 심화되면서 의료·돌봄 수요가 점점 세분화되고 가족 구조와 생활 방식이 다양해지자, 특정 질환·생활 조건·가족 사정에 맞춘 다양한 모델이 꾸준히 등장해 온 것이다.

대표적인 사례가 그룹홈(認知症対応型共同生活介護)이다. 치매 고령자 5~9명이 가정집 같은 소규모 공간에서 함께 생활하며 상주 인력이 일상 전반을 곁에서 돕는다. 거실·주방·정원 같은 공간은 서로 공유하고, 요리·청소·세탁 등 가사활동도 입주자와 함께 진행해 잔존 능력을 유지하는 데 중점을 둔다. 실내 동선, 조명, 가구 배치는 혼란을 최소화하도록 설계되어 있어 익숙한 환경에서 오는 심리적 안정감이 크다. 2023년 기준 전국에 약 1만 3천개소가 운영되고 있으며, 치매 초기~중기 단계 고령자의 안정적 생활 거점으로 자리 잡았다. 한국에도 치매전담형 공동생활가정이 있지만 일본처럼 전국적으로 제도화되어 있는 주거형 모델은 드물다.

또 다른 형태는 소규모 다기능형 주거 케어(小規模多機能型居宅介護)이다. 하나의 시설과 팀이 주간 돌봄(데이서비스), 단기 숙박, 방문케어를 통합 제공해 서비스가 끊기지 않도록 설계됐다. 일부는 민간이나 복지법인이 독자적으로 운영하며, 치매 환자뿐 아니라 거동이 불편한 고령자나 재활이 필요한 사람을 위한 맞춤형 프로그램도 제공한다. 한국은 법적으로 이 세 가지 서비스를 각각 별도로 운영해야 하기 때문에 일본식 통합 모델이 그대로 도입되기는 어렵다.

이외에도 회복기·재활 특화형 단기시설처럼 퇴원 직후 1~3개월간 집중 재활과 생활 훈련을 패키지로 제공하는 모델이 있다. 물리·작업치료, 영양관리, 재활 프로그램을 통해 입소자가 다시 자택이나 경증 시설로 돌아갈 수 있도록 돕는다. 일부는 리조트형 요양시설과 병설돼 생활 서비스와 의료·재활을 동시에 제공하기도 한다.

특수형 요양시설의 스펙트럼은 더욱 넓다. 특정 종교나 문화권 고령자를 위한 종교 연계형, 말기 완화 케어 중심의 호스피스형 주택, 반려동물과의 동반 입주가 가능한 펫 프렌들리형 등, 표준형 시설이 놓치는 세부 수요를 채우는 다양한 형태의 시설들이 존재한다.

물론 한계도 있다. 소규모 운영이 많아 재정 기반이 약하고, 인력 확보나 서비스 표준화가 쉽지 않으며, 홍보가 제한적이어서 소위, 아는 사람만 아는 선택지로 남는 경우가 많다. 그럼에도 이들 시설은 공공형과 민간형이 미처 담아내지 못한 사각지대를 메우

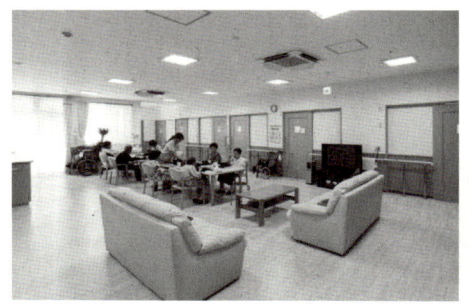 

그룹홈 거실과 1인 객실 내부 모습
자료: 다이와리스, 사회복지법인 희망의고향

며, 일본 요양 생태계를 한층 더 세밀하고 유연하게 확장시켜왔다.

오늘날 요양시설은 단순히 머무는 곳을 넘어서 남은 생을 누구와, 어떤 환경과 방식 속에서 보낼지를 스스로 설계할 수 있는 생활 기반으로 자리 잡았다. 고령화가 계속되는 한, 이 생태계는 새로운 기술과 돌봄 철학, 주거 모델을 흡수하며 앞으로도 진화와 확장을 거듭할 것이다.

가족 간병인을 위한 레스파이트(Respite) 제도

요양시설이 아무리 고도화되고 서비스가 세분화되더라도 모든 돌봄이 시설 인력만으로 이뤄지는 것은 아니다. 자택에서 요양을 받는 경우는 물론, 시설 입소 후에도 가족이 일정 부분 간병에 참여하는 모습은 일본에서 여전히 흔하다. 입소 초기에는 생활 적응을 돕기 위해, 주말이나 휴일에는 식사나 목욕을 지원하기 위해,

혹은 중증 단계에서는 병원 진료나 재활 치료에 동행하기 위해 가족이 직접 나서는 경우가 많다.

실제로 재택 요양 고령자 10명 중 6명은 여전히 가족이 주된 간병을 맡고 있으며, 그중 상당수는 배우자나 자녀가 중심이다. 특히 배우자가 간병하는 경우, 평균 연령이 70세를 넘어서는 노노(老老) 간병이 이미 일상화됐다. 간병 기간은 보통 4~5년에 이르지만, 10년을 넘기는 사례도 드물지 않다. 이 과정에서 가족은 신체적 피로뿐 아니라 소득 감소, 사회적 단절, 심리적 소진이라는 삼중 부담을 겪는다. 직장을 포기하거나 근로 시간을 줄이면 경제적 여력이 줄고, 장기 간병에서 오는 정서적 압박은 가족 관계에도 영향을 미친다.

일본에서 이러한 가족 간병의 그늘이 사회 문제로 본격 주목받기 시작한 것은 1990년대 후반이다. 초고령화의 가속과 함께 노노 간병, 간병자 사망 사례가 잇따라 언론에 보도되면서 사회적 경각심이 높아졌다. 이를 계기로 2000년 장기요양보험(개호보험) 제도가 도입됐고, 그 안에서 가족 간병인을 지원하는 체계가 중요한 축으로 자리 잡았다.

이 지원의 핵심이 바로 레스파이트(Respite) 제도다. 레스파이트는 '잠시 쉬게 하다'라는 뜻으로, 가족 간병인이 돌봄에서 잠시 벗어나 휴식을 취하거나 자신의 생활을 유지할 수 있도록 간병 부담을 대신 맡아주는 서비스다. 일본에서는 단기입소(숏스테이)나 주간보호(데이서비스)를 통해 간병 공백을 메우고, 가족이 재충전할 시간을 보장한다. 여기에 지자체와 비영리단체가 운영하는 간병 기술

교육, 스트레스 상담, 동료 간병인 모임 등이 정서적·정보적 지원을 더한다.

최근에는 ICT를 활용해 간병 부담을 경감하는 시도도 늘고 있다. 센서나 카메라를 통한 안부 확인, 전동 리프트·보행 보조기 같은 간병 보조기기, 필요할 때만 부를 수 있는 시간제 간병 매칭 서비스가 대표적이다.

일본이 지향하는 가족 간병 지원의 목적은 단순히 인력 부족을 보완하는 데 있지 않다. 가족이 돌봄 과정에서 완전히 소진되지 않도록, 신체적·정서적·사회적 회복의 여지를 제공해 관계와 존엄을 지킨 채 간병을 지속할 수 있도록 사회 전체가 받쳐주는 안전망을 만드는 것이다.

가족 간병인의 일상을 위한 리프레시 서비스

가족 간병은 마라톤과 같다. 평균 4~5년, 길게는 10년 이상 이어지는 돌봄의 시간 동안 간병인은 하루 24시간 긴장의 끈을 놓지 못한다. 식사 준비와 위생 관리, 약 복용 확인, 병원 동행, 재활 치료 지원까지 매일같이 반복되는 일상 속에서 체력과 마음이 조금씩 소모된다. 일본은 오래전부터 이 장기 간병의 무게가 결국 가족을 지치게 하고, 그 결과 간병을 받는 고령자의 안전과 삶의 질에도 영향을 미친다는 사실에 주목했다.

이러한 문제의식 속에서 2000년 장기요양보험(개호보험) 제도를 도입하면서 리프레시 서비스, 즉 가족 간병인을 위한 레스파이트(Respite) 제도를 공식화했다. 말 그대로 지친 간병인이 잠시 숨을 고르고 다시 걸어갈 힘을 얻을 수 있도록 마련된 제도였다. 서비스 형태는 크게 두 가지다. 하나는 단기입소(숏스테이)로, 고령자를 요양시설이나 전문 케어센터에 하루에서 길게는 몇 주까지 맡겨 가족이 휴식을 취하도록 하는 방식이다. 이 기간 동안 식사, 목욕, 재활, 의료 케어까지 모두 제공되어 안심하고 돌봄을 잠시 내려놓을 수 있다. 다른 하나는 간병인 파견 서비스로, 요양보호사(홈헬퍼)가 집을 방문해 식사 보조, 목욕 지원, 가벼운 가사, 외출 동행 등을 대신한다.

일본이 이 제도를 보험 급여에 포함시킨 이유는 분명하다. 가족이 지쳐 쓰러지면 돌봄의 고리는 쉽게 끊어진다. 그 순간 고령자는 조기에 시설로 옮겨지거나 입원하게 되고, 사회 전체가 부담해야 할 의료·돌봄 비용은 급격히 증가한다. 오히려 가족이 간병을 이어갈 수 있도록 돕는 편이 장기적으로 비용을 줄이는 길이라는 판단이었다.

시간이 흘러 일본의 리프레시 서비스는 더욱 세밀하고 다층적으로 발전했다. 단순히 돌봄 공백을 메우는 수준을 넘어, 심리 상담과 정서적 지원까지 결합한 사례가 늘어난 것이다. 예를 들어, 도쿄도 세타가야구(世田谷区)에서는 임상심리사와 사회복지사가 상시 상담을 제공하는 케어기버 카운슬링 룸을 운영하고, 매달 케어링 카페를 열어 간병인들이 차를 마시며 서로의 경험과 고민을 나눈다. 나가노현 마쓰모토시(松本市)는 장기 간병 경험자와 현직 간병인을 연결하는 멘토 케어링 제도를 통해 같은 길을 걸어본 사람만이 줄 수 있는 깊은 공감과 실질적인 조언을 제공한다.

한국에도 유사한 제도가 마련되어 있다. 장기요양보험을 통해 단기보호센터나 주야간보호센터를 이용하면 가족 간병인이 일정 기간 돌봄 부담에서 벗어날 수 있다. 일부 지자체는 간병인 지원금, 심리 상담, 간병인 파견 서비스를 운영한다. 예를 들어, 서울시는 2024년부터 장기요양 가족을 위한 심리 상담 프로그램과 가족 돌봄휴가 지원 사업을 시행했으며, 같은 해 7월부터는 지원 대상을 중증 재가급여 수급자까지 확대했다. 일부 지방자치단체에서는 간병인 교육과 정서 지원 모임을 병행해 돌봄 지속성을 높이려는 시도도 이어지고 있다.

한국의 서비스는 이용 기간과 횟수에는 엄격한 제한이 있으며, 정서적 지원 프로그램도 일부 지역에만 한정돼 있다. 특히 일본처럼 상담, 모임, 복지기기 체험 등을 상황에 맞춰 자유롭게 조합해 활용할 수 있는 유연성은 아직 부족하다. 다만 한국은 아직 제도 시행 초기 단계이고, 일본은 오랜 운영 경험을 통해 다층적·맞춤형 지원을 정착시켰다는 점에서 차이가 있다.

일본의 리프레시 서비스가 전하는 메시지는 명확하다.

"간병인을 돌보는 것이 곧 돌봄을 받는 사람을 지키는 일"이라는 것. 휴식은 사치가 아니라 돌봄을 지속하게 하는 힘이며, 그 인식이 정책과 제도 속에 녹아 있을 때 돌봄의 여정은 한층 더 길고 안정적으로 이어질 수 있다.

디지털 플랫폼을 통한 가족 간병의 가시화와 협업

가족 간병에서 가장 힘든 지점은 돌봄의 무게 자체보다 그 무게가 한 사람에게만 쏠리게 만드는 정보의 단절에 있다.

"오늘 약은 제대로 챙겼는지", "병원 진료는 다녀왔는지", "다음 간병 일정은 언제인지"와 같은 기본적인 정보조차 제때 공유되지 않으면, 결국 한 사람이 모든 부담을 떠안게 된다. 시간이 지날수록 사람은 지치고 간병은 점점 지속하기 어려워진다.

일본은 이 문제의 해법을 간병의 가시화(可視化)에서 찾았다. 떨어져 사는 가족이라도 모두가 같은 정보를 보고 함께 대응할 수 있도록 모바일 기반 간병 정보 공유 플랫폼이 속속 등장한 것이다.

대표적인 서비스가 오야로그(おやろぐ)와 가족을 잇는 간병 노트(家族をつなぐ介護ノート)다. 오야로그는 가족, 케어 매니저, 간호사 등 최대 8명을 하나의 팀으로 묶어 간병 일정, 연락처, 메모, 건강 데이터를 한 화면에서 관리할 수 있게 한다. 고령층 사용자도 쉽게 쓸 수 있도록 단순하고 직관적인 화면을 갖추었으며, 멀리 사는 형제자매나 병원 의료진까지 실시간으로 같은 정보를 확인할 수 있어 돌봄의 유연성이 크게 높아졌다.

가족을 잇는 간병 노트는 하루하루의 간병 기록과 병원 영수증, 의료 정보, 상속 관련 문서까지 한곳에서 관리·공유하며, 메일 알림 기능으로 모든 가족이 동시에 최신 상황을 받아볼 수 있다. 한 사람이 짊어지던 돌봄이 함께 나누는 돌봄으로 전환되는 순간이다. 여기에 전문 인력과의 연결을 강화한 케어코네(CareConne)는 가족뿐 아니라 요양시설 직원, 의사, 물리치료사까지 한 대화방에서 소통하며 입소자의 상태와 돌봄 일정을 함께 조율할 수 있도록 한다. 돌봄 현장이 하나의 협업 공간이 되는 셈이다.

한국에서도 유사한 시도가 이어지고 있다. 삼성의 SmartThings Family Care는 IoT 기기와 연동해 부모의 일상 활동을 감지하고, 약 복용 알림이나 건강 이상 신호를 가족에게 실시간으로 전송한다. 다만 일본처럼 가족 전원이 간병 기록을 실시간으로 함께 보고 상황에 맞춰 다양한 기능을 조합해 쓸 수 있는 전용 플랫폼은 아직 드물며, 현재는 주로 간병인 매칭이나 원격 모니터링 단계에 머물러 있다.

그럼에도 디지털 플랫폼은 단순한 편의 수단이 아니라 돌봄을 오래 지속 가능하게 만드는 중요한 사회적 장치다. 정보가 모이고, 역할이 나눠지고, 서로의 부담이 줄어드는 순간, 가족 간병은 희생이 아니라 협업이 된다. 한국이 이 흐름을 이어간다면 한 사람의 어깨 위에 얹힌 무거운 짐을 모두가 함께 나누어 드는 날이 머지않을 것이다.

간병 기록, 일정, 의료 정보 등 간병에 필요한 정보를 한 곳에 모아 가족과 관계자들이 공유하고 관리할 수 있는 디지털 플랫폼 (왼쪽은 오야로그, 오른쪽은 가족을 잇는 간병 노트 앱 화면)

커뮤니티 기반 간병자 서포트 네트워크

일본에서는 가족 간병인의 고립을 막기 위한 지역사회 기반의 지원이 점차 중요한 과제로 부각되고 있다. 특히 고령의 배우자가 또 다른 고령의 배우자를 돌보는 이른바 노노(老老) 간병이 일상화된 현실에서, 간병인이 스스로 도움을 청하고 정서적 지지를 받을 수 있는 안전한 공간의 필요성이 커지고 있다.

이를 위해 지자체, 사회복지협의회, NPO 등은 가족 간병자 모임, 간병자 카페, 간병자 살롱 등을 정기적으로 운영하고 있다. 이러한 모임은 단순히 정보를 교환하는 자리가 아니라, 같은 경험을 나눈 사람들이 감정을 털어놓고 서로의 버팀목이 되는 장으로 기능한다. 일부 모임은 외부 전문가 간담회, 복지용구·간병기기 체험, 음악·원예·미술 치료, 스트레칭 클래스 등을 통해 간병자가 일상의 리듬을 되찾도록 돕는다.

예를 들어 가나가와현 요코하마시(横浜市)의 간병자 카페는 매주 문을 열어 간병자들이 커피를 마시며 이야기를 나누고, 필요할 경우 사회복지사나 간호사의 무료 상담을 받을 수 있도록 한다. 사이타마현(埼玉県)의 간병자 살롱은 지역 재활병원과 연계해 재활 운동 지도와 간병 기술 워크숍을 함께 진행하는 것이 특징이다. 정기 모임의 경우 프로그램 성격에 따라 다르지만, 평균 1회 10~20명이 꾸준히 참여하는 것으로 알려져 있다.

기업의 지원도 확산되고 있다. 일부 대기업은 가족돌봄휴가제, 돌봄 정보 포털, 간병 컨시어지 서비스 등을 사내 복지제도에 도입하고 있다. 일본경제단체연합회 조사에 따르면, 이러한 간병 관련 복지제도의 평균 이용률은 전체 직원 중 약 2~5% 수준이며, 특히 중장년층 비중이 높은 제조업과 금융업에서 활용도가 높다. 최근에는 간병 관련 법률·금융·시설 정보를 한곳에 모아 제공하거나 전문 상담원과 연결해 주는 서비스도 등장했다. 기업 입장에서는 이러한 제도를 단순한 복지를 넘어 인재 유지와 생산성 향상을 위한 전략적 투자로 인식하고 있다.

이제 고령자 돌봄은 더 이상 개인이나 가족만의 몫이 아니다. 가족, 지역사회, 기업, 국가가 역할을 나누고 협력하는 구조로 전환되고 있다. 일본의 다양한 가족 돌봄 지원 제도와 서비스는 과거처럼 개인의 헌신에만 의존하던 방식에서 벗어나, 사회적 연대와 기술 기반의 협업을 통해 돌봄 부담을 함께 나누는 방향을 보여주고 있다.

본격적인 요양 시기의 돌봄은 시설과 제도의 진화, 그리고 가족과 지역사회의 참여가 맞물리며 다층적으로 완성된다. 세분화된 요양시설이 기반을 이루고, 가족 간병인을 위한 지원망이 이를 촘촘히 보완하면서 일본의 장기요양 구조는 돌봄의 지속 가능성을 높여왔다.

그러나 돌봄의 여정은 여기서 끝나지 않는다. 장기 간병의 끝에는 언제나 생애 말기라는 새로운 국면이 기다리고 있으며 이 시점에서 질문은 자연스럽게 "어떻게 살아갈 것인가"에서 "어떻게 마무리할 것인가"로 옮겨간다.

생애 말기:
종활(終活)과 삶의 마무리 설계

요양기에 들어서면 혼자 힘으로 생활하기가 점차 어려워지고 돌봄을 받는 시간이 길어진다. 그 길의 끝에는 누구도 피할 수 없는 생애 말기라는 전환점이 기다리고 있다. 일본 사회에서는 이 시기를 단순히 죽음을 맞이하는 과정이 아니라, 남은 시간을 어떻게 보낼지, 무엇을 남길지, 누구와 함께할지를 스스로 선택하고 준비하는 시기로 바라보는 인식이 확산되고 있다.

불과 30여 년 전만 해도 일본인의 80% 이상이 병원에서 생을 마감했다. 치료 중심의 의료 체계 속에서 환자 본인의 뜻보다 의료진과 가족의 판단이 우선되는 경우가 많았다. 그러나 1990년대 후반 이후, 급속한 고령화와 의료·돌봄 환경의 변화, 그리고 삶의 질(Quality of Life, QOL)을 중시하는 가치관이 확산되면서 병원이 아닌 내가 편안함을 느끼는 공간에서 마지막을 맞고 싶다는 선택이 점차 힘을 얻기 시작했다.

이러한 흐름 속에서 주목받기 시작한 개념이 종활(終活)이다. 원래 취업 활동을 뜻하는 슈카쓰(就活)에서 착안한 말로, 삶을 주체적이고 아름답게 마무리하기 위한 전 과정을 의미한다. 2009년 무렵부터 잡지, TV, 출판 시장을 통해 대중적으로 확산되었으며 지금은 장례와 유언, 재산 정리뿐 아니라 인간관계 정리, 디지털 자산관리, 마지막 여행 계획까지 포괄하는 폭넓은 문화로 자리 잡았다.

종활은 단순한 장례 준비를 넘어선다. 어떻게 죽을 것인가라는 물음과 동시에 남은 시간을 어떻게 살아갈 것인가라는 선택을 담고 있다. 이를 위해 일본에서는 재택 호스피스, 완화의료, 사전의료의향서(Advance Care Planning, ACP) 작성, 생전정리 컨설턴트 활용, 종활 세미나 등 다양한 수단이 마련되어 있다. 지자체, 의료기관, 복지단체, 민간기업이 협력해 고령자가 스스로 삶의 마무리를 설계할 수 있도록 지원하는 구조도 점차 자리 잡고 있다.

이 변화는 개인의 선택을 넘어 가족, 돌봄 인력, 지역사회, 나아가 장례·법률·여행·IT 산업까지 폭넓게 연결한다. 죽음을 준비하는 과정이 오히려 현재의 삶을 더욱 충실하게 만들고, 남은 관계를 정리하며 마지막 순간까지 나답게 살아갈 수 있도록 하는 원동력이 되고 있다.

재택 호스피스의 확대

일본의 고령자들은 오랫동안 마지막 순간을 병원에서 맞이하는 것이 당연하게 여겨졌다. 그러나 지난 20여 년 사이, 이러한 전통적인 경로에 변화를 주는 흐름이 뚜렷해지고 있다. "익숙한 내 집, 나의 생활 공간에서 삶을 마무리하고 싶다"는 선택이 점점 늘고 있는 것이다.

1990년대 초반까지만 해도 일본인의 사망 장소 중 병원이 차지하는 비율은 80%를 넘었고, 자택에서 임종을 맞이한 경우는 15%에 불과했다. 그러나 2000년대 들어 완화의료와 재택진료 인프라가 정비되면서 상황이 변하기 시작했다. 특히 2012년 지역포괄케어시스템이 본격적으로 도입되면서 병원·자택·요양시설이 유기적으로 연계되고 말기 돌봄까지 지원하는 구조가 전국으로 확산되었다.

이 변화의 배경에는 의료기술과 돌봄 인프라의 발전이 있다. 산소 공급 장치, 통증 조절 펌프, 휴대형 혈액검사기 등 과거 병원에서만 가능했던 치료와 완화케어가 가정에서도 안정적으로 운용할 수 있게 되면서 집에서의 말기 돌봄이 현실화되었다. 재택 호스피스는 단순히 환자가 집에 머무르는 것을 의미하지 않는다. 재택의료 전문의와 방문간호사, 방문약사, 재활 전문가, 케어매니저가 팀을 이루어 24시간 대응 체계를 갖추고, 통증 완화, 증상 관리, 심리·정서 지원까지 포괄한다. 여기에 레스파이트(단기 휴식) 서비스, 심리 상담, 사전의료의향서(ACP) 작성 지원 등이 결합되어 환자와 가족이 끊김 없이 임종 준비를 이어갈 수 있도록 돕는다.

재택 호스피스를 선택하는 이유는 다양하다. 병원의 소음과 인공적인 환경을 피하고 싶다거나, 오랜 세월 살아온 집에서 가족과 함께 마지막 시간을 보내고 싶은 마음이 크다. 이를 가능하게 한 것은 제도적 기반이다. 일본은 장기요양보험과 건강보험을 결합해 재택진료, 방문간호, 완화의료를 대부분 보험 적용 대상으로 포함시켰으며, 지자체별로 재택의료·케어 연계센터를 설치해 환자와 가족이 필요한 정보를 얻고 적합한 서비스 제공자와 연결될 수 있도록 했다. 일부 지역에서는 재택 임종 케어 가이드라인을 제작해 의료·돌봄·장례업체 간 절차를 표준화함으로써 병원 밖에서의 마지막 시간을 보다 안정적으로 지원하고 있다.

그럼에도 불구하고 재택 호스피스는 여전히 전체 말기 환자 중 소수의 선택에 머물고 있다. 가족의 돌봄 부담, 24시간 대응이 가능한 의료 인력 부족, 그리고 집에서 임종을 맞이하는 것에 대한 사회·문화적 인식 장벽이 여전히 존재하기 때문이다. 2020년 기준 일본인의 사망 장소 비율은 병원 약 70%, 자택 15~16%, 요양시설 9%로 자택 사망 비율이 조금씩 늘고는 있지만, 병원이 여전히 주류를 차지하고 있다. 이를 개선하기 위해 일본 정부와 지자체는 방문간호 스테이션 확충, ICT 기반 환자 모니터링 시스템 도입, 지역 커뮤니티 자원 활용 등 다양한 노력을 기울이고 있다. 일부 지역에서는 자원봉사자가 환자 가족의 가사를 지원하거나, 이웃이 병원 이동을 돕는 구조를 제도화하여 가족의 부담을 줄이고 있다.

한국도 유사한 흐름을 보이고 있다. 2003년 암관리법 제정으로 호스피스 사업의 법적 근거가 마련된 뒤, 단계적으로 건강보험 적용 범위를 넓히며 제도적 기반을 확립했다. 2015년 7월에는 입원형 호스피스가, 2017년 8월에는 가정형 호스피스가, 2020년 8월에는 자문형 호스피스가 각각 급여 항목에 포함되었다. 이로써 제도적 틀은 일본과 유사한 방향으로 갖춰졌지만, 실제 이용률은 여전히 낮다. 2022년 기준 암 사망자의 호스피스 이용률은 약 24%에 그치고, 암 외 말기 질환(만성호흡기질환, 심부전 등)의 경우는 1%에도 미치지 못한다. 이는 서비스 접근성의 지역 편차, 전문 인력 부족, 그리고 호스피스가 죽음을 앞둔 환자만 이용하는 서비스라는 인식이 여전히 강하게 남아 있기 때문이다. 최근에는 전문 간호사 양성, 재택형 서비스 확대, 지역 완화의료 거점기관 지정 등 개선책이 추진되고 있지만, 사회적 인식 전환과 생활권 내 인프라 확충이 병행되지 않는다면 이용률 개선 속도는 더딜 수밖에 없다.

　재택 호스피스의 확대는 단순히 의료서비스의 범위를 넓히는 것이 아니다. 마지막 순간까지 나답게 살고자 하는 개인의 선택권을 존중하는 행위이며, 죽음을 삶의 일부로 받아들이는 사회적 전환을 보여주는 흐름이다. 이러한 변화는 고령자의 삶의 질을 높이는 동시에 가족과 지역사회의 역할을 새롭게 정의하게 만드는 중요한 계기가 되고 있다.

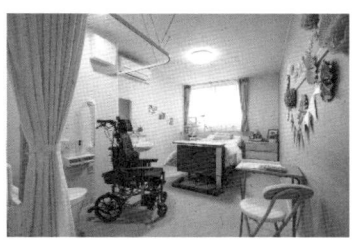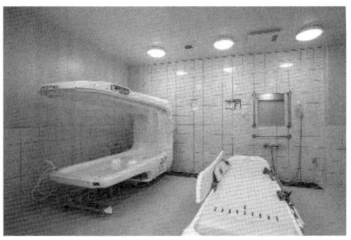

2024년 후쿠오카에 오픈한 호스피스 주택 ReHOPE의 외관과 객실 공간, 욕실 내부 사진(총 54실)

장례·유언·관계 정리를 아우르는 종활 비즈니스

종활(終活)은 더 이상 장례 준비에만 한정된 개념이 아니다. 2009년 일본 주간지 〈주간 아사히〉가 처음 이 용어를 소개했을 당시만 해도 많은 사람들은 장례나 묘지 준비를 먼저 떠올렸다. 그러나 2010년대를 지나면서 종활은 고령자뿐 아니라 50~60대 중장년층에게까지 빠르게 확산되었다. 이제 종활은 남은 삶을 스스로 원하는 방식으로 설계하고, 가족이나 지인에게 불필요한 부담을 남기지 않으려는 활동이라는 폭넓은 의미로 자리 잡았다.

그 범위는 크게 세 가지로 나눌 수 있다. 장례와 묘지 준비, 유언 작성과 재산 정리, 그리고 인간관계와 사회적 연결의 정리다. 여기에 디지털 자산 관리, SNS 계정 폐쇄, 온라인 구독 해지, 반려동물 사후 돌봄 계획 같은 현대적 요소가 더해지면서, 종활은 단순히 죽음을 준비하는 단계를 넘어 삶 전체를 정리하는 과정으로 진화하고 있다.

일본 사회가 종활에 주목하게 된 배경에는 인구 구조 변화가 있다. 일본은 이미 매년 사망자 수가 출생자 수를 웃도는 다사(多死) 사회에 진입했다. 해마다 약 160만 명이 세상을 떠나는데, 이는 1970년대의 약 70만 명에서 두 배 이상 늘어난 수치다. 2030년에는 170만 명을 넘어설 것이라는 전망도 나온다. 자연스럽게 "떠나는 순간을 어떻게 준비할 것인가"가 중요한 화두로 떠오른 것이다.

이 흐름은 새로운 산업 성장으로도 이어졌다. 아직 종활 시장 규모는 장례 산업에 비해 작지만, 빠르게 성장 중이다. 2024년 기준 일본의 종활 관련 시장(유언·상속 컨설팅, 유품 정리, 디지털 자산 관리 등)은 약 235억 엔으로 추정되며, 2025년에는 257억 엔까지 확대될 전망이다. 야노경제연구소는 장기적으로 최대 1조 엔(약 9.5조 원) 규모로 성장할 가능성도 있다고 분석한다. 장례문화의 변화, 1인 가구 증가, 고령층의 디지털 적응이 맞물리며 종활 서비스의 기반이 점차 확대되고 있는 것이다.

종활 산업의 범위는 매우 다양하다. 장례·묘지 분야에서는 소규모 가족 장례, 온라인 추모관, 수목장·바다장 같은 대체 장례 방식이 자리 잡았다. 법률·자산 분야에서는 유언·상속 설계, 생전 증여 컨설팅, 유산 집행 대행, 디지털 자산 상속 지원이 제공된다. 또한 유품 정리·생전 정리 같은 청소·정리 서비스, 종활 세미나·워크숍·영상 기록 서비스 같은 교육·컨설팅, SNS 계정 종료 대행이나 디지털 추모 플랫폼 같은 IT 서비스도 있다. 나아가 마지막 여행 기획, 반려동물 사후 위탁 서비스 등 라이프스타일과 결합한 서비스까지 등장하고 있다.

한국도 비슷한 흐름을 보이고 있다. 2023년 한국의 연간 사망자 수는 약 35만 명으로, 고령화가 진행되면서 앞으로 계속 늘어날 전망이다. 다만 '종활'이라는 개념은 아직 낯설고, 장례 준비나 상속 설계는 여전히 사망 직전이나 사후에 급히 진행되는 경우가 많다. 시장 규모 역시 일본에 비해 초기 단계이며, 주로 장례식장·납골당·유품 정리 업체 중심으로 형성되어 있다. 최근 들어 유언장 작성, 상속 분쟁 예방 컨설팅, 디지털 자산 정리, 반려동물 사후 돌봄 등 일본식 종활과 유사한 서비스가 조금씩 등장하고 있지만, 이를 뒷받침할 제도적 기반과 사회적 인식은 아직 부족하다.

일본은 다사사회라는 구조적 현실 속에서 종활이 이미 하나의 문화이자 산업으로 자리 잡았고, 한국은 그 필요성을 점차 인식하며 확산되는 단계에 있다. 죽음을 준비하는 일은 단순히 끝을 맞이하는 과정이 아니라, 남은 시간을 더 주체적으로 살아가기 위한 선택이라는 인식이 두 나라 모두에서 서서히 자리 잡아가고 있다. 앞으로 종활은 사후 절차를 넘어 삶 전체를 설계하는 중요한 문화로 자리매김하게 될 것이다.

장례·묘지 준비 – 소비자 중심으로 재편되는 시장

과거 일본의 장례 문화는 '가(家)' 중심, 즉 집안과 친족이 주도해 전통적인 절차를 진행하는 것이 당연시되었다. 그러나 1인 가구와 무연고 사망자가 늘어나면서 장례 산업은 빠르게 개인 맞춤형 중심으로 재편되고 있다.

2023년 기준 일본의 장례·화장 서비스 시장은 약 1조 7,000억 엔(한화 약 16조 원)에 달한다. 이는 종활 시장에 비해 압도적으로 큰 규모이며, 이미 성숙한 산업임을 보여준다. 이 중, 장례 당사자가 생전에 비용과 형식을 미리 정해 계약하는 사전 계약형 장례가 전체의 30% 이상을 차지한다. 또한 가족 단위가 축소되고 개인화가 진행되면서, 소규모 화장 중심의 직장(直葬), 영상 추모, 온라인 부고 시스템 같은 새로운 방식이 확산되고 있다. 복잡한 절차와 고비용의 전통 장례 대신, 간소하고 합리적인 선택이 점차 주류로 자리 잡고 있는 것이다.

묘지 문화도 크게 변화하고 있다. 전통적인 가족 묘 대신 영구 관리 부담이 적고 접근성이 좋은 납골당이나 수목장이 빠르게 확산되고 있으며, 도쿄·오사카 같은 대도시에서는 종교나 혈연과 무관하게 누구나 이용할 수 있는 공동형 묘역이 인기를 끌고 있다.

이런 변화 속에서 새로운 관계망으로 주목받는 것이 하카토모(墓友, 무덤 친구)다. 이는 혈연이 아닌 취향이나 가치관, 삶의 철학이 맞는 사람들이 생전에 같은 묘역을 계약하고, 사후에도 함께하자는 의미를 담고 있다. 즉, 전통적인 가족 묘 개념을 넘어 관계를 혈연에서 마음의 연결로 확장한 사례다.

도쿄에 본부를 둔 비영리단체 엔딩센터(Ending Center)는 약 20년 전부터 이러한 하카토모 문화를 꾸준히 실천해 왔다. 이곳은 전통 석조 묘지 대신 나무를 심어 추모하는 수목장 방식을 도입해, 유족이나 상속인이 없는 사람도, 혼자 사는 사람도 회원으로 가입하면 같은 구역에 함께 묻힐 수 있도록 했다. 또 사후의 안식처를 마련하는 데 그치지 않고, 생전에도 같은 묘역을 공유할 사람들이 정기적으로 모여 교류하도록 운영하고 있다.

이 모임은 형식적인 회의가 아니라 공원이나 묘역 인근에서 차를 마시거나 계절에 맞춰 소풍을 떠나는 등 편안한 만남으로 이어진다. 봄에는 벚꽃놀이를, 가을에는 수목장의 단풍을 즐기며 서로의 삶과 생각을 나누는 방식이다. 이렇게 형성된 유대감은 사후에도 이어지는 동반자 의식으로 발전한다.

하카토모는 단순히 묘지를 공유하는 계약이 아니라, 마지막까지 함께할 사람을 찾고 그 관계를 생전부터 가꾸어 나가는 하나의 커뮤니티다. 이는 종활이 죽음을 준비하는 활동에서 나아가, 살아 있는 동안 관계를 확장하고 공동체를 형성하는 과정으로 진화하고 있음을 잘 보여준다.

오늘날 일본의 장례·묘지 시장은 전통적인 가족 중심 구조에서 벗어나, 개인의 가치와 욕구를 반영한 맞춤형·커뮤니티 기반의 종합 라이프케어 산업으로 발전하고 있다. 이제 소비자가 직접 선택하고, 관계를 디자인하며, 죽음 이후의 삶까지 재설계하는 새로운 시대가 열리고 있는 것이다.

유언·재산 정리 – 분쟁 예방과 디지털 자산까지

유언과 재산 정리는 종활(終活)의 핵심 영역이다. 일본에서는 특

비영리단체 엔딩센터가 주최하는 하카토모(무덤친구) 활동 모임

자료: 엔딩센터

히 공증인을 통한 공정증서 유언 작성이 꾸준히 늘고 있다. 2010년 약 8만건이던 작성 건수는 2022년에 12만건을 넘어, 불과 10여 년 만에 1.5배 이상 증가했다.

이러한 변화의 배경에는 무자녀 가구(딩크족)와 독신 가구의 증가, 재혼 가구의 확대, 그리고 점점 복잡해지는 가족 구조가 있다. 부모와 자녀 중심의 단순한 상속 구조가 무너지면서 배우자 외에 전혼 자녀나 친척이 얽히는 사례가 많아졌다. 그만큼 상속 분쟁 가능성도 높아졌고 유언은 단순히 재산을 나누는 문서를 넘어 남은 가족의 심리적 부담을 줄이고 관계를 지키는 수단으로 인식되기 시작했다.

최근에는 전통적인 종이 유언장을 넘어 디지털 환경을 활용한 종활 서비스가 빠르게 확산되고 있다. 디지털 자산 관리 플랫폼을 이용하면 사진·영상·문서·SNS 계정 비밀번호 등 생전의 디지털 기록을 암호화해 안전하게 보관하고, 사망이 공식 확인되면 지정된 가족이나 지인에게 자동으로 전달된다. 관리 범위는 금융 계좌와 부동산 목록 같은 전통 자산은 물론, 블로그·유튜브 채널 수익권, NFT, 암호화폐 지갑 등 새로운 형태의 자산으로까지 확장되고 있다.

이 같은 흐름에 맞춰 일본 금융청은 2022년 디지털 자산 상속 가이드라인을 발표했다. 여기에는 암호화폐 지갑 키 관리, 온라인 계정 폐쇄 절차, 디지털 수익권 이전 방법 등 기존 법률로 다루기 어려웠던 사항들이 체계적으로 정리돼 있다. 이를 기반으로 암호화폐 키나 NFT 소유권 이전을 전문적으로 지원하는 상속 컨설팅 서비스도 속속 등장하고 있다.

다만, 이 시장은 아직 초기 단계다. 예를 들어, 2023년 출시된 아카레코(Akareco)는 '40대부터 시작할 수 있는 스마트 엔딩노트'라는 콘셉트로 일부 언론과 IT 매체에 소개되며 관심을 모았다. 그러나 이용자 확보와 운영상의 어려움으로 2025년 2월 말 서비스를 종료했다. 이 사례는 디지털 자산 상속이 필요성은 크지만, 신뢰성과 보안, 법적 안정성을 모두 갖추기 전에는 지속 가능한 서비스로 자리 잡기 어렵다는 점을 보여준다.

현재 일본에서는 종이 문서와 디지털 기록을 함께 관리하는 하이브리드형 유언·자산 정리 방식이 점차 보편화되고 있다. 특히 40~50대 중장년층이 부모 세대의 상속 문제를 직접 겪으면서, 자신의 노후와 자산 이전을 미리 준비하려는 움직임이 늘고 있다. 종활은 더 이상 언젠가 해야 할 선택이 아니라 삶의 질을 지키기 위한 필수 계획으로 자리 잡아가고 있다.

관계 정리 – 인간관계와 감정의 마무리

관계 정리는 종활 활동 가운데에서도 가장 섬세하면서도 울림이 큰 영역이다. 재산처럼 수치로 측정할 수 있는 것이 아니라, 마음속에 남아 있는 미안함과 고마움, 혹은 아직 전하지 못한 말 같은 보이지 않는 자산을 정리하는 일이기 때문이다. 그래서 오랫동안 연락이 끊긴 지인에게 안부를 전하거나 과거의 오해를 풀고 갈

등을 매듭짓는 일, 혹은 미처 표현하지 못했던 감사의 마음을 남기는 과정이 중요하게 여겨진다. 이는 단순한 인사나 사과를 넘어 스스로의 삶을 정리하고 마음의 평화를 얻는 의식과도 같다.

이런 흐름 속에서 일본에서는 2010년대 중반부터 관계 정리를 돕는 상업 서비스가 본격적으로 등장했다. 종활이 사회적 화두로 자리 잡으면서 마음정리 상담, 손편지 대필, 생애 영상 제작, 디지털 메모리 등 다양한 형태의 서비스가 확산되었다.

예를 들어 마음정리 카운슬링은 2011년 설립된 종활 카운슬러 협회가 민간 자격 과정을 통해 상담 네트워크를 운영하면서 자리 잡았다. 상담가는 고령자와 함께 관계망을 하나씩 돌아보며 전하지 못한 사과나 감사의 메시지를 어떤 방식으로 남길지 구체적으로 계획한다.

글쓰기에 어려움을 느끼는 이들을 위한 손편지 대필 서비스도 주목받는다. 대표적으로 데가미코(テガミコ)는 이용자의 이야기를 듣고 이를 손글씨 편지로 완성해 주는데, 단순한 대필을 넘어 글씨체의 뉘앙스와 발신자의 개성까지 담아내는 점이 특징이다.

관계 정리는 점차 편지를 넘어 영상으로도 확장되고 있다. 라이프 스토리 영상(自分史映像) 제작 서비스는 개인의 삶을 인터뷰 형식으로 기록해 자서전과 다큐멘터리를 결합한 형태로 남긴다. 장례·종활 플랫폼 LIFEDOT은 유품 정리와 디지털 정리와 함께 이런 영상 기록을 패키지로 제공하여, 이용자가 보다 쉽게 선택할 수 있도록 하고 있다. 제작 과정에서 개인은 자신의 삶을 되돌아보며 소중한 인연을 다시 발견하거나 오래된 갈등을 성찰하게 되고, 완

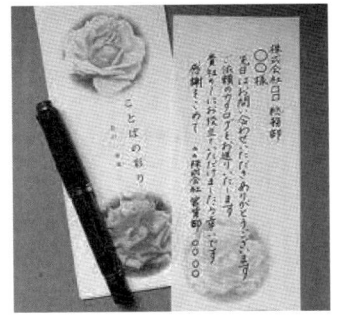 

관계 정리를 위한 손편지 대필 서비스 데가미코(左), 갑작스러운 사망 후에도 생전에 남긴 메시지를 자동으로 전송해 가족이나 지인에게 마지막 마음을 전하는 디지털 메모리 서비스 타요리에(右)

성된 영상은 가족에게 전달되어 고인을 이해하고 기억하는 매개가 된다.

최근에는 디지털 메모리 서비스가 빠르게 확산되고 있다. 생전에 작성하거나 녹화한 메시지를 클라우드에 저장해 두었다가 지정된 날짜나 사후에 가족·지인에게 전달하는 방식이다. 단순한 인사뿐 아니라 감사, 사과, 당부의 말이 담길 수 있다. 대표적으로 타요리에(tayorie)는 2024년 11월 공개된 서비스로 음성·영상 메시지를 안전하게 보관했다가 재난이나 사고, 돌연사와 같은 갑작스러운 상황에서도 자동으로 전송될 수 있도록 설계되었다. 덕분에 고인이 남기지 못한 마지막 마음을 유족이 직접 받아볼 수 있다.

이와 함께 디지털 금고형 서비스도 등장했다. 2021년 설립된 디지털 키퍼(Digital Keeper)는 엔딩노트와 계정 정보를 암호화해 보관·공유할 수 있도록 지원하면서 종활의 영역을 넓혀가고 있다. 또한 AOS데이터는 디지털 유품 정비사를 통해 암호화폐 지갑, 클라우드 계정, 하드디스크 등 디지털 유산을 정리·승계하는 서비스를 제공한다. 디지털 유언장 작성, 계정 폐쇄, 자산 이전 절차를 구체적으로 안내하여 유족이 실무를 차근차근 진행할 수 있도록 돕는다.

이처럼 관계 정리는 이제 단순히 인간관계를 매듭짓는 차원을 넘어 아날로그와 디지털, 글과 영상의 다양한 방식으로 마지막 인사를 준비하도록 돕는다. 이는 남은 생을 평화롭게 마무리하고 사후에도 좋은 기억과 감정을 남기기 위한 적극적인 삶의 기획으로 자리 잡아가고 있다. 종활의 핵심 가치인 "남은 사람에게 부담을 남기지 않는다"는 철학이 이제 관계의 영역에서도 구체적으로 실현되고 있는 것이다.

기술로 확장되는 요양, 케어테크의 미래

초고령사회에서 돌봄은 더 이상 사람의 손과 마음만으로는 감당하기 어려운 단계에 이르렀다. 특히 80대 이후 본격적인 요양이 시작되면 24시간 케어와 전문 의료와의 연계, 인지 기능 관리까지 고강도의 지속적인 지원이 요구된다. 일본 역시 예외는 아니다. 후생노동성의 전망에 따르면 2040년까지 약 69만 명의 요양 인력이 추가로 필요하지만, 단순한 인력 보충만으로는 이 수요를 충족시키기는 어렵다.

이러한 배경에서 케어테크(CareTech)는 돌봄의 미래를 바꾸는 핵심 해법으로 부상했다. 기술은 돌봄의 효율성과 안전성을 높이는 동시에 이용자와 가족이 느끼는 정서적 만족감까지 향상시키는 방향으로 발전하고 있다.

후생노동성은 2021년 요양 보수 개정과 함께 LIFE(Long-term care Information system For Evidence) 시스템을 도입하며 데이터 기반 돌봄의 시대를 열었다. 요양 시설이 이용자의 상태와 서비스 내용을 입력하면 분석 결과가 피드백으로 제공되어 서비스 질을 개선하는 구조다. 2024년 10월부터 시스템이 안정적으로 가동되었고, 11월부터는 각 시설에 대한 피드백 제공이 본격화되었다. 다만 실제 활용률은 아직 초기 단계로 전체 요양시설의 일부만이 적극적으로 LIFE를 활용하고 있는 상황이다.

경제산업성은 2019년 7월 「로봇을 활용한 사회변혁추진계획」을 발표하며 요양 분야를 포함한 서비스 로봇 보급을 국가 전략으로 추진했다. 그러나 실제 현장 도입률은 제한적이다. 같은 해 조사에서 요양기관의 약 10~15%만이 로봇을 활용하고 있었으며, 이는 아직 초기 보급 단계임을 보여준다.

2021년 출범한 디지털청은 요양 분야의 디지털 전환(DX)을 총괄하고 있다. 의료기관과 요양시설 간 정보를 연계하는 전국 의료정보 플랫폼을 구축하고, 전자 진료차트의 표준화를 추진하는 것이 주요 과제다. 이는 현장의 업무 부담을 줄이는 동시에 개인 건강·요양 데이터를 통합해 맞춤형 케어를 가능하게 하는 기반을 마련한다.

이미 요양 현장에는 다양한 기술이 실험되고 있다. 보행을 돕는 로봇, 낙상 방지 센서, 인지 기능 강화를 위한 VR 훈련, 간병인의 신체적 부담을 줄여주는 로봇 슈트 등이 대표적이다. 일부 지자체는 초기 도입 비용을 보조하여 확산을 촉진하고 있으며 이를 통해 안전성과 효율성을 동시에 강화하고 있다.

한국도 빠르게 고령사회에 진입하면서 케어테크 활용을 모색하고 있다. 다만 일본과 달리 전국 단위의 데이터 기반 요양 관리 체계(LIFE에 해당하는 시스템)는 아직 부재하다. 현재는 보건소나 지자체가 중심이 되어 개별적인 시범사업을 운영 중이다.

대표적으로 보건복지부와 지자체는 AI·IoT 기반 어르신 건강관리 시범사업을 추진하고 있다. 2020년 11월 전국 24개 보건소에서 시작된 이 사업은 혈압계, 활동량계 등 스마트 기기를 활용해 고령자의 건강 데이터를 수집하고 이를 바탕으로 맞춤형 관리 서비스를 제공하는 방식이다. 2021년 3월 기준 약 11,691명의 어르신이 참여한 것으로 집계되었다.

그러나 디지털 격차는 여전히 과제다. 2021년 조사에 따르면 한국 고령자의 모바일 기기 사용률은 높은 편이지만, 웨어러블 기기나 건강 앱 활용률은 50% 미만으로 낮았다. 특히 65세 이상 고령자의 e-헬스 문해력이 부족해 디지털 기반 케어 확산의 걸림돌로 지적된다. 이에 정부는 고령층 대상 디지털 교육 확대, 맞춤형 플랫폼 개발, 공공기관과 병원의 연계 사업 강화를 병행하고 있다.

요양 인력 부족 문제는 일본만의 고민이 아니다. 유럽과 북미도 AI와 로봇을 활용한 돌봄 서비스를 적극적으로 도입하고 있다. 다만, 일본은 세계에서 가장 빠르게 초고령사회에 진입한 국가로서 후생노동성의 데이터 기반 돌봄, 경제산업성의 산업 전략, 디지털청의 효율화 정책을 유기적으로 결합해 국가 차원의 선도 모델을 만들어가고 있다. 이는 단순한 인력 보완을 넘어 돌봄의 패러다임 자체를 기술 중심으로 전환하려는 전략이라고도 볼 수 있다. 한국은 아직 시범사업과 부분적 도입 단계에 머물러 있지만 일본의 경험은 향후 제도와 기술 확산을 준비하는 과정에서 중요한 이정표가 될 수 있다.

건강 예측과 인지 회복 솔루션

초고령사회로 갈수록 의료의 중심축은 치료에서 예방으로 옮겨가고 있다. 병이 진행된 뒤에 고치는 것보다 위험 신호를 미리 감지해 대응하는 것이 훨씬 효과적이기 때문이다.

2017년 의사와 엔지니어가 함께 설립한 일본의 헬스케어 스타트업 Ubie는 이러한 변화를 잘 보여준다. 이 회사는 고령자가 스마트폰이나 태블릿에 간단한 증상을 입력하면 AI가 이를 분석해 어떤 질환과 관련 있을 가능성이 높은지 예측하고 즉시 적합한 진료과와 의료기관을 안내한다. "밤에 기침이 잦다", "걷다가 어지럽다"는 단순한 입력만으로도 숨겨진 질환의 신호를 포착할 수 있는 것이다. Ubie는 일본을 넘어 미국 시장에도 진출해 2022년 뉴욕에 법인을 설립하고 AI 증상 체크 서비스를 제공하고 있다. 현재 도쿄의 일부 재택케어 기업들은 이 시스템을 간호사 파견 서비스와 연계해 환자의 상태가 악화되기 전에 징후를 확인하고 간호사가 직접 대응할 수 있는 안전망을 마련하고 있다.

치매 대응 역시 예방 관리에서 빼놓을 수 없는 중요한 과제다. 일단 발병하면 근본적 치료가 어렵기 때문에 진행을 늦추거나 증상을 완화하는 방식으로 접근하는 것이 핵심이다. 최근에는 VR(가상현실)을 활용한 회상 요법이 주목을 받고 있다. 과거 살던 동네 풍경, 오래된 가족사진, 젊은 시절에 즐겨 들었던 음악 등을 VR 장치를 통해 다시 경험하게 하는 방식으로 익숙한 기억의 단편들이 시각과 청각을 자극해 인지 기능을 활성화하고 정서적 안정을 돕는다. 일본의 여러 복지시설에서는 이미 이 프로그램을 시범적으로 운영 중이며, 연구와 현장 보고에 따르면 참여한 치매 고령자들은 대화 빈도가 늘고 표정이 한층 밝아지며 불안과 우울 증상이 완화되는 긍정적 변화를 보이고 있다.

이처럼 AI와 VR은 고령자의 일상 속에서 안심과 자존감을 회복시키는 장치로 점차 자리잡아 가고 있다. 의료 현장에서의 조기 경보와 요양 현장에서의 기억 회복이 결합되면서 초고령사회의 돌봄은 점점 더 능동적이고 예방적인 단계로 나아가고 있는 것이다.

IoT와 음성 인터페이스 기반 돌봄

돌봄 현장의 일은 단순하고 반복적인 업무처럼 보이지만 실제로는 끊임없는 관찰과 확인의 연속이다. "밥은 드셨는지", "혹시 넘어지진 않았는지"와 같은 질문이 하루에도 수차례 이어진다. 그러나 이를 전적으로 인력에만 의존하기에는 한계가 있다. 이러한 부담을 줄이기 위해 일본의 요양시설에서는 IoT 센서의 도입이 빠르게 확산되고 있다.

현재 모니터링·통신 기기의 보급률은 약 30%에 달한다. 이는 단순히 사고 발생 후 대응하는 수준을 넘어 사전 예방 효과를 크게 높이는 역할을 하고 있다. 예를 들어, 센서는 고령자의 움직임이나 침대 상태를 실시간으로 감지해 낙상이나 침대 이탈을 즉시 알린다. 알림을 받은 간병인은 신속히 대응할 수 있고 현장에서는 야간 근무자의 긴장을 덜어주며 고령자에게는 안전하다는 심리적 안도감을 제공한다.

여기에 더해 AI 기반 음성 인식 기술은 고령자의 생활 자율성을 높여주는 새로운 도구로 주목받고 있다. 파나소닉은 2020년 자사의 IoT·AI 플랫폼 미라이에(MirAIe)를 기반으로, 스마트홈형 고령자 주택 프로젝트인 미라이 리빙(Mirai Living)을 실증적으로 선보였다. 이 시스템에서는 "밥이 필요해", "체온을 재줘", "누가 방문했는지 알려줘"와 같은 간단한 말만으로 식사 요청, 건강 체크, 방문자 확인을 연동해 관리할 수 있다. 아직은 실증 단계에 머물러 있지만, 입주자가 자신의 목소리로 생활을 조율하며 스스로 관리하는 감각을 회복할 수 있다는 점에서 의미가 크다.

이처럼 IoT와 음성 인터페이스는 더 이상 간병인의 손발을 대

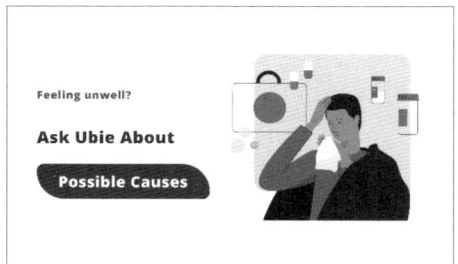
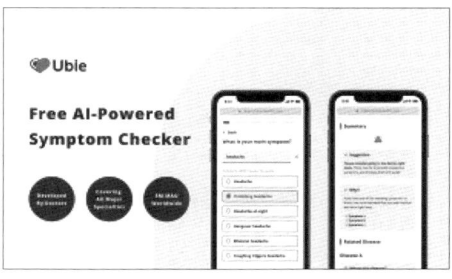

일본 헬스케어 스타트업 Ubie의 AI 증상 체크 서비스. 이 서비스는 사용자가 증상을 입력하면 AI가 질병을 예측하고 적절한 진료과와 의료기관을 안내해 준다.

자료: Ubie

신하는 기술이 아니다. 고령자가 일상에 능동적으로 참여할 수 있도록 돕는 생활 동반자로 진화하고 있다. 차갑고 기계적인 장치라기보다 오히려 사람의 손길을 보완하며 안전과 존엄을 동시에 지켜주는 기술로 자리매김해 가고 있는 것이다.

돌봄 기술의 민감한 도전

돌봄 현장에서 가장 어려우면서도 민감한 과제 중 하나는 바로 배설 보조다. 단순한 신체적 지원을 넘어서는 이 일은 간병인에게는 신체적으로 고되고 심리적 부담이 큰 업무이며, 고령자에게는 수치심과 불안을 동반하는 민감한 영역이기도 하다. 이러한 이유로 일본에서는 배설 지원을 보다 인간적이고 존엄을 지킬 수 있는 방식으로 바꾸려는 기술적 시도가 꾸준히 이어져 왔다. 그 가운데 가장 주목받는 성과가 바로 웨어러블 배설 예측 기기 DFree다.

DFree는 세계 최초의 웨어러블 배설 예측 장치로, 작은 초음파 센서를 복부에 부착하면 방광 상태를 실시간으로 감지해 배설 시점을 예측해 알려준다. 스마트폰이나 태블릿에 연결된 앱으로 알람이 울리면 고령자 본인과 간병인이 미리 대비할 수 있다. 요양시설에서는 불필요한 호출이 줄고 돌발 사고가 감소해 간병 인력의 부담이 크게 완화됐다. 동시에 고령자는 언제 도움을 요청해야 할지 몰라 느끼던 불안이 줄어들고, 스스로 존엄을 지킬 수 있는 환경이 마련되었다.

DFree의 가치는 단순히 사고를 막는 기능에 그치지 않는다. 사용자는 자신의 신체 상태를 능동적으로 파악하고 대응할 수 있게 되면서 자율성과 자존감을 회복한다. 이는 돌봄의 본질이 단순한 효율성에 있지 않고, 인간의 존엄과 감정을 지키는 데 있다는 사실을 잘 보여준다. 현장에서 "어르신들이 안심하는 표정을 짓게 된 것이 가장 큰 변화"라고 평가하는 이유도 여기에 있다.

DFree는 현재 일본을 넘어 미국의 재가 돌봄과 요양시설에서도 활용되며, 일상의 불편을 줄이고 돌봄의 품질을 높이는 도구로 자리 잡고 있다. 초고령사회의 도전을 먼저 마주한 일본의 기술이 국경을 넘어 사용되고 있다는 사실은 배설 예측이 더 이상 실험적 시도가 아니라 세계가 공유할 수 있는 보편적 케어 솔루션으로 발전하고 있음을 보여준다.

그동안 배설 보조는 돌봄의 최전선에서 가장 어렵고 기피되는 과제였다. 그러나 DFree는 이를 예측 가능한 돌봄으로 전환함으로

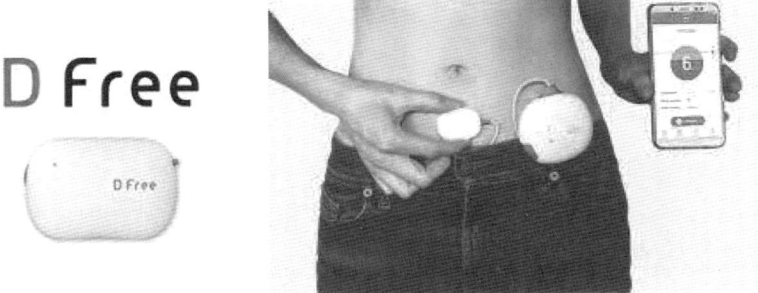

복부에 부착하는 웨어러블 배설 예측 기기 DFree는 초음파 센서로 방광의 상태를 감지하여 스마트폰 앱으로 알림을 보내, 배설 시점을 예측해 알려준다.

써, 고령자의 존엄을 지키고 간병인의 부담을 덜어주는 두 가지 과제를 동시에 해결하고 있다.

정서적 교감형 케어테크

돌봄의 미래는 이제 신체적 지원을 넘어 정서적 교감까지 아우르는 방향으로 확장되고 있다. 최근 일본에서는 기술이 단순한 보조 도구가 아니라 대화 상대이자 정서적 동반자로 자리 잡는 흐름이 뚜렷하다. 이는 기술을 돌봄의 공백을 메우는 수단으로 보는 데 그치지 않고, 새로운 관계를 만들어내는 도구로 인식하기 시작했음을 보여준다.

가장 잘 알려진 사례는 세계적으로도 유명한 로봇 애완동물 파로(Paro)다. 2004년 일본에서 상용화된 파로는 바다표범을 본떠 만든 로봇으로, 터치나 목소리에 반응해 고개를 끄덕이거나 소리를 내며 교감을 시도한다. 현재 일본 전역의 치매 요양시설에서 널리 활용되고 있으며, 불안 완화와 우울증 경감에 효과가 있다는 연구 결과도 다수 보고되었다. 단순한 오락용 장치를 넘어, 파로는 어르신들에게 정서적 안정과 사회적 유대감을 회복하게 하는 치유 도구로 자리 잡았다. 현재는 일본을 넘어 30개국 이상의 병원과 요양 시설에서 심리 치료와 재활 목적으로 활용되고 있다.

정서 돌봄 로봇의 영역은 점차 확장되고 있다. 최근에는 독거노인의 외로움을 덜기 위한 다양한 시도가 이어지고 있으며, 대표적인 사례로 인공지능 기반 로봇 Romi와 Bocco emo가 있다. 이들은 하루에도 여러 차례 사용자를 불러 대화를 시작하고, 날씨나 생활 정보를 전하며, 마치 가족이나 친구가 곁에 있는 듯한 따뜻한 관심을 건넨다. "누군가 나를 기억하고 있다"는 감각은 고령자에게 단순한 위안을 넘어 심리적 안정과 자존감을 지탱하는 핵심 요소로 작용한다.

이러한 흐름은 민간 기업을 넘어 지방자치단체 정책과도 결합되고 있다. 일부 지자체는 Romi나 Bocco emo 같은 정서 교감 로봇을 독거노인 가구에 시범 보급하고, 이를 지역 돌봄 네트워크와 연결하는 사업을 진행하고 있다. 이는 기술이 개인의 소비재를 넘어 공공 돌봄 인프라의 일부로 편입되고 있음을 보여준다. 정서적 케어는 이제 부차적인 지원이 아니라, 초고령사회의 삶의 질을 좌우하는 핵심 요소로 격상되고 있는 것이다.

일본의 케어테크는 신체 지원을 넘어 생활 자동화, 그리고 정서적 돌봄까지 다층적으로 확장되고 있다. 이는 단순한 효율화의

왼쪽부터 정서 돌봄 애니멀 로봇 파로(Paro), 인공지능 기반의 Bocco emo와 Romi

과정이 아니라, 인간의 존엄과 감정을 존중하는 새로운 돌봄 패러다임으로 진화하고 있음을 보여준다.

6장

초고령사회 일본에서 찾는 시니어 비즈니스의 길

100세 시대,
새로운 시장과 기회가 열린다

　한국에서 은퇴 후 창업을 떠올리면 흔히 떠오르는 장면이 있다. 퇴직금을 들고 치킨집이나 카페를 열며 제2의 인생을 시작하는 모습이다. 그러나 현실은 녹록지 않다. 개업은 쉽지만 오래 버티는 일은 어렵다. 자영업의 평균 폐업률은 여전히 80%에 육박하며, 특히 음식·숙박업은 개업 3년을 넘기기조차 힘들다. 치킨집만 해도 전국에 8만 개가 넘지만 매년 수천 곳이 새로 생기고 또 비슷한 수가 문을 닫는 이른바 제로섬 게임이 반복된다. 결국 은퇴 자금이라는 소중한 자원이 빠르게 소진되며, 창업이 노후 안정을 보장하기보다 오히려 또 다른 불안을 낳는 경우가 많다.

　그렇다면 다른 길은 없을까?

　일본은 한국보다 먼저 초고령사회의 파도를 맞으며 이 질문과 정면으로 마주했다. 2000년대 들어 급격히 고령화가 진행되자, 일본 사회는 은퇴 창업의 새로운 방향을 고민할 수밖에 없었다. 그때 주목받은 것이 바로 '시니어 비즈니스'였다. 고령층을 단순히 돌봄이 필요한 존재가 아니라, 일정한 자산과 소비 여력을 가진 적극적인 고객으로 다시 정의한 것이다. 위기처럼 보였던 고령화를 새로운 수요가 열리는 기회로 전환한 발상이었다.

실제로 의료, 돌봄, 자산 관리, 종활, 프레일 예방 같은 분야는 고령화가 심화될수록 수요가 커진다. 일본에서는 개인 창업자와 기업이 이러한 흐름을 빠르게 읽어내 돌봄 서비스, 생활 지원, 건강 관리, 엔딩 플래닝 등 다양한 시장을 만들어냈다. 처음에는 복지 차원에서 출발했지만, 시간이 흐르며 안정적인 소비 기반을 갖춘 성장 산업으로 자리 잡게 되었다.

앞에서 우리는 초고령사회가 불러오는 건강, 경제, 고독이라는 세 가지 불안을 살펴보고, 일본이 제도와 서비스로 어떻게 대응했는지를 확인했다. 이제는 그다음 단계로, 문제 해결 과정에서 태어난 새로운 수요가 어떻게 시장으로 확장되었는지, 그리고 그것이 한국의 오늘과 내일에 어떤 의미를 가지는지 살펴볼 필요가 있다.

일본의 지난 25년은 분명한 메시지를 던진다. 불안을 덜어주기 위해 시작된 서비스가 하나의 산업으로 성장할 수 있다는 것, 그리고 고령화라는 거대한 구조적 변화가 계속되는 한, 이 산업은 안정적으로 이어질 수 있다는 것이다.

마지막 장에서는 일본의 경험을 다시 짚으며, 이제 막 초고령사회에 들어선 한국에서 은퇴 이후 우리가 어떤 길을 선택할 수 있을지 함께 고민해보고자 한다. 치킨집이나 카페처럼 모두가 몰려드는 익숙한 길 말고도, 고령화라는 변화가 열어주는 새로운 시장은 분명히 존재한다. 그 기회 속에서 자신에게 맞는 길을 찾아내는 일, 그것은 결국 누구도 대신해줄 수 없는 각자의 선택이다.

그렇다면 당신은 어떤 길을 선택할 것인가?

시니어 비즈니스, 왜 지금 주목해야 하는가

한국의 자영업 환경은 오래전부터 구조적인 불안정성을 안고 있었다. 전체 취업자의 약 20~23%가 자영업자로 이는 OECD 평균(약 15%)을 크게 웃도는 수준이다. 특히 음식·숙박업에 경쟁이 집중되면서 폐업률은 자연스럽게 높아졌고, 은퇴 자금을 쏟아 부은 뒤 결국 가게 문을 닫는 일이 반복되고 있다.

하지만 시선을 달리하면 새로운 가능성이 보인다. 고령화를 단순히 부담으로만 바라보지 않고, 새로운 수요의 변화로 이해하면 전혀 다른 시장이 열린다. 돌봄, 건강관리, 생활 지원, 자산 운용, 엔딩플래닝(종활), 프레일 예방 같은 분야는 시간이 흐를수록 줄어들지 않는 수요다. 나이가 들어서도 인간다운 삶을 지키고 싶다는 욕구는 점점 커지고 있으며, 이 욕구는 곧 시장의 성장으로 이어진다. 사회적 필요가 경제적 기회로 바뀌는 순간이 바로 여기에서 발생한다.

실제로 일본은 이를 잘 보여준다. 일본의 장기요양 시장은 2023년 기준 약 11조 엔 규모로 성장했으며, 2030년에는 15조 엔에 이를 것으로 전망된다. 더 넓게 보면, 시니어 산업 전체 시장은 이미 100조 엔(약 1,000조 원)에 달한다는 평가가 나온다. 의료와 돌봄뿐 아니라, 소비 여력이 있는 시니어 계층을 대상으로 한 방대한 시장이 열려 있음을 보여주는 수치다.

돌봄 서비스, 방문 케어, 프레일 예방 프로그램, 종활 서비스 등은 일본에서 처음에는 복지 차원에서 출발했지만, 시간이 흐르며 산업의 한 축으로 자리 잡았다. 고령화를 사회 문제로만 묶어두지 않고, 민간 부문과 창업자가 기회를 만들어낸 것이다.

이제 한국도 같은 갈림길에 서 있다.

"은퇴 이후, 생계를 위해 익숙한 자영업을 반복할 것인가? 아니면 고령화가 만들어내는 변화 속에서 새로운 창업 전략을 찾을 것인가?"

여기서 중요한 점은 단순히 새로운 업종에 도전하는 것이 아니다. 고령화라는 거대한 구조 변화를 어떻게 읽고, 어떤 관점에서 시장을 바라볼 것인가 하는 문제다. 일본의 경험은 고령화를 사회적 비용으로만 본다면 불안만 늘어나지만, 수요의 변화를 시장으로 읽으면 기회가 된다는 사실을 보여준다. 결국 노후의 삶을 안정시키면서 동시에 의미 있는 수익을 창출할 수 있는 길은 시니어 비즈니스를 어떻게 설계하고 실행하느냐에 달려 있다.

시니어를 이해하는 네 가지 렌즈로 고객을 다시 정의하다

시니어 비즈니스의 출발점은 단순하다. 바로 고객을 제대로 바라보는 일이다. 그러나 여기서 말하는 고객은 흔히 떠올리는 획일적인 노인 집단이 아니다. 여전히 많은 이들이 시니어를 돌봄이 필요한 존재나 소비력이 약화된 세대로만 규정하는 고정관념에 갇혀 있다.

이러한 인식의 한계를 잘 보여주는 사례가 2000년대 초반 일본에서 나타났다. 당시 고령자를 주요 독자로 한 잡지가 잇따라 창간되었지만, 대부분은 실제 시니어의 삶과 욕구를 충분히 반영하지 못해 오래 버티지 못했다. 반면, 하루메쿠(Halmek, ハルメク)는 달랐다. 50대 이후 여성을 핵심 독자로 삼아 현실적이고 구체적인 콘텐츠를 제공했고, 그 결과 강한 공감을 얻어냈다. 평균 독자 연령은 68세에 달했지만, 2020년 기준 월간 판매 부수는 약 37만 부에 이를 정도였다. 단순한 정보 전달을 넘어 독자와 직접 소통하며 생활과 가치관에 방향성을 제안하는 매체로 자리 잡은 것이다.

이 경험은 중요한 교훈을 준다. 시장을 제대로 읽어내지 못하면 시니어 산업은 곧바로 저성장·복지성 산업으로만 인식되기 쉽다. 그러나 일본의 사례는 그 반대 가능성을 보여준다. 일본은 시니어를 단일한 집단으로 보지 않고, 삶의 단계, 건강 상태, 경제력, 심리적 욕구라는 네 가지 렌즈를 통해 세분화하여 바라보았다. 이러한 시각의 전환이 시니어 비즈니스를 새로운 성장 시장으로 이끌어 낸 출발점이었다.

첫 번째 렌즈 【연령 구분】
60대, 70대, 80대 이후는 완전히 다르다

흔히 은퇴 이후의 시니어를 하나의 덩어리로 묶어 바라보기 쉽다. 그러나 실제 시장을 자세히 들여다보면, 연령대별 소비 행태와 필요는 놀라울 만큼 다르다. 이 차이를 놓치면 시장은 단조롭게 보이지만 연령의 층위를 세밀하게 읽어내면 각 단계마다 전혀 다른 기회와 가능성이 드러난다.

60대 – 활력과 자기만족의 소비

60대는 여전히 신체적·정신적 에너지가 왕성한 시기다. 직장 은퇴와 함께 갑자기 늘어난 시간을 어떻게 보낼지가 핵심 관심사로 떠오른다. 이들에게 소비는 단순히 생활 유지가 아니라, 그동안 미뤄왔던 자기만족과 성취감을 채우는 활동에 집중된다.

가장 눈에 띄는 분야는 여행과 레저다. 일본 대형 여행사들은 은퇴 후 시간적 여유를 가진 이들을 겨냥해 평일 장기 여행 상품이나 문화 체험형 투어를 잇따라 내놓았다. 주말이나 성수기 대신 평일에 수 주 단위로 떠나는 크루즈, 온천 체류형 패키지, 전통 공예나 요리를 배우는 체험형 프로그램은 60대 고객층에서 꾸준한 인기를 얻었다. 단순한 관광이 아니라 여유와 학습, 경험을 결합한 여행이 소비의 중심으로 자리 잡은 것이다.

또한 평생학습도 중요한 축이다. NHK 문화센터와 같은 일본의 공공·민간 학습기관에서는 60대 수강생이 가장 큰 비중을 차지한다. 어학, 미술, 음악, IT 활용 교육 등 다양하게 개설된 강좌는 단순한 취미를 넘어 새로운 인생 2막의 자산으로 받아들여졌다.

여기에 재취업·창업에 대한 관심도 높다. 일부는 전문성을 살려 파트타임으로 일하거나 지역 활동에 참여하고, 또 일부는 소규모 창업을 시도한다. 이는 소득 확보 목적을 넘어, 사회적 관계와 성취감을 이어가기 위한 선택이기도 하다.

이처럼 60대는 일본에서 흔히 액티브 시니어(Active Senior)라 불리며, 고령 소비 시장의 첫 번째 핵심 축을 이룬다. 이들의 소비는 돌봄이나 필수 지출이 아닌, 자기 자신을 위한 투자와 즐거움에서 출발한다는 점에서 의미가 크다.

70대 – 예방과 안전을 중시하는 소비

60대가 활력과 자기만족을 중심으로 인생 2막을 즐긴다면, 70대에 들어서는 무게중심이 조금 달라진다. 활동성이 점차 줄어드는 대신, 예방과 안전을 중시하는 소비가 두드러지기 시작한다. 건강을 잃지 않고 가능한 한 오래 독립적인 생활을 이어가려는 욕구가 강하게 나타난다.

이 시기의 소비는 무엇보다 건강 관리와 생활 안전망에 초점이 맞춰진다. 정기적인 건강검진, 헬스케어 기기, 안전한 주거 환경을 위한 서비스가 대표적이다. 일본의 가전업체들은 이러한 변화를 놓치지 않았다. 예를 들어, 70대 고객을 겨냥해 낙상 감지 센서나 자동 조명 시스템을 탑재한 주거 리모델링 상품을 선보였다. 밤중 화장실 이동이나 계단 이용 시 작은 사고가 큰 부상으로 이어질 수 있다는 점에 착안한 것이다.

또한 웨어러블 기기를 통한 건강 관리가 보편화되면서 혈압·맥박·걸음 수를 실시간으로 확인하고, 의료기관과 데이터를 공유하는 서비스가 확산되었다. 병에 걸리지 않도록 건강할 때 미리 대비하는 생활 습관이 70대의 특징으로 자리 잡은 것이다.

여기에 스마트홈 서비스도 중요한 역할을 한다. 원격으로 가스·전기 사용을 관리하거나, 이상 징후가 감지되면 가족에게 알림을 주는 시스템은 '안심'을 핵심 가치로 삼는 70대의 소비 성향에 정확히 부합한다. 이런 기술적 장치들은 단순한 편리함을 넘어, 나 혼자여도 안전하다는 심리적 안정감을 제공한다.

70대의 시장은 치료가 아니라 '예방과 안심'이라는 키워드로 요약된다. 이는 단순한 소비가 아니라, 삶의 질을 지키기 위한 투자로서 받아들여지며 시니어 비즈니스가 한층 더 건강과 생활 관리 영역으로 확장되는 계기가 된다.

80대 이후 – 돌봄과 존엄을 둘러싼 소비

80대를 넘어서면 삶의 무게는 또 한 번 달라진다. 이 시기는 신체적 기능이 급격히 저하되면서 돌봄과 생활 지원이 절대적으로 필요한 단계에 들어선다. 일본 사회에서는 이를 두고 "조리 정년(調理定年)"이라는 표현을 쓸 정도다. 스스로 식사를 준비하는 것이 어려워지는 순간, 일상은 전혀 다른 풍경으로 바뀐다.

이러한 변화를 민감하게 포착한 것이 바로 편의점 업계다. 일본의 주요 편의점 체인들은 소량·저염·고단백 등 건강 지향형 도시락과 반조리 제품을 강화했고, 여기에 정기 배송 서비스까지 결합했다. 단순히 음식을 파는 것이 아니라, 고령자의 생활을 지속적으로 지원하는 인프라로 진화한 것이다. 예컨대 세븐일레븐은 고령 고객을 위해 전용 배송 시스템을 갖추고, 물건을 전달하는 과정에서 매장 직원이 직접 안부를 확인하는 서비스를 운영하고 있다. 이는 단순한 물류가 아니라, 지역사회 돌봄망으로서 편의점이 기능하고 있음을 보여주는 사례다.

여기에 더해, 방문 간호 서비스와 치매 케어, 그리고 일상 속에서 대화 상대가 되어주는 정서적 돌봄 서비스가 새로운 시장으로 부상하고 있다. 식사와 위생, 이동을 돕는 물리적 지원에서 외로움과 불안을 덜어주는 정서 지원까지 서비스 스펙트럼이 확장되고 있는 것이다. 이는 돌봄이 단순히 생존을 위한 지원이 아니라, 존엄을 지키며 살아가는 방법으로 자리매김하고 있다는 점을 잘 보여준다.

결론적으로 60대와 80대는 같은 "노인"이라는 단어로 묶기에는 삶의 모습과 소비의 양상이 전혀 다르다. 60대가 자기만족과 활력을 중심으로 새로운 가능성을 탐색하는 시기라면, 80대는 생활 전반에서 타인의 도움을 전제로 한 안정과 존엄이 핵심 과제가 된다. 일본이 시니어 비즈니스를 단순한 복지성 서비스가 아닌 성장 산업으로 전환할 수 있었던 이유도 여기에 있다. 고령층을 돌봄이 필요한 집단으로 뭉뚱그려 보지 않고, 연령대별로 세분화해 욕구와 상황에 맞춘 상품과 서비스를 기획했기 때문이다.

나이를 잘게 쪼개어 바라본 순간, 기존에 보이지 않던 시장이 선명히 드러났다. 그리고 그 시장은 단순한 소비층을 넘어 기업과 사회 모두에 새로운 기회의 지형을 만들어냈다.

두 번째 렌즈【건강 상태】
프레일과의 싸움

"나이는 숫자에 불과하다." 이 말은 시니어 시장을 이해할 때 매우 현실적인 출발점이 된다. 같은 70대라 해도 어떤 이는 알프스를 오르며 해외여행을 즐기지만, 어떤 이는 집 앞 계단을 오르는 것조차 버겁다. 결국 시니어의 삶을 구분 짓는 핵심 기준은 단순한 연령이 아니라 건강 상태다.

일본에서는 이러한 차이를 설명하는 개념으로 '프레일(フレイル, Frailty, 쇠약)'이라는 용어가 자리 잡았다. 프레일은 건강과 요양의 중간 단계로, 큰 병이 있는 것은 아니지만 근력이 떨어지고 체중

이 줄며 인지 기능과 사회적 관계가 약화되어 일상 능력이 뚜렷하게 저하되는 시기를 말한다. 문제는 이 단계가 방치되면 곧바로 돌봄·요양 단계로 급격히 이행할 수 있다는 점이다. 반대로 이 시점에서 적절한 개입이 이루어진다면 의료·돌봄 비용의 증가를 늦추고, 고령자의 삶의 질을 크게 높일 수 있다.

프레일 예방이 만든 새로운 시장

프레일은 단순히 한두 가지 서비스로 막을 수 있는 문제가 아니다. 운동, 영양, 사회적 교류, 주거 환경이 서로 맞물려 균형을 이뤄야만 효과가 나타난다. 그런데 바로 이 복합성이 일본에서는 새로운 시장의 기회가 되었다.

피트니스 업계는 고령자만을 위한 프로그램을 내놓았다. 무거운 아령 대신, 의자에서 쉽게 일어서거나 계단을 안정적으로 오를 수 있도록 돕는 근력 운동과 균형 훈련이 중심이다. 한 참가자는 "이 운동 덕분에 손주와 계속 산책할 수 있다"고 말하며 프로그램을 일상의 일부로 받아들이기 시작했다. 운동은 단순한 체력 관리에 그치지 않고, 노년의 삶에 활력을 불어넣는 원동력이 되었다.

식품 업계도 발 빠르게 움직였다. 나이가 들면 식사량이 줄고, 특히 혼자 사는 경우 식사 준비가 큰 부담이 된다. 이에 기업들은 단백질 보충식, 저염·저당 도시락, 소용량 패키지 식품을 잇달아 출시했다. 겉으로는 평범한 간편식 같지만, 실제로는 근육과 체력을 유지할 수 있도록 설계된 영양식이다. 혼자 살아도 영양 불균형 걱정이 없다는 점이 큰 호응을 얻으며 시장은 빠르게 커졌다.

지역 커뮤니티 역시 고령자들이 집 안에만 머물지 않도록 다양한 활동을 준비했다. 바둑, 수예, 합창 같은 모임은 단순한 취미를 넘어 사회적 고립을 줄이고 우울증을 예방하는 역할을 한다. 한 70대 참가자는 "집에서는 혼자 대충 끼니를 때우지만 모임에 나오면 밥도 맛있고 대화도 즐겁다"고 말한다. 이런 교류의 장이야말로 건강을 지켜주는 사회적 백신이라 할 수 있다.

주거 리모델링 업계도 빠르게 대응했다. 욕실에 안전 손잡이를 설치하고, 미끄럼 방지 바닥재를 깔고, 자동 센서 조명을 도입했다. 작은 공사 같아 보이지만 실제로는 넘어짐과 부상 위험을 줄이고 독립적인 생활을 오래 유지할 수 있게 해준다. 단순한 집수리가 아니라 프레일을 늦추는 생활 기반을 제공하는 셈이다.

이렇듯 프레일은 더 이상 학문적 개념에 머물지 않는다. 일본에서는 이미 사회 전반의 정책과 산업 속에 스며들어 구체적인 행동 지침으로 자리 잡았다. 2014년 일본노년의학회가 처음으로 프레일을 공식 용어로 채택했을 당시만 해도 전문가들 사이에서만 쓰이던 개념이었다. 그러나 2018년 후생노동성이 건강수명 연장 계획을 발표하면서 상황이 달라졌다. "단순히 오래 사는 것이 아니라, 마지막 순간까지 건강하게 살아간다"는 목표 아래 영양·운동·사회 참여라는 세 가지 축이 강조되었고, 이후 2020년부터는 전국에서 프레일 체크 사업이 본격적으로 운영되었다. 주민센터와 보건소에서 체중 변화, 보행 속도, 생활 만족도를 살펴 조기 경고 신호를 발견하고, 곧바로 운동 교실이나 영양 상담, 커뮤니티 활동으로 연결해 주는 구조가 마련된 것이다.

결국 일본 사회는 의료 서비스만으로는 고령화의 거대한 파고를 막을 수 없다는 사실을 인정하게 되었다. 대신 기업, 지역사회, 정부가 함께 손을 맞잡고 프레일 예방을 공동 과제로 삼았다. 그 과정에서 프레일은 단순한 의학 용어를 넘어, 고령화 시대를 이해하는 새로운 틀로 자리 잡았고 동시에 산업의 출발점으로 확장되었다.

시니어를 건강 상태별로 바라보면 시장의 풍경은 달라진다. 치료와 요양이라는 전통적 영역을 넘어, 그 이전 단계인 예방·생활 개선·관계 맺기라는 새로운 수요가 활짝 열리기 때문이다. 일본의 경험은 프레일 관리가 단순한 복지 지원을 넘어, 지속적으로 성장할 수 있는 산업의 토대가 될 수 있음을 잘 보여준다. 바로 이 지점에서 시니어 비즈니스의 다음 성장 기회가 시작된다.

세 번째 렌즈 【경제력】
연금 생활자와 자산 보유자 차이

시니어 소비를 이해할 때 가장 중요한 기준은 단순한 나이가 아니다. 실제로는 경제적 여력이 생활방식과 소비 세계를 갈라놓는 핵심 축이 된다. 같은 70대라 해도 연금에만 의존해 빠듯하게 살아가는 사람과 금융·부동산 자산을 보유한 사람의 일상은 전혀 다른 풍경을 보여준다. 일본의 시니어 시장은 바로 이 지점에서 뚜렷하게 나뉘었다.

도쿄나 오사카의 거리를 걷다 보면, 두 가지 상반된 장면이 눈에 들어온다. 한쪽에서는 월평균 10만~15만 엔의 연금에 의지해 살아가는 고령자들이 저녁 무렵 슈퍼마켓에 들러 할인 스티커가 붙은 도시락을 고른다. 집에는 세탁기를 두지 못해 동네 코인 세탁소에서 빨래를 기다리며 벤치에 앉아 시간을 보내는 모습도 흔하다. 교통비를 아끼기 위해 버스나 전철의 할인 패스를 활용하고, 지자체가 운영하는 교통 보조 제도를 통해 저렴하게 이동한다. 건강이 허락하는 이들은 여전히 바구니 달린 자전거를 타고 장을 보러 다니며, 생활 속 어려움은 동네 보건소나 커뮤니티 케어 센터에서 제공하는 무료 상담으로 풀어낸다. 절약과 안정이 최우선 가치가 되면서 소비의 방향은 자연스럽게 가성비와 생활 안전으로 수렴한다.

반면, 일정한 예금이나 부동산, 증권 자산을 보유한 시니어의 삶은 사뭇 다르다. 이들은 절약보다 삶의 질 향상에 초점을 맞춘다. 장기 체류형 온천 여행이나 크루즈 투어, 맞춤형 해외여행을 즐기고, 고급형 시니어 레지던스에 입주해 피트니스와 문화 강좌를 누린다. 금융기관은 이들을 위해 상속 대비 신탁, 월지급형 펀드, 투자형 보험 같은 상품을 잇달아 내놓으며 장수 리스크와 자산 승계 수요를 동시에 충족시켰다. 여기에 영양사 맞춤형 식단, 퍼스널 트레이닝, 예술·문화 강좌 등 프리미엄 소비가 더해지며 이들의 삶은 풍요와 자기만족이라는 키워드로 요약된다.

일본의 기업과 금융기관은 시니어를 단순히 나이 많은 집단으로 묶지 않았다. 연금 생활자에게는 생활밀착형 서비스와 소액 금융을, 자산 보유자에게는 프리미엄 금융·주거·여가 솔루션을 제공했다. 그 결과 시니어는 소비를 줄이는 존재가 아니라, 오히려 확실한 시장이자 수익원으로 새롭게 정의되었다.

그렇다면 한국은 어떨까. 한국의 현실은 일본보다 더 극단적이다. OECD 통계에 따르면 한국의 노인빈곤율은 약 40%로 세계에서 가장 높은 수준이다. 국민연금의 월평균 수령액은 60만 원대에 불과하며, 통계청이 발표한 고령자 가구의 월평균 소비지출(약 260만 원)과는 큰 격차를 보인다. 이 때문에 상당수 고령자들은 연금만으로는 생활을 유지하기 어려워 자녀 지원이나 노후 재취업에 의존할 수밖에 없다.

이런 구조 속에서 한국의 시니어 시장은 양극화를 보이되, 무게 중심은 일본보다 훨씬 더 생활 유지형 수요에 치우쳐 있다. 저렴한 도시락 배달, 생활 편의 서비스, 공공형 의료·돌봄 네트워크의 역할은 절대적이다. 그러나 동시에, 부동산 보유율이 높고 퇴직연금 제도가 확산되는 한국의 특성상, 일정 자산을 활용해 여행·금융·문화 활동에 프리미엄 소비를 하는 시니어 집단도 점차 늘어날 가능성이 크다.

여기서 우리가 얻을 수 있는 교훈은 분명하다. 시니어 시장을 하나의 단일 집단으로 바라보는 순간, 그 속에 존재하는 다양한 욕구와 차이를 놓치게 된다. 따라서 앞으로 시니어 시장을 설계할 때는 경제력 수준에 따라 수요를 세분화하고, 생활 안정형 서비스와 프리미엄 서비스를 각각 정교하게 설계해야 한다.

네 번째 렌즈 【심리와 관계】
고독, 종활, 그리고 삶의 마무리

시니어를 이해하는 마지막 렌즈는 심리적 욕구와 관계 자산이다. 일본에서 종활 산업이 빠르게 성장한 이유는 단순히 죽음을 준비하기 위해서가 아니었다. 남은 시간을 스스로 정리하며 존엄을 지키고 싶은 마음, 그리고 타인과의 관계 속에서 불안하지 않게 마지막을 맞이하고 싶은 욕구가 결합된 결과였다.

실제로 일본 내 조사에 따르면 80대 이상 독거 고령자들 가운데 상당수는 "돌봄 서비스보다도 대화할 상대가 더 필요하다"고 답했다. 식사와 위생 같은 기본적인 돌봄이 충족되더라도, 하루에 몇 마디 나누는 대화가 삶의 만족도를 좌우한다는 것이다. 이처럼 정서적 결핍은 돌봄 서비스만으로는 메워지지 않는 영역이었다.

이러한 목소리에 응답하기 위해 도쿄를 비롯한 여러 지자체는 대화 동반 서비스를 시작했다. 자원봉사자나 훈련된 경청자가 주 1회 가정을 방문해 말벗이 되어주는 프로그램이다. 중요한 점은 단순히 시간을 함께 보내는 것이 아니라, 짧은 대화 속에서 시니어가 여전히 사회와 연결되어 있다는 감각을 되살려 준다는 것이다. 예컨대 도쿄 다마 지역의 단보 모임(ダンボの会)에서는 두 명의 자원봉사자가 짝을 이뤄 정기적으로 고령자의 집을 찾아가 1시간 남짓 이야기를 나눈다. 또 에도가와구에서는 후레아이 방문 프로그램을 운영해 가정을 방문하는 것과 더불어 정기적인 안부 전화를 통해 관계를 이어간다. 이런 서비스는 단순한 말벗을 넘어 고령자에게

정서적 안정과 자존감을 회복시키는 장치로 기능한다.

종활 산업도 같은 맥락에서 확장되었다. 장례식 준비나 유언장 작성에 머물지 않고, 삶의 마지막 국면을 스스로 기획하는 적극적 활동으로 자리 잡은 것이다. 디지털 유품 관리 서비스는 온라인 계정이나 사진·데이터를 미리 정리할 수 있도록 돕고, 라이프노트 작성 서비스는 자녀에게 전하고 싶은 말이나 가치관을 남길 수 있도록 했다. 장례 역시 전통적 형식에서 벗어나 음악회나 소규모 모임으로 자신다운 방식으로 마무리하려는 수요가 늘면서 전문 기획사가 등장하기도 했다.

이 모든 흐름의 밑바탕에는 관계 자산(Social Capital)이라는 개념이 있다. 단순히 아는 사람이 많다는 뜻이 아니라, 노년기에 나를 지탱해 줄 신뢰 가능한 관계망을 관리하고 확장하는 힘을 말한다. 고독과 종활은 결국 이 관계 자산과 맞닿아 있으며, 실제로는 커뮤니티 카페나 공유형 시니어 주거 같은 형태로 구체화되고 있다. 커뮤니티 카페에서는 자연스럽게 모여 차를 마시며 대화를 나누고, 셰어하우스형 레지던스에서는 함께 식사와 생활을 공유하며 고독감을 해소한다.

시니어 시장은 단순히 식사와 돌봄, 의료 같은 육체적 필요에만 머물지 않는다. 심리적 안정, 관계의 회복, 존엄의 유지까지 아우르는 다층적이고 복합적인 시장으로 확장되고 있는 것이다. 일본이 시니어 비즈니스를 새로운 성장 시장으로 발전시킬 수 있었던 이유는 바로 여기에 있다. 노인을 단순히 돌봄의 대상으로 보던 낡은 인식을 버리고, 다양한 욕구를 가진 소비자로 새롭게 바라본

시니어를 이해하는 네 가지 렌즈

	체크포인트
1	【연령 구분】 60대, 70대, 80대 이후는 완전히 다르다
2	【건강 상태】 프레일과의 싸움
3	【경제력】 연금 생활자와 자산 보유자 차이
4	【심리와 관계】 고독, 종활, 그리고 삶의 마무리

순간 시장의 지도가 달라진 것이다.

한국 역시 마찬가지다. 초고령사회로 향해 가는 지금, 시니어 비즈니스를 새롭게 열어가려는 이들이라면 나이·건강·경제력·심리라는 네 가지 렌즈를 동시에 들이대야 한다. 그래야만 치킨집과 카페라는 익숙한 경쟁 구도를 넘어, 지속 가능하고 성장 잠재력이 큰 새로운 시장을 제대로 볼 수 있을 것이다.

일본 시니어 비즈니스 25년의 발자취

지난 25년간 일본의 시니어 비즈니스가 걸어온 길을 되돌아보면 몇 가지 뚜렷한 변화의 흐름을 확인할 수 있다.

무엇보다 중요한 출발점은 제도가 길을 열고 민간이 뒤따른 과정이다.

2000년 개호보험(노인장기요양보험) 제도의 도입은 돌봄을 가족의 몫에서 사회 전체가 분담하는 구조로 바꾸어 놓았다. 이 제도가 등장하자 요양시설과 방문 간호, 데이서비스 같은 돌봄 인프라가 전국적으로 확산되었고, 이를 기반으로 민간 기업의 참여도 급격히 늘어났다. 돌봄은 더 이상 집안에서만 해결할 문제가 아니었고 하나의 산업으로 자리 잡기 시작한 것이다.

그다음 변화는 돌봄에서 소비, 소비에서 자산·생활 전반으로의 확장이었다. 처음에는 돌봄이 중심이었지만, 2000년대 중반부터 단카이 세대가 은퇴 연령에 들어서면서 새로운 소비 집단이 시장에 등장했다. 이른바 액티브 시니어라 불린 이들은 여행과 레저,

건강관리, 문화 활동에 적극적으로 지갑을 열었다. 그 결과 시니어 시장은 복지 서비스에서 출발해 점차 금융, 주거, 디지털, 종활까지 아우르는 종합 산업 생태계로 진화했다.

이 과정에서 안정적인 성장 동력도 확보되었다. 요양 시장만 보더라도 연간 수십조 엔 규모를 꾸준히 유지하며 일본 경제의 한 축을 담당해왔다. 이는 단기적 유행이 아니라 장기적으로 지속 가능한 산업으로 자리 잡았음을 보여준다.

무엇보다 의미 있는 변화는 시니어의 위상이 '부담'에서 '주체'로 전환된 것이다. 과거에는 고령자를 돌봄이 필요한 수혜자 혹은 사회적 부담으로 여겼다면, 지금의 일본은 그들을 적극적인 소비자이자 자산 관리의 주체, 지역 사회와 경제를 움직이는 독립적 행위자로 인식하고 있다.

이러한 25년의 궤적은 한국에도 분명한 메시지를 전해준다. 초고령사회로 빠르게 진입하고 있는 지금, 일본이 겪어온 제도적 변화와 시장의 진화는 더 이상 남의 이야기가 아니다. 그것은 곧 우리가 무엇을 준비해야 하는지를 보여주는 소중한 선행 학습의 기회다.

2000년대 초반 - 돌봄 산업의 출발

2000년 4월, 일본은 전 국민을 대상으로 하는 개호보험 제도를 도입했다. 이는 가족 안에서만 감당하던 돌봄 부담을 사회 전체가 비용과 책임을 나누어 맡는 구조로 전환한 역사적인 변화였다. 제도 시행과 함께 전국 곳곳에 방문간호·방문요양 서비스와 데이서비스 센터가 빠르게 확산되었고, 지방자치단체와 민간 사업자가 함께 돌봄 인프라를 구축해 나갔다.

돌봄은 더 이상 집 안에서만 해결해야 하는 개인의 부담이 아니었다. 개호보험의 도입을 계기로 사회 기반 돌봄이라는 새로운 산업 생태계가 자리 잡기 시작한 것이다. 그 결과 고령자 가족들의 짐은 눈에 띄게 줄었고, 돌봄 서비스는 안정적인 수요가 뒷받침되는 확실한 사업 영역으로 자리매김했다. 초창기에는 민간 기업들이 시장 진입에 다소 신중했으나, 공공 재정이 뒷받침되는 제도적 구조 덕분에 시장은 점차 안착할 수 있었다. 이 시기가 바로 일본에서 돌봄 산업이 본격적으로 제도화되고 산업으로 성장하기 시작한 첫 번째 물결이었다.

2000년대 중반~2010년 – 액티브 시니어의 부상

2007년을 기점으로 일본 사회는 또 한 번의 전환기를 맞았다. 전후 일본을 이끈 단카이 세대(1947~49년생)가 은퇴 연령대에 접어들면서 새로운 소비 집단인 '액티브 시니어'가 전면에 등장한 것이다.

이들은 전쟁 이후의 고도성장을 함께 경험하며 자산을 축적한 세대였다. 은퇴 후에도 여가·여행·문화·스포츠·자기계발 등 적극적인 소비 활동을 이어갔다. 다시 말해, 돌봄의 대상이 아니라 새로운 시장을 움직이는 소비자로 재조명된 것이다.

실제 통계도 이를 잘 보여준다. 일본 관광청과 민간 조사에 따르면, 2023년 기준 일본 시니어의 국내외 여행 지출 규모는 약 5.5

조 엔(한화 약 52조 원)에 달했다. 이 거대한 소비는 단순한 여가비용을 넘어 숙박·항공·외식·소매업 등 다양한 분야로 퍼져나가며 일본 경제 전반에 활력을 불어넣었다.

기업들의 대응도 빨라졌다. 대형 유통업체들은 시니어 전용 여행 상품과 건강식품, 스포츠센터, 문화센터를 내놓았고, 자동차 업계는 안전 보조 기능을 강화한 차량을 출시했다. 주택 업계는 단차 없는 구조나 안전 손잡이 설치 같은 시니어 친화형 리모델링을 적극적으로 홍보했다. "안전하고 편리하게 오래 산다"라는 메시지가 상품 전반에 반영되었던 시기였다.

결국 돌봄 중심에서 출발했던 일본의 시니어 비즈니스는 이 시기를 거치며 새로운 전환점을 맞이했다. 고령자들은 더 이상 단순히 보호와 지원의 대상이 아니라, 활발히 소비하고 활동을 즐기는 주체로 등장했다. 그 결과 시장은 돌봄의 필요에서 점차 활동과 소비의 가능성으로 무게 중심을 옮겨갔고, 이는 일본 고령사회의 변화를 상징하는 흐름이 되었다.

2010년대 - 시장의 다양화와 정밀화

2010년대에 들어서면서 일본의 시니어 비즈니스는 또 한 번의 전환기를 맞았다. 이제는 단순히 건강을 지키고 소비를 자극하는 차원을 넘어서, 프레일 예방, 삶의 질 향상, 자산 관리, 디지털 격차 해소와 같은 훨씬 더 세분화되고 정밀한 영역으로 확장되기 시작한 것이다.

특히 의료·돌봄 분야는 이 시기에도 꾸준히 성장하며 일본 시니어 시장의 든든한 기반이 되었다. 글로벌 조사기관 Grand View Research는 일본의 장기요양 시장 전체 규모가 2023년 약 423.1억 달러(약 61조 원)에 이르렀으며, 2030년에는 약 674.7억 달러(약 98조 원)까지 확대될 것으로 내다봤다. 이는 연평균 약 6.9%의 성장률에 해당한다. 또 다른 조사기관인 TechSci Research는 범위를 좁혀 노인 돌봄 서비스 시장만 보더라도 2024년 약 117억 달러(약 17.1조 원)에서 2030년 181억 달러(약 26조 원) 규모로 확대될 것이라 전망하고 있는데, 두 조사 모두 일본에서 고령자 돌봄 수요가 구조적으로 확대되고 있음을 일관되게 보여준다. (2025년 11월 17일 기준 환율 1달러=1,458.5원 적용)

이 시기에는 돌봄을 보완하는 주변 서비스도 빠르게 성장했다. 스마트워치와 웨어러블 센서를 통한 헬스 모니터링, 고령자 전용 온라인 금융·자산 관리 플랫폼, 사망 이후 온라인 흔적을 정리해 주는 디지털 유산 관리 서비스가 속속 등장했다. 또한 문턱을 없애거나 욕실과 거실에 안전 손잡이를 설치하는 맞춤형 주거 설계가 활발히 보급되며 주거 환경 역시 시니어 시장의 핵심 축으로 부상했다.

2010년대는 돌봄 중심으로 출발했던 일본의 시니어 비즈니스가 점차 돌봄+α(알파), 즉, 생활 전반을 포괄하는 새로운 산업으로 확장되던 시기였다. 이때부터 일본 시니어 시장의 지도는 훨씬 더 세밀하고 입체적으로 그려지기 시작했다.

2020년대~현재 – 통합 경제로서의 시니어 시장

2020년대에 들어선 일본은 이미 65세 이상 인구가 전체의 3분의 1에 달하는 초고령사회에 진입했다. 이 시점에서 시니어 비즈니스는 더 이상 주변부의 틈새 산업이 아니다. 소비, 자산 운용, 고용, 지역 커뮤니티까지 아우르는 거대한 실버 이코노미(Silver Economy)가 일본 경제의 핵심 축으로 자리 잡은 것이다.

현재 일본의 실버 이코노미 규모는 약 650조 엔에 달하는 것으로 추정된다. 이 안에는 돌봄과 건강식품, 여행과 같은 전통적인 서비스뿐 아니라 시니어들의 일상을 다층적으로 지탱하는 서비스가 모두 포함된다.

우선 디지털 전환의 물결 속에서 시니어들은 온라인 소비의 적극적인 주체로 나섰다. 스마트폰과 태블릿 보급이 확산되면서 전자상거래 기업들은 시니어 친화적인 화면 구성(UI)을 채택했고, 통신사들은 고령자를 위한 간편 요금제와 디지털 교육 프로그램을 운영했다. 단순히 물건을 구입하는 수준을 넘어 시니어 세대가 디지털 사회의 일부로 편입되는 흐름이 본격화된 것이다.

퇴직 이후 안정적인 생활을 위해 자산을 관리하려는 수요도 폭발적으로 늘어났다. 은행, 증권사, 신탁은행은 고령자 전용 금융상품을 출시했고, 월지급형 펀드나 상속·자산 승계를 위한 신탁 서비스는 보편적 상품으로 자리 잡았다. 최근에는 디지털 환경에 익숙하지 않은 시니어를 위해 전용 앱과 원격 상담 서비스를 제공하는 금융 플랫폼이 빠르게 확산되고 있다.

생활의 지속 가능성을 지탱하는 지역 기반 서비스도 활발히 성장했다. 일본의 여러 지자체는 고령자가 일상 속에서 안전하게 살아갈 수 있도록 커뮤니티 카페, 생활지원 콜센터, 자원봉사 연계 플랫폼을 마련했다. 도쿄와 오사카 일부 지역에서는 고령자가 이동이나 가사 지원을 요청하면, 등록된 지역 인력이 곧바로 연결되는 체계가 운영되고 있다. 이는 단순한 행정 지원을 넘어 고령자의 삶을 끊임없이 뒷받침하는 생활 인프라로 기능한다.

또 하나 주목할 변화는 종활(終活) 산업의 급속한 확장이다. 남은 시간을 스스로 설계하고 존엄 있게 마무리하고자 하는 욕구에서 출발한 종활은 장례, 상속, 유언뿐 아니라 디지털 유산 관리나 생전 정리 서비스까지 아우르는 종합 산업으로 발전했다. 이 과정에서 시니어들은 죽음을 준비하는 소극적 존재가 아니라 삶의 마지막 장면까지 스스로 기획하는 주체로 자리 잡았다.

이렇듯 일본의 시니어는 더 이상 사회가 떠안아야 할 부담의 대상이 아니다. 소비자로서, 투자자로서, 지역사회의 일원으로서, 그리고 삶의 마지막 순간까지 스스로를 기획하는 주체로서 존재감을 넓혀가고 있다. 기업들은 시니어를 새로운 성장 동력으로 바라보고, 정부와 지역사회는 이를 뒷받침하기 위해 제도와 인프라를 정비하고 있다. 일본의 시니어 시장은 단순한 산업군을 넘어 경제 전체를 지탱하는 통합 생태계로 자리매김하게 된 것이다.

한국은 지금 어디에 서 있는가

한국 사회에서도 이제 '시니어 비즈니스'라는 표현이 낯설지 않다. 언론 기사나 정책 보고서, 기업 발표 자료 속에서 자주 언급되지만 실제 산업으로서의 기반은 아직 걸음마 단계에 머물러 있다고 보는 것이 솔직한 진단이다.

2008년 도입된 노인장기요양보험 제도는 일본의 개호보험과 마찬가지로 돌봄을 가족의 책임에서 사회 공동의 과제로 전환한 중요한 첫걸음이었다. 그러나 그 이후의 전개는 일본과 다소 차이를 보인다. 일본이 제도 도입을 계기로 돌봄을 넘어 금융·주거·여가·엔딩 서비스 등으로 산업을 확장시켜 나간 반면, 한국은 여전히 요양시설, 방문요양, 방문간호 등 전통적인 돌봄 영역에 집중되어 있다. 아직 시니어 시장이 넓게 뻗어나가기보다 복지·보건의 틀 안에서 머물러 있는 셈이다.

그렇다고 해서 한국이 단순히 늦었다고 평가하기는 어렵다. 오히려 지금이 기회다. 일본이 지난 25년간 시행착오를 겪으며 어떤 분야가 성장했고, 어떤 분야가 한계를 드러냈는지를 우리는 이미 확인할 수 있기 때문이다. 예를 들어 일본에서는 초기 돌봄 서비스가 급속히 확대되었지만, 인력 부족과 낮은 수익성으로 인해 구조적 한계에 직면하기도 했다. 반면, 여행·문화·금융·종활 서비스처럼 고령자의 심리와 생활 전반을 건드린 영역은 장기적으로 성장 동력을 확보했다. 한국은 이 같은 경험을 통해 투자와 정책의 우선순위를 어디에 두어야 하는지, 어떤 산업에서 새로운 비즈니스 기회를 찾을 수 있는지 훨씬 선명한 지도를 갖고 출발할 수 있다.

또한, 한국 고령자의 특수한 상황도 고려해야 한다. OECD 국가 중 가장 높은 노인빈곤율(약 40%), 상대적으로 짧은 국민연금 수급 역사, 여전히 강한 가족 의존 구조는 일본과는 다른 출발점이다. 이 때문에 한국 시니어 시장의 초점은 일본보다 훨씬 더 생활 유지형 서비스에 맞춰져 있다. 저렴한 식사 배달, 지역 기반 의료·돌봄 서비스, 주거 안정이 사회적으로 절실하다. 동시에 높은 주택 보유율과 퇴직연금 제도의 확대는 일정 규모 이상의 자산가 시니어 집단이 빠르게 늘어날 가능성을 보여준다. 이 집단은 일본처럼 여행, 문화, 금융 서비스에서 프리미엄 수요를 만들어낼 것이다.

한국은 아직 돌봄 중심의 첫 번째 물결에 머물러 있지만, 이미 두 번째와 세 번째 물결이 다가오고 있다. 일본의 25년을 10~15년 안에 압축적으로 경험할 가능성이 높기 때문에 지금이야말로 전략적 설계가 필요한 시점이다. 일본의 궤적을 단순히 따라가기보다는 그들의 성공과 실패를 선행 학습 삼아 한국형 시니어 시장을 조기에 정착시킬 수 있는 길을 찾아야 한다.

인구구조와 은퇴 세대의 등장

일본은 2007년, 전후(戰後) 고도성장을 함께한 단카이 세대(1947~49년생)가 대거 은퇴하면서 시니어 비즈니스의 지형이 크게 바뀌었다. 돌봄 중심이던 시장에 은퇴 후에도 활발하게 소비와 활동을 이어가려는 액티브 시니어 집단이 본격적으로 등장한 것이다. 이들의 소비는 단순히 필요를 충족하는 차원을 넘어, "자신답게 살고 싶다"는 욕구에서 출발했다. 여행, 취미, 건강, 문화, 교육 산업이 이 시기를 기점으로 폭발적인 성장세를 보였다.

한국도 지금 비슷한 전환기를 지나고 있다. 1955~63년생 베이비붐 세대가 속속 은퇴 단계에 들어서면서 일본의 단카이 세대가 사회에 던졌던 파급력을 되짚게 한다. 한국의 베이비붐 세대는 전체 인구의 약 14%를 차지하는 대규모 집단으로 경제성장과 산업화를 함께 이끈 세대다. 은퇴 이후에도 단순히 소극적 수혜자가 아니라, 여전히 적극적 소비자이자 사회 활동가로 남고자 하는 성향을 뚜렷이 보인다.

이미 시장 곳곳에서 이러한 변화의 징후가 나타나고 있다. 해외여행 수요는 60대 이상이 가장 빠르게 늘어나고 있으며, 특히 장기 체류형 상품이나 크루즈·온천 여행 같은 고부가가치 상품이 주목받고 있다. 헬스케어 분야에서는 단순 진료를 넘어 맞춤형 건강관리 프로그램, 웨어러블 기기를 통한 실시간 건강 모니터링 서비스에 대한 수요가 커지고 있다. 평생교육 시장 또한 활기를 띠고 있는데, 대학 부설 평생교육원이나 민간 온라인 강좌에서 60대 이상의 등록자가 빠르게 증가하고 있다. 이는 단순한 취미 생활을 넘어 계속 배우고 성장하며 자기 정체성을 유지하려는 욕구가 반영된 모습이다.

즉, 한국의 베이비붐 세대는 일본의 단카이 세대가 열어 놓은 궤적을 10여 년의 시차를 두고 따라가고 있다. 중요한 것은 이들의 소비가 단순한 생활비 지출이 아니라, 삶의 질을 높이고 자기다운 생활을 이어가기 위한 투자라는 점이다. 이는 앞으로 한국의 시니어 시장이 돌봄과 복지를 넘어, 레저·문화·금융·교육 등으로 확장될 것임을 보여주는 강력한 신호다.

창업 패턴의 유사성

은퇴 후 창업이라는 측면에서도 한국과 일본은 놀라울 만큼 닮아 있다. 일본 역시 2000년대 초반까지만 해도 은퇴자들이 가장 손쉽게 접근할 수 있는 음식점이나 소규모 소매업에 대거 몰렸다. 그러나 이미 포화된 시장에서 자본력이나 체력 면에서 젊은 세대와 경쟁하기는 쉽지 않았다. 폐업률은 높았고, 은퇴 자금으로 시작한 가게가 몇 년을 버티지 못하고 문을 닫는 사례가 잇따랐다.

시간이 흐르면서 일본의 시니어 창업자들은 새로운 길을 찾기 시작했다. 돌봄, 생활 지원, 건강 관리 같은 시니어 특화 서비스로 창업의 무게중심이 옮겨간 것이다. 일본정책금융공고의 조사에 따르면, 시니어 창업자의 약 30%가 과거 직무 경험과 관련된 업종에서 창업을 선택했다고 한다. 이는 단순히 생계형 창업이 아니라, 자신이 잘 아는 분야와 은퇴 이후 필요를 연결해 경쟁력을 확보하려는 전략이었다. 또한 신설 법인 대표자의 평균 연령이 48세를 넘어섰고, 60대 이상 창업자가 10%를 넘어서면서 고령 창업이 하나의 흐름으로 자리 잡았다.

한국의 오늘은 일본의 그 시절과 크게 다르지 않다. 지금도 은퇴 후 창업을 꿈꾸는 다수의 사람들이 치킨집, 카페, 편의점 같은 익숙한 업종으로 몰린다. 한국의 자영업자 비율은 여전히 OECD 국가 중 높은 수준이며, 특히 음식업종은 개업과 동시에 높은 폐업률을 기록하는 대표적인 레드오션이다. 퇴직금과 은퇴 자금을 투자했지만 몇 년을 버티지 못하고 가게 문을 닫는 사례가 적지 않다.

그러나 일본의 경험을 비추어보면 이 단계는 일종의 전환기일 수 있다. 치열한 경쟁을 경험한 뒤 자연스럽게 수요가 분명하고 차별화가 가능한 영역, 즉 시니어 특화형 창업으로 이동하는 흐름이 뒤따를 가능성이 크다. 예컨대 고령자를 대상으로 한 건강 도시락 전문점, 지역 기반의 생활 지원 서비스, 디지털 기기를 어려워하는 시니어를 돕는 교육 서비스 등은 이미 잠재 수요가 두텁다. 무엇보다 은퇴자 자신의 경험과 문제의식이 창업 아이템으로 연결되는 순간, 기존의 레드오션(포화시장)은 곧 새로운 블루오션(대안시장)으로 전환될 수 있다.

일본의 경험이 전해주는 가장 중요한 교훈은 시니어 비즈니스가 결코 돌봄 서비스에만 머무르지 않는다는 점이다. 2000년 개호보험이 시행된 이후 돌봄 시장이 안정적으로 자리 잡자, 금융, 주거, 레저, 엔딩 플래닝, 프레일 예방 같은 새로운 분야가 연달아 열렸다. 그 결과 오늘날 일본의 시니어 시장은 650조 엔이 넘는 규모로 성장했으며, 이는 단일 산업이 아니라 생활 전반을 아우르는 거대한 경제 생태계가 형성되었음을 보여준다.

한국 역시 비슷한 조건 위에 서 있다. 노인빈곤율은 OECD 국가 중 가장 높고, 자영업 비율 또한 두드러지게 높다. 게다가 고령화 속도는 일본보다도 빠르다. 표면적으로는 위기처럼 보이는 이 상황이 오히려 역설적으로 새로운 산업과 서비스의 필요성을 더욱 절실하게 만드는 이유다.

따라서 지금의 한국은 일본의 2000년대 초반과 닮아 있으면서도, 더 빠른 변화가 가능한 토양을 지니고 있다. 일본의 길을 그대로 답습할 필요는 없지만, 그들이 지난 25년간 쌓아온 성과와 시행착오를 제대로 읽어낸다면 한국은 훨씬 짧은 시간 안에 시니어 시장을 성장시킬 수 있다.

현재 한국의 창업 시장은 치킨집이나 카페라는 익숙한 업종에 여전히 갇혀 있다. 하지만 시선을 조금만 달리하면 훨씬 넓고 깊은 가능성이 보인다. 건강관리, 주거 개조, 생활 편의, 문화·여가, 종활 서비스 같은 분야는 이미 일본에서 충분히 검증된 수요 영역이다. 무엇보다 중요한 점은 이 시장이 단순히 돈을 벌기 위한 선택지가 아니라는 사실이다. 고령화 사회가 안고 있는 문제를 해결하면서 동시에 개인의 삶과 사회 전체에 기여할 수 있는 창업의 기회라는 점에서, 시니어 비즈니스는 앞으로 한국에서 가장 유망한 블루오션으로 자리 잡을 수 있다.

네 가지 키워드로
시니어 비즈니스의 기회를 찾다

시니어 비즈니스의 본질은 고령자 개인의 불안과 욕구에서 출발한다. 경제 불안, 건강 불안, 고독 불안이라는 세 가지 축은 사회 전체의 과제이기도 하지만, 가장 구체적으로 드러나는 무대는 개인의 삶이다. 일본은 지난 25년 동안 이 불안을 산업적 기회로 전환해 왔고 그 과정에서 네 가지 핵심 키워드가 부상했다. 바로 종활, 상속, 돌봄, 프레일이다. 각각은 고령자의 현실적인 필요와 맞닿아 있으며, 동시에 새로운 시장을 여는 열쇠가 되었다. 한국 역시 이 네 가지 키워드를 통해 시니어 창업과 비즈니스의 가능성을 모색할 수 있다.

첫 번째 키워드【종활】
불안에서 출발한 마지막 준비 산업

죽음을 준비한다는 화두는 누구에게나 낯설고 불편하다. 그러나 일본에서는 2000년대 후반부터 종활(終活)이라는 개념이 사회적 담론으로 자리 잡기 시작했다. 장례와 유품 정리에 국한되지 않고, 디지털 자산 관리, 엔딩노트 작성, 소형 주택 이전 지원까지 삶의 마무리를 스스로 정리하는 활동이 하나의 문화로 확산된 것이다.

이 과정에서 파생된 비즈니스도 다양해졌다. 디지털 유품 정리 서비스는 고령자가 세상을 떠난 뒤 남겨질 온라인 계정, 사진, 각종 데이터를 정리해 주는 역할을 맡았다. 생전 계약을 통해 장례를 미리 준비하거나, 라이프노트를 작성해 자신의 가치관과 가족에게 남길 메시지를 기록하는 서비스도 빠르게 자리 잡았다. 매년 수백 개 기업이 참여하는 엔딩산업박람회는 종활이 단순한 문화가 아니라 거대한 산업군으로 성장했음을 보여준다.

특히 주목할 점은 디지털 세대의 고령화다. 스마트폰과 인터넷 사용이 일상화된 세대가 본격적으로 노년에 접어들면서, 종활은 단순히 오프라인 장례 준비를 넘어 디지털 자산 관리로 확장되고 있다. 이메일, SNS 계정, 온라인 금융, 클라우드에 저장된 사진과 문서까지 개인의 디지털 흔적은 이제 삶의 중요한 일부다. 일본에서는 이러한 수요에 대응해 디지털 유품 정리 업체와 전자 엔딩노트 서비스가 속속 등장했고, 일부 지방자치단체는 주민 대상 디지털 종활 교육 프로그램까지 운영하기 시작했다.

한국 역시 같은 길을 앞두고 있다. 이미 60대 이상 스마트폰 보급률은 90%를 넘어섰고, 인터넷 뱅킹이나 온라인 쇼핑을 일상적으로 사용하는 고령자도 빠르게 늘고 있다. 그만큼 디지털 종활의 필요성은 더욱 커질 수밖에 없다. 아직은 장례·납골당 서비스가 중심이지만, 일본처럼 디지털 자산 정리, 온라인 계정 관리, 엔딩 플래닝 플랫폼으로 확대될 가능성이 크다. 예를 들어, 은행·보험사와 IT 기업이 협력해 디지털 상속·유산 관리 통합 서비스를 제공하거나, 지자체 차원에서 고령자를 대상으로 디지털 엔딩노트 작성 지원 프로그램을 운영하는 식이다.

종활 산업은 불안에서 출발했지만 이제는 존엄과 안정을 지키려는 선택이자 문화로 자리 잡았다. 한국에서도 이 흐름을 어떻게 받아들이고 제도·서비스로 발전시켜 나가느냐에 따라 향후 시니어 비즈니스의 중요한 성장 축이 될 수 있을 것이다.

두 번째 키워드 【상속】
자산 이전에서 파생된 거대한 금융·법률 시장

상속은 단순히 재산을 물려주는 절차에 그치지 않는다. 일본에서는 2015년 상속세법 개정으로 과세 대상이 대폭 확대되면서 고령자와 가족 모두가 복잡한 자산 이전 문제를 정면으로 마주하게 되었다. 이 과정에서 금융·법률 산업은 새로운 기회를 포착했다. 신탁은행은 상속 전담 부서를 신설했고, 세무사와 변호사가 결합한 종합 컨설팅 서비스, 상속형 보험 상품이 속속 등장하며 시장은 빠르게 확대되었다. 불안은 곧 비용이 되었고 가족들은 기꺼이 비용을 지불하면서 전문 서비스를 찾았다.

대표적 사례로 미쓰이스미토모신탁은행의 상속 종합 지원 센터를 들 수 있다. 이곳에서는 유언장 작성부터 자산 관리, 세무 상담, 부동산 처분까지 원스톱으로 제공한다. 고령자가 사망한 뒤 남겨진 가족이 마주할 복잡한 절차를 대신 처리해 주는 이 서비스는 본인에게는 생전의 안도감을, 가족에게는 실질적인 편의를 제공했다.

한국 역시 고령층 자산 집중도가 매우 높은 나라다. 60세 이상이 보유한 금융·부동산 자산은 막대하지만, 생활비 마련에는 곤란을 겪는 경우가 많다. 특히 서울·수도권의 고가 아파트를 보유하고 있으면서도 현금 흐름이 부족해 자산은 풍부하지만 지갑은 비어있는 상황이 흔하다.

이 지점에서 일본과 다른 한국만의 독특한 흐름이 나타난다. 바로 역상속이라는 개념이다. 원래 일본에서 역상속(逆相続)은 자녀가 먼저 세상을 떠나 부모가 자산을 상속받는 경우를 뜻하지만, 한국에서는 다르게 쓰인다. 여기서는 보유 자산을 자녀에게 물려주기만 하는 것이 아니라 당사자 스스로 노후 생활비로 활용한다는 의미다.

이미 주택연금(역모기지론)이 대표적 사례로 자리 잡고 있다. 주택을 담보로 맡기고 매달 연금처럼 생활비를 지급받는 방식이다. 일부 금융기관은 부동산 유동화 상품이나 생활자금과 연계된 신탁

상품을 내놓으며, 고령자의 자산을 현금화해 노후의 현금 흐름을 안정시키려는 시도를 강화하고 있다. 일본에서 상속 논의의 초점이 "언제, 어떻게 물려줄 것인가"였다면, 한국에서는 "지금 당장 어떻게 활용하며 살아갈 것인가"라는 질문이 훨씬 더 절실하다.

따라서 한국에서의 상속 시장은 두 갈래로 전개될 가능성이 크다. 하나는 일본처럼 세무·법률·신탁 서비스가 중심이 되는 전통적 상속 시장이고, 다른 하나는 고령자의 자산을 현금화해 생활 안정에 직접 활용하는 역상속형 시장이다. 앞으로 은행·증권사·보험사 등이 주택연금, 자산 유동화, 생활비 연계 신탁 상품을 적극적으로 개발한다면 이는 단순한 자산 이전을 넘어 노후 경제 불안을 덜어주는 새로운 금융 생태계로 확장될 수 있을 것이다.

세 번째 키워드 【돌봄】
신체 케어에서 생활·정서 지원으로

돌봄은 가장 오래된 시니어 비즈니스의 핵심이다. 일본은 2000년 개호보험 제도 시행을 계기로 방문간호, 주야간 돌봄, 그룹홈 등 다양한 서비스가 제도권 안에 들어오면서 사회적 기반을 마련했다. 하지만 시간이 흐르면서 단순한 신체적 케어만으로는 충분하지 않다는 사실이 분명해졌다. 고령자는 신체적 지원뿐 아니라 생활 전반과 정서적 안정을 함께 필요로 했기 때문이다.

최근 일본에서는 생활 지원 서비스와 정서적 돌봄이 새로운 축으로 성장했다. 장보기 대행, 집안 정리, 스마트홈 기반 모니터링 같은 생활 지원형 서비스가 빠르게 확산되었고, 반려동물 돌봄이나 외출 동행 서비스처럼 정서적 안정을 제공하는 영역도 주목받았다. 예컨대 파나소닉은 가전제품과 AI 센서를 결합해 독거노인의 생활 패턴을 원격으로 모니터링하는 시스템을 개발했고, 스타트업 못토메이토는 고령자의 고독을 줄이는 매칭 플랫폼을 운영하며 사회적 연결망을 보완했다.

여기에 더해 일본이 적극적으로 실험하는 또 하나의 축은 기술 접목(Care-Tech)이다. 고령 인구가 급격히 늘면서 돌봄 인력만으로는 수요를 감당하기 어렵다는 한계가 드러났기 때문이다. 이에 따라 돌봄 로봇이 등장해 기초적인 이동 보조나 배설 지원 같은 반복적 업무를 대신하고 있으며, AI 기반 모니터링 시스템은 고령자의 낙상·건강 이상 신호를 실시간으로 감지해 가족이나 의료진에게 알린다. 이는 단순히 인력 부족을 보완하는 수준을 넘어 돌봄 품질을 일정하게 유지하고 고령자의 자립을 연장하는 중요한 역할을 하고 있다.

한국 역시 장기요양보험을 통해 기본적인 돌봄 서비스는 제도적으로 자리 잡았지만, 생활·정서적 돌봄과 기술 접목이라는 두 영역은 아직 공백이 크다. 하지만 이 공백이야말로 새로운 기회의 무대다. 특히 스마트홈 기술, 웨어러블 기기, AI 기반 모니터링 서비스는 이미 한국 기업들이 강점을 보유한 분야다. 여기에 돌봄 수요가 결합된다면, 한국은 일본보다 더 빠르게 케어테크(Care-Tech) 산업을 확장할 수 있는 가능성을 갖고 있다.

앞으로 한국에서 돌봄 창업이나 서비스 혁신을 고민하는 이들에게는 단순히 요양 인력 중심의 모델을 넘어서, 기술과 생활·정서적 지원을 결합한 복합 솔루션을 설계하는 것이 블루오션을 여는 열쇠가 될 것이다.

네 번째 키워드 【프레일】
예방이 만든 새로운 기회

프레일은 더 이상 의학 논문 속 개념이 아니다. 일본 사회에서 프레일은 곧 "얼마나 오래 스스로 생활할 수 있는가"라는 물음과 직결되었고, 이는 시장을 바꾸는 새로운 축으로 작용했다.

처음 일본 정부가 프레일을 주목한 이유는 단순했다. 급속한 고령화로 의료비와 돌봄 비용이 폭증했기 때문이다. 하지만 시간이 지나면서 프레일은 단순한 비용 절감책을 넘어, 고령자가 마지막까지 자립적인 삶을 이어가도록 돕는 방법론으로 확장되었다. 산업계 역시 이 변화를 놓치지 않았다.

주택 건설사들은 노후에 다시 큰 공사가 필요 없는 집을 내세우며 문턱 없는 설계, 자동 조명, 안전 손잡이 등을 기본 옵션으로 제공하기 시작했다. 보험사들은 치료비 보장에 머물지 않고, 프레일 예방 활동에 참여한 고객에게 보험료를 할인해 주는 상품을 내놓았다. 예방은 구호가 아니라 생활 속에서 체감되는 혜택이 된 것이다.

프레일은 산업과 문화의 경계도 허물었다. 운동은 단순한 체력 관리가 아니라 손주와 함께 산책을 이어가기 위한 활력이 되었고, 영양은 단백질 보충을 넘어 혼자서도 균형 잡힌 식사를 한다는 생활문화로 자리 잡았다. 지역 커뮤니티의 소모임 역시 취미를 넘어 사회적 고립을 예방하는 일종의 사회적 백신으로 기능했다. 프레일 예방은 곧 일상 속 작은 습관이 모여 만들어지는 새로운 생활양식이 된 것이다.

한국은 아직 프레일이라는 단어 자체가 대중에게는 낯설다. 그러나 그렇기 때문에 더 큰 기회가 있다. 의료비 부담을 줄이는 정책적 수단에만 머무르지 않고, 예방을 중심에 둔 생활 산업으로 확대할 수 있는 여지가 크다. 예를 들어 시니어 전용 피트니스 센터, 단백질 강화형 도시락이나 영양식 브랜드, 그리고 지역 기반 정서 케어 프로그램은 한국에서도 충분히 시장성이 있는 분야다.

다시 말해, 프레일은 단순한 건강 개념이 아니라 예방을 새로운 생활문화이자 산업의 기회로 바꿀 수 있는 열쇠다. 한국이 이를 얼마나 빠르게 받아들이느냐에 따라 시니어 시장의 성장 속도와 깊이가 달라질 것이다.

불안은 곧 기회다

종활, 상속, 돌봄, 프레일. 이 네 가지 키워드는 일본 고령사회의 가장 큰 과제였고 동시에 새로운 시장을 탄생시킨 원동력이었

네 가지 키워드로 시니어 비즈니스 기회 찾기

	핵심 키워드
1	【종활】 불안에서 출발한 마지막 준비 산업
2	【상속】 자산 이전에서 파생된 거대한 금융법률시장
3	【돌봄】 신체 케어에서 생활·정서 지원으로
4	【프레일】 예방이 만든 새로운 기회

다. 중요한 사실은 시니어의 불안이 사회가 짊어져야 할 부담으로만 남지 않았다는 점이다. 오히려 그것은 새로운 서비스와 일자리, 그리고 산업으로 이어졌다.

한국 역시 이제 초고령사회에 들어섰다. 그러나 우리의 현실은 여전히 익숙하다. 은퇴한 이들이 퇴직금과 자금을 모아 치킨집, 카페, 편의점 같은 업종으로 몰려들고, 결국 치열한 경쟁 속에 높은 폐업률을 경험한다. 그렇다면 지금 우리가 스스로에게 던져야 할 질문은 분명하다. "정말 다른 길은 없을까?" 바로 지금이 발상의 전환이 필요한 순간이다.

일본의 경험은 우리에게 선명한 그림을 보여준다. 시니어가 불안을 가장 크게 느끼는 지점—삶의 마무리(종활), 자산 이전(상속), 돌봄, 그리고 쇠약 예방(프레일)—이 새로운 서비스와 산업이 태어난 자리였다. 그리고 이 산업들은 단순한 돈벌이를 넘어 사회 전체를 떠받치는 기반으로 성장했다.

결국 선택은 우리에게 달려 있다. 은퇴 이후의 시간을 단순히 위험을 피하는 데 쓸 것인가, 아니면 불안을 기회로 바꾸어 새로운 길을 열 것인가. 고령화 속도가 세계에서 가장 빠른 한국에서 시니어 비즈니스는 단순한 창업 아이템이 아니라 사회와 경제를 지탱하는 전략이다.

치킨집 대신, 카페 대신, 우리는 더 넓은 길을 선택할 수 있다. 시니어의 불안 속에는 아직 열리지 않은 가능성이 숨어 있다. 지금 이야말로 그 가능성을 발견하고 준비해야 할 때다.

일본 사례가 보여주는
시니어 비즈니스의 7가지 포인트

한국은 이제 본격적으로 시니어 비즈니스를 열어가려는 출발선에 서 있다. 일본이 지난 25년 동안 걸어온 길은 귀중한 참고서가 될 수 있지만 그대로 옮겨올 답안지는 아니다. 두 나라의 제도, 가족 구조, 소비자 성향은 분명 차이가 있기 때문이다. 중요한 것은 일본의 경험을 그대로 가져오는 것이 아니라, 어디에서 교훈을 얻고 어디서는 다른 해법을 찾아야 하는지를 분별하는 일이다.

지금까지 살펴본 일본의 궤적은 단순한 사례 모음이 아니다. 한국에서 시니어 비즈니스를 고민하는 창업자와 기업가들이 반드시 점검해야 할 실질적인 기준점이다. 일본이 지나온 길에는 수많은 시행착오가 있었지만 그 과정에서 드러난 패턴은 우리에게 충분히 유용한 지도가 된다.

따라서 이 장에서는 일본이 남긴 25년의 경험을 토대로 한국이 시니어 비즈니스에 뛰어들 때 반드시 확인해야 할 일곱 개의 관문을 정리한다. 이는 단순한 주의사항이 아니라 실제로 어디에 기회가 있고 어떤 위험이 숨어 있는지를 알려주는 체크리스트다. 한국의 창업자와 기업가에게는 새로운 길을 여는 나침반이 될 것이고, 독자들에게는 앞으로 전개될 시니어 비즈니스의 지형을 미리 그려볼 수 있는 프레임이 될 것이다.

첫 번째 포인트, 제도적 기반을 점검하라

일본에서 시니어 비즈니스가 본격적으로 성장할 수 있었던 출발점은 2000년 시행된 개호보험 제도였다. 가족에게만 맡겨져 있던 돌봄을 사회 전체가 책임지는 구조로 전환하면서 돌봄 서비스가 안정적인 공적 수요를 확보하게 된 것이다. 공공 재정이 지속적으로 투입된 덕분에 민간 기업도 장기적인 성장성을 믿고 시설, 인력, 기술에 투자할 수 있었다. 결국 제도가 시장의 최소 수익을 보장해 주는 안전망이 되었던 셈이다.

한국에도 2008년 도입된 노인장기요양보험 제도가 존재한다. 그러나 서비스 인정 기준, 지원 범위, 급여 수준에서 일본과는 미묘한 차이가 있다. 예를 들어, 한국은 상대적으로 신체 기능 저하가 뚜렷한 경우에만 제도 지원이 가능해 경증 단계에서 활용할 수 있는 서비스는 제한적이다. 이 때문에 일본에서 성공한 모델을 그대로 가져오면 예상만큼의 수요를 확보하지 못하거나, 보험 급여 대상에서 제외되어 민간이 감당해야 하는 비용 부담이 커질 수 있다.

또한 제도적 기반은 단순히 보험 제도의 존재 여부만이 아니다. 재정 구조, 규제 환경, 민간 참여 유인까지 포함한 큰 그림을 살펴야 한다. 일본은 중앙정부와 지자체가 재정을 분담하고 서비스 제공기관 등록제를 통해 민간의 참여를 제도적으로 열어두었다. 반면 한국은 공공기관 중심의 관리 체계가 강해 민간 사업자가 창의적인 서비스 모델을 내놓는 데 제약을 받기도 한다.

따라서 한국에서 시니어 비즈니스를 고민한다면 가장 먼저 해야 할 일은 "내 아이템이 장기요양보험 제도의 급여 항목 안에 들어가는가?", "공적 지원이 닿지 않는 회색지대에 위치하는가?"를 따져보는 것이다. 만약 제도 안에 있다면 공공 재정을 기반으로 안정적 수익을 기대할 수 있지만, 회색지대라면 오히려 민간 수요를 겨냥한 자비 부담형 서비스로 전략을 세워야 한다.

결국 제도는 단순한 배경 조건이 아니라 사업의 생존을 좌우하는 첫 번째 관문이다. 일본에서 민간 기업들이 안심하고 시장에 진입할 수 있었던 것은 제도가 최소한의 수익성을 보장해 주었기 때문이다. 한국 역시 제도의 울타리 안에서 기회가 열리는지, 아니면 울타리 밖에서 틈새를 공략해야 하는지를 명확히 가르는 것이 시니어 비즈니스의 출발점이 된다.

두 번째 포인트, 세대별 특성을 읽어라

시니어 시장을 이해할 때 중요한 기준은 단순한 연령이 아니다. 어떤 시대를 살아왔는가, 어떤 경험을 공유했는가가 시장의 성격을 가른다.

일본 시니어 비즈니스의 서막을 연 주인공은 단카이 세대(1947~49년생)였다. 전후 베이비붐 시기에 태어나 고도성장기를 온몸으로 겪은 이들은 안정된 고용과 꾸준한 소득, 장기적인 경기 호황 속에서 자산을 축적했다. 은퇴 이후에도 여행·취미·레저 활동에 아낌없이 지갑을 열며 일본에서 액티브 시니어 시장이 본격적으로 성장하는 기폭제가 되었다.

한국의 은퇴 세대는 1955~63년생 베이비붐 세대가 중심이다. 연령대는 일본 단카이 세대와 겹치지만 성장 배경과 소비 습관에는 차이가 있다. 한국 베이비붐 세대는 산업화와 민주화, IMF 금융위기까지 굵직한 변곡점을 거쳤다. 덕분에 자산 축적 규모는 상대적으로 크지만 동시에 위기 경험이 많은 세대이기도 하다. 그래서 소비 성향은 안정 지향과 자기 표현이 공존한다. 안정된 노후를 준비하려는 금융상품 수요와 자신다운 삶을 추구하려는 여가·문화 소비가 동시에 존재하는 것이다.

또 한 가지 중요한 차이는 디지털 친화도다. 일본 단카이 세대가 은퇴할 당시만 해도 인터넷과 스마트폰은 생활의 일부가 아니었다. 반면 한국 베이비붐 세대는 인터넷 보급과 스마트폰 확산을 성인으로서 함께 경험했다. 유튜브·온라인 쇼핑·SNS 활용에 익숙한 이 세대는 "디지털 시니어"로 불려도 손색이 없다. 실제로 통계청 조사에 따르면, 60대의 온라인 쇼핑 이용률은 매년 빠르게 증가하고 있으며 모바일 뱅킹과 간편결제 사용 비중도 꾸준히 확대되고 있다. 일본의 시니어 소비가 주로 오프라인 여행·취미 활동에 집중되었다면, 한국은 디지털 기반 서비스에서 더 많은 기회가 열릴 수 있다.

결국 한국의 은퇴 세대를 읽는다는 것은 단순히 일본의 전철을 밟는 것이 아니다. 위기 경험이 남긴 신중함, 자산 집중도가 주는 잠재력, 디지털 친화도가 열어주는 새로운 시장을 동시에 고려해야 한다. 같은 시니어라도 일본과 한국의 소비 기회가 달라지는 이유는 바로 여기에 있다.

세 번째 포인트, 자산 구조를 분석하라

시니어 비즈니스를 설계할 때 중요한 것은 단순히 고령자가 얼마만큼의 자산을 가지고 있는가가 아니다. 그 자산이 어떤 형태로 존재하는가가 훨씬 더 결정적인 변수다. 이 지점에서 일본과 한국은 뚜렷한 차이를 보인다.

일본의 고령층은 금융자산과 부동산 자산이 비교적 고르게 분산되어 있다. 은퇴 후에도 예금·펀드·보험과 같은 금융상품을 통해 안정적인 현금흐름을 확보할 수 있었고, 이로 인해 시장의 핵심 이슈는 자산 이전(상속)이었다. 상속세 개정 이후 신탁은행, 보험사, 세무·법률 서비스가 폭발적으로 성장할 수 있었던 배경이 바로 여기에 있다.

반면 한국은 자산이 부동산, 특히 수도권 아파트에 과도하게 집중되어 있다. 겉으로는 자산 규모가 크지만 정작 생활비로 쓸 수 있는 현금이 부족한 경우가 많다. 결국 집을 팔거나 담보로 활용해 생활비를 마련해야 하는 상황이 자주 발생하며 이는 곧바로 노후 불안으로 이어진다. 일본의 상속 시장이 "미래에 어떻게 물려줄 것인가"에 초점을 맞추었다면, 한국은 "지금 당장 어떻게 활용하며 살아갈 것인가"라는 질문과 마주해 있는 셈이다.

이 차이는 곧 시니어 비즈니스의 방향성을 가른다. 한국에서 필요한 것은 상속·증여 중심의 컨설팅 시장이 아니라, 보유 자산을 생활비와 연결해 주는 실질적 해법이다. 금융기관 역시 고령층을 위한 상품을 설계할 때, 부동산을 현금화하거나 자산을 나누어 쓰는 구조에 초점을 맞추게 될 것이다.

예를 들어 일본에서는 상속세 절감을 위한 세무 설계와 자산 이전 컨설팅이 핵심 서비스였지만, 한국에서는 주택연금(역모기지론), 생활자금 연계 신탁, 부동산 유동화 상품이 더 큰 수요를 창출할 수 있다. 이는 금융기관의 새로운 사업 기회일 뿐만 아니라 고령자의 가장 현실적인 불안인 생활비 부족을 해소하는 직접적인 대안이 된다.

따라서 한국에서 시니어 비즈니스를 고민한다면 "자산이 많다"는 평균적 통계에 안심해서는 안 된다. 자산 구조의 불균형과 현금흐름 부족이라는 현실을 정확히 읽어내고, 이를 해결해 줄 수 있는 상품과 서비스를 제시하는 것이 핵심이다. 일본이 상속이라는 미래 지향적 시장을 열었다면, 한국의 기회는 현금흐름이라는 현재형 수요 속에서 훨씬 더 빠르게 확장될 수 있다.

네 번째 포인트, 불안의 3대 축을 이해하라

시니어의 불안은 크게 건강, 경제, 고독이라는 세 축으로 모인다. 일본은 이 불안을 단순한 사회문제로만 다루지 않았다. 오히려 이를 종활·상속·돌봄·프레일이라는 키워드로 구체화해 산업적 기회로 전환했다. 종활은 엔딩 산업으로, 상속은 금융·법률 서비스로, 돌봄은 생활지원과 정서 케어로, 프레일은 예방 중심의 산업으로 각각 확장되며 새로운 시장을 열었다.

이 관점은 한국에도 시사하는 바가 크다. 불안을 사회적 부담으로만 본다면 문제는 끝없이 커진다. 그러나 불안을 정확히 포착해 서비스화하는 순간, 새로운 수요와 시장이 열린다.

한국의 창업 현실은 여전히 치킨집·카페·편의점으로 대표된다. 그러나 통계청과 중기부 자료를 보면 신규 창업 대비 폐업 비율이 79%에 달하고, 치킨·피자 업종의 3년 생존율은 46.8%에 불과하다. 커피 전문점도 크게 다르지 않아 안정적인 노후 창업이라는 통념은 이미 무너지고 있다.

반면, 시니어 불안에서 출발한 시장은 아직 초기 단계다. 일본에서 이미 검증된 프레일 예방 프로그램, 디지털 돌봄 서비스, 종활·엔딩 플래닝 같은 영역은 한국에서 이제 막 싹을 틔우고 있다. 여기에 돌봄 로봇, AI 모니터링, IoT 기반 케어테크(Care-Tech) 분야까지 감안하면 성장 가능성은 훨씬 크다. 특히 디지털 친화적인 한국 베이비붐 세대의 특성은 이런 서비스가 일본보다 더 빠르게 확산될 조건을 제공한다.

결국 중요한 것은 한국 시니어가 가장 크게 체감하는 불안이 무엇인지, 그리고 그 불안을 어떤 방식으로 풀어줄 수 있을지를 정확히 짚는 일이다. 일본의 사례가 보여주듯 불안은 짐이 아니라 새로운 시장의 출발점이 된다. 한국 역시 이 지점을 제대로 포착할 때, 기존의 포화된 업종을 넘어서는 새로운 길을 열 수 있다.

다섯 번째 포인트, 기술 접목의 가능성을 확인하라

일본 시니어 비즈니스가 최근 가장 눈에 띄게 발전한 지점은 바로 기술의 접목이다. 단순히 부족한 돌봄 인력을 보완하는 차원을 넘어, AI·IoT·데이터 기반 서비스가 고령자의 생활 전반에 깊숙이 들어왔다. 예컨대 센서가 집안의 움직임을 감지해 이상 징후를 가족에게 알리거나, 음성인식 로봇이 대화 상대가 되어 정서적 안정을 돕는 시스템은 이미 보급 단계에 있다. 금융권에서는 원격 상담과 모바일 앱을 통해 고령자가 불편 없이 자산을 관리할 수 있는 시니어 친화형 디지털 뱅킹이 빠르게 확산되고 있다.

이러한 변화는 단순한 대체재가 아니다. 기술은 고령자의 생활 방식을 바꾸며 새로운 경험을 만들어내고 있다. 웨어러블 기기는 건강 상태를 실시간으로 확인하는 것을 넘어 운동 동기를 부여하고, 식습관 관리 앱은 영양사와 화상 상담을 연결해 맞춤형 건강 솔루션을 제공한다. 일본에서는 이를 케어테크(Care-Tech) 혹은 실버테크(Silver-Tech)라 부르며 돌봄·건강·금융·여가 전반으로 확장시켜 가고 있다.

한국은 이 분야에서 오히려 더 유리한 조건을 갖추고 있다. 은퇴기에 들어선 베이비붐 세대는 이미 스마트폰과 온라인 플랫폼에 익숙한 세대다. 유튜브, 온라인 쇼핑, 모바일 뱅킹을 일상적으로 사용하는 이들의 디지털 친화도는 일본의 같은 연령층보다 훨씬 높다. 따라서 한국에서는 케어테크·실버테크 서비스의 초기 진입 장벽이 낮고, 확산 속도도 훨씬 빠를 가능성이 크다. AI 헬스케어 앱, 시니어 전용 핀테크 서비스, 온라인 평생학습 플랫폼 같은 서비스는 일본보다 더 짧은 시간 안에 자리 잡을 수 있다.

결국 중요한 것은 기술을 억지로 시니어에게 적응시키는가, 아니면 시니어의 생활 경험 속으로 자연스럽게 녹여내는가다. 일본 사례는 기술이 돌봄의 빈자리를 메우는 수단을 넘어, 고령자의 삶을 더 풍요롭고 독립적으로 만드는 새로운 동력이 될 수 있음을 보여준다. 한국의 창업자와 기업가에게 케어테크·실버테크는 먼 미래의 이야기라기보다 이미 눈앞에서 열리고 있는 블루오션이다.

여섯 번째 포인트, 지역사회와 연결하라

초고령사회에서 가장 먼저 드러나는 취약점은 돌봄의 공백이다. 일본은 이미 1인 가구와 부부만의 고령가구가 급증하면서 이 문제를 지역 단위의 커뮤니티 기반 서비스로 메워 왔다. 마을마다 운영되는 커뮤니티 카페, 생활지원 네트워크, 자원봉사 플랫폼이 전국적으로 확산되었고, 고령자들은 그 안에서 식사와 대화를 나누며 사회적 고립을 예방했다. 지자체와 NPO는 자원봉사자와 돌봄 수요자를 연결해 생활 전반을 지원하는 체계를 구축했다.

한국은 아직 가족 중심 돌봄의 비중이 크지만, 핵가족화와 1인 고령가구의 증가는 빠르게 진행되고 있다. 실제로 65세 이상 1인 가구 비중은 2000년대 초반 15% 수준에서 최근 25%를 넘어섰으며 앞으로도 꾸준히 증가할 전망이다. 결국, 한국 역시 일본과 유사한 과제에 직면할 수밖에 없다.

이때 중요한 질문은 "누가 돌봄의 빈틈을 메울 것인가"이다. 일본 모델을 그대로 들여오기보다 한국에 이미 존재하는 사회적 자원을 어떻게 연결할지가 관건이다. 지자체의 복지 행정망, 교회·사찰 같은 종교 공동체, 마을기업과 사회적 기업, 동네 자원봉사 조직 등은 전국 곳곳에 뿌리내려 있다. 하지만 지금은 이들이 흩어져 있어 유기적으로 작동하지 못하는 것이 문제다. 만약 이러한 자원들을 디지털 플랫폼이나 행정망과 결합해 돌봄·생활·정서 지원을 하나로 잇는 네트워크로 만든다면 그것은 곧 한국형 시니어 비즈니스의 토대가 될 수 있다.

또 한 가지 주목해야 할 점은 지속 가능한 운영 구조다. 일본의 커뮤니티 카페는 단순한 무료 모임 공간이 아니라 소액 결제와 지역 프로그램을 통해 자립적인 경제 생태계를 만들어 냈다. 여가와 교육으로 확장되며 반복 소비가 가능한 구조를 갖췄기에 장기적으로 유지될 수 있었다. 한국의 지역 기반 서비스도 단순한 복지 보완이 아니라, 지역 내에서 스스로 굴러갈 수 있는 작은 경제 모델을 갖추는 것이 중요하다.

"지역사회와 연결하라"는 메시지는 곧, 돌봄을 가족에게만 맡겨두지 말고 지역 자원을 묶어 사회적·경제적 모델로 발전시켜야 한다는 뜻이다. 이는 단순히 공공서비스를 보완하는 차원이 아니라 앞으로 시니어 비즈니스를 설계하는 창업자와 기업가들이 반드시 넘어야 할 핵심 관문이다.

일곱 번째 포인트, 문화와 가치관을 반영하라

시니어 비즈니스의 성공 여부는 제도나 기술, 자산 구조만으로 결정되지 않는다. 문화적 수용성이야말로 사업의 성패를 좌우하는 가장 큰 조건이다. 일본에서 종활(終活) 산업이 빠르게 성장할 수 있었던 이유도 여기에 있다. 일본 사회는 비교적 이른 시기부터 죽음과 상속을 공개적으로 논의했고, 잡지 특집·TV 프로그램·박람회 등을 통해 대중적 담론으로 확산시켰다. 그 결과 죽음을 준비하는 일이 불안의 상징이 아니라 존엄을 지키는 행위로 받아들여졌다.

반면 한국은 여전히 죽음을 이야기하는 데 익숙하지 않다. 가족조차 장례나 상속 문제를 깊이 논의하지 못하는 경우가 많다. 그렇기에 일본처럼 곧바로 엔딩 산업을 전면에 내세우기는 어렵다. 대신 사람들이 실제로 필요성을 느끼는 부분부터 단계적으로 접근하는 것이 현실적이다.

시니어 비즈니스를 시작하기 전 고려할 7가지

	체크포인트
1	제도적 기반을 점검하라
2	세대별 특성을 읽어라
3	자산 구조를 분석하라
4	불안의 3대 축을 이해하라
5	기술 접목의 가능성을 확인하라
6	지역사회와 연결하라
7	문화와 가치관을 반영하라

예컨대, 스마트폰, SNS 계정, 온라인 금융자산처럼 디지털 유산을 어떻게 정리할지는 이미 고령자들이 직면한 현실 과제다. 또한 상속이나 유언을 미리 설계해 두는 일은 가족 간 불필요한 분쟁을 예방하고 합의를 도와주는 실질적 장치가 된다. 나아가 엔딩노트를 통해 의료 결정, 재산 분배, 남기고 싶은 메시지까지 체계적으로 기록하는 활동은 단순한 죽음 준비가 아니라, 삶의 마지막을 스스로 정리하는 과정으로 받아들여질 수 있다. 즉, 이는 죽음을 이야기하는 것이 아니라 삶을 어떻게 마무리할 것인가를 고민하는 행위로 전환된다.

또 하나 주목할 점은 세대별 가치관의 변화 속도다. 지금 은퇴 세대인 베이비붐 세대는 이미 디지털 기기에 익숙하다. 유튜브, 온라인 쇼핑, 모바일 뱅킹을 일상적으로 사용하는 이들의 특성을 고려하면, 한국에서는 오히려 일본보다 디지털 기반 종활 서비스가 더 빠르게 자리 잡을 수 있다. 카카오톡이나 네이버 계정 같은 생활 밀착형 디지털 자산 관리, 온라인 뱅킹과 간편결제 기록 정리 같은 실무적 서비스가 시니어들에게 현실적 해법으로 다가올 수 있는 것이다.

"문화와 가치관을 반영하라"는 메시지는 일본의 모델을 그대로 들여오는 것이 아니라, 한국 사회가 수용할 수 있는 방식으로 재구성하라는 의미다. 죽음을 터부시하는 정서를 감안하되, 디지털 친화적이고 실용적인 세대 특성을 접목한다면 종활은 한국에서도 충분히 새로운 시장과 기회의 장으로 자리매김할 수 있다.

90일 안에 그려보는
시니어 비즈니스 스케치

창업은 누구에게나 두렵다. 특히 시니어 비즈니스처럼 낯선 영역에서는 더욱 그렇다. 하지만 두려움의 대부분은 어디서부터 어떻게 시작해야 하는지 모르는 막연함에서 비롯된다. 그래서 이 장에서는 90일이라는 시간을 설정해, 실제로 어떤 과정을 거쳐야 하는지를 단계별로 보여주고자 한다. 추상적인 구상이 구체적인 서비스로 변해가는 과정을 짧게나마 함께 걸어보는 것이다. 이어지는 마지막 장에서는 일본의 사례들을 통해 얻을 수 있는 아이디어를 정리해 영감 노트로 담아두었다.

시니어 비즈니스의 출발점은 화려한 프레젠테이션도, 거대한 아이디어도 아니다. 시작은 언제나 시니어들의 일상 속에서 진짜 필요를 발견하는 데 있다. 그리고 그 필요는 연령대별로 다르게 드러난다.

60대 전후에는 일을 이어가면서도 여가와 자기계발에 적극적이다. 여행, 건강관리, 취미, 디지털 서비스 활용에 활발히 참여하며 소비 성향도 여전히 왕성하다. 70대에 들어서면 건강관리와 생활의 편의성이 중요한 과제로 떠오른다. 복약 관리, 간단한 가사 지원, 병원 이용의 편리성이 큰 수요로 자리 잡고, 동시에 "내가 얼마나 독립적으로 살아갈 수 있는가"라는 질문이 중심이 된다. 80대 이후에는 돌봄과 생활 지원의 필요가 급격히 커진다. 안전한 주거 환경, 정서적 교류, 이동 지원, 방문 서비스 같은 실질적 돌봄이 핵심 시장으로 부상한다.

일본이 지난 25년간 보여준 궤적은 바로 이러한 연령대별 전환점이 시장의 흐름을 바꾼다는 사실이다. 한국 역시 비슷한 길을 따라가고 있으며 시차만 있을 뿐 본질적인 흐름은 동일하다.

따라서 한국에서 시니어 비즈니스를 고민하는 창업자에게 사업의 첫걸음은 책상 앞에서 아이디어를 짜내는 것이 아니다. 마트에서의 구매 습관, 병원 대기실에서의 대화, 동네 경로당이나 평생교육원에서의 참여 방식, 심지어 카카오톡 단체방에서 오가는 짧은 메시지까지 이 모든 것이 시장을 여는 단서다.

90일 스케치는 바로 이러한 생활 속 단서를 포착해 하나의 아이디어로 엮어내는 연습이다. 작은 불편과 불안을 발견해 그것을 구체적인 서비스로 바꾸는 과정, 그 자체가 창업의 시작이다. 그렇게 해야만 아이디어가 단순한 상상에 머물지 않고 실제 수요와 연결된 현실적 가능성이 될 수 있다.

첫 30일 - 현장 관찰과 인터뷰 (수요 발굴 단계)

시니어 비즈니스의 시작은 거창한 아이디어나 화려한 기획서가 아니다. 가장 먼저 해야 할 일은 시니어들의 일상 속으로 들어가 그들이 어떤 불편을 겪고 있는지를 눈으로 보고, 귀로 듣고, 몸으로 느끼는 것이다. 첫 30일은 바로 이 과정을 위한 시간이다.

먼저 가까운 복지관, 문화센터, 실버타운, 요양시설을 방문해 보자. 하루의 흐름을 따라가며 어떤 프로그램에 참여하는지, 어떤 시간대에 사람들이 몰리는지, 어떤 순간에 불편을 호소하는지를 차분히 관찰하는 것이다. 예를 들어, 복지관의 평생교육 강좌는 참여율이 높지만 수강료 납부나 온라인 신청 과정에서 불편을 겪는 경우가 많다. 언뜻 사소해 보이는 이런 문제들이 훗날 사업 아이디어의 씨앗이 될 수 있다.

관찰만으로는 부족하다. 반드시 직접 대화(인터뷰)를 통해 확인하는 과정이 필요하다. 60대, 70대, 80대 이상으로 세대를 나누어 최소 20명 이상을 만나 보자. "최근 가장 불편했던 점은 무엇인가요?" "돈을 내고라도 꼭 해결하고 싶은 문제는 무엇인가요?" 같은 질문은 단순한 잡담이 아니라, 고령자가 스스로 느끼는 핵심 욕구(니즈)를 드러내는 열쇠가 된다.

현장에서 얻은 경험을 공적 통계 자료와 결합하면 더 큰 그림이 보인다. 예컨대 통계청의 고령층 조사나 보건복지부의 장기요양 보고서를 통해 시니어 가계의 소득·지출 구조, 디지털 활용 현황 등을 구체적으로 확인할 수 있다. 이렇게 현장의 목소리와 객관적 데이터를 함께 놓고 보면, 개별 사례를 넘어 사회적 흐름 속에서 시니어의 삶을 입체적으로 이해할 수 있다. 여기에 일본처럼 먼저 초고령사회를 경험한 나라의 사례를 참고하면 한국이 현재 어떤 단계에 서 있는지도 비교할 수 있다.

또 하나 중요한 포인트는 혼자서 모든 걸 해내겠다는 생각을 내려놓는 것이다. 시니어 비즈니스는 복지, 헬스케어, 금융, 디지털 기술, 마케팅 등 다양한 전문성이 맞물려야 제대로 작동한다. 따라서 이 단계부터는 팀 구성을 고민해야 한다. 현장에서 얻은 아이디어를 실제 사업으로 발전시키려면, 시니어 복지를 잘 아는 전문가, 이를 기술적으로 구현할 수 있는 개발자, 시장 접근을 설계할 마케터가 필요하다. 혼자서 시작하는 것보다 각자의 전문성을 모아 함께 문제를 풀어가는 방식이 훨씬 효과적이다.

이 첫 30일이 끝날 무렵, 창업자는 반드시 두 가지 구체적인 결과물을 정리해야 한다.

첫째는 고령자 페르소나 카드다. 페르소나란 특정 고객을 대표하는 가상의 인물상으로 연령대별 특성과 불안 요인, 소비 여력, 디지털 친숙도 등을 정리해 두면 추상적인 시니어가 아닌 구체적인 고객을 눈앞에 떠올릴 수 있다.

둘째는 니즈맵(Needs Map)이다. 생활, 건강, 경제, 관계라는 네 가지 영역에서 고령자들이 반복적으로 겪는 불편과 불안을 구조화해 정리한 지도다. 이 지도는 곧 창업자가 풀어야 할 문제의 지도가 된다.

이렇게 만들어진 결과물은 단순한 기록이 아니다. 이후 이어질

60일, 90일 단계에서 솔루션을 구체화하고 실험해 나가는 출발점이 된다. 다시 말해, 첫 30일은 곧바로 사업을 만드는 시간이 아니라 시니어의 일상 속에 깊숙이 들어가 불편을 발견하고, 이를 함께 풀어갈 협업의 토대를 다지는 시간인 셈이다.

다음 30일 - 프로토타입 제작 (솔루션 구체화 단계)

두 번째 달은 책상 위에서 막연히 구상했던 아이디어를 실제 모양으로 꺼내 보는 시간이다. 첫 달 동안 현장에서의 관찰과 인터뷰를 통해 얻은 단서들을 하나로 엮어 구체적인 서비스 형태로 다듬어 가야 한다.

가장 먼저 해야 할 일은 반복적으로 드러났던 불편과 불안을 정리하는 것이다. 예컨대 약을 제때 복용하지 못해 건강 관리에 어려움을 겪는 문제, 혼자 식사하면서 영양 균형이 무너지는 문제, 스마트폰이나 앱을 잘 다루지 못해 필요한 서비스에 접근하지 못하는 문제 등이 대표적이다. 이런 생활 속 작은 불편들이야말로 사업 아이디어의 가장 단단한 출발점이 된다.

그다음은 프로토타입(prototype, 시제품) 제작 단계다. 프로토타입은 정식 서비스를 내놓기 전, 최소한의 기능만 구현해 실험해 보는 초기 모델을 뜻한다. 이때 중요한 것은 완성도가 아니라 MVP(Minimum Viable Product, 최소 기능 제품)를 얼마나 빠르게 만들어 실제 반응을 확인하느냐다. 방법은 생각보다 간단하다. 앱 서비스라면 파워포인트나 피그마(Figma) 같은 무료·저비용 도구로 화면 시연용 목업을 만들 수 있고, 도시락이나 헬스케어 키트 같은 실물 서비스라면 소규모 샘플만 제작해도 충분하다. 무엇보다 중요한 것은 사용자가 이 서비스를 처음 접하고 이용한 뒤 다시 찾게 되는 과정을 한눈에 보여주는 서비스 스토리보드를 구성하는 일이다.

이 과정에서는 반드시 현장 전문가의 피드백을 받아야 한다. 보건소 간호사, 복지관 담당자, 금융기관의 시니어 전담 직원 같은 사람들에게 직접 보여주고 의견을 들어야 한다. 그래야만 서비스가 실제 환경에서 작동할 수 있는지, 규제나 제도적 제약은 없는지, 어떤 부분을 보완해야 하는지를 사전에 점검할 수 있다.

그리고 이 단계에서 핵심은 소규모 파일럿(pilot, 시험 운영)이다. 지역 커뮤니티와 협력해 10명 안팎의 시니어를 대상으로 2주 정도 체험 프로그램을 운영해 보는 것이다. 예를 들어, 하루 한 끼 영양 도시락을 배달하고 만족도와 재구매 의향을 조사하거나, 약 복용 알림 서비스를 소규모 그룹에 제공해 실제로 복용 습관에 변화가 있었는지를 확인해 볼 수 있다.

체험이 끝난 뒤에는 반드시 "이 서비스가 실제 생활에서 도움이 되었는가?"라는 질문에 대한 답을 모아야 한다. 긍정적인 반응이든, 부정적인 반응이든 그 자체가 사업 아이디어에 생명력을 불어넣는 소중한 자산이 된다.

두 번째 30일의 목적은 시장 규모를 논하는 것이 아니다. 핵심은 이 아이디어가 시니어의 생활 속에서 실제로 의미 있는지를 확인하는 것이다. 책상 위의 계획이 현장에서 구체적인 문제 해결로 이어지는 순간, 비로소 사업 아이디어는 살아 움직이기 시작한다.

마지막 30일 - 소규모 실험 및 검증
(시장성 테스트 단계)

세 번째 달은 아이디어를 실제 시장의 무대에 올려보는 시간이다. 책상 위에서만 존재하던 구상이 현실 속에서 통할 수 있는지를 확인하는 단계이며 여기서 얻는 경험은 그 어떤 자료보다 값지다.

우선, 대상 고객과 서비스 방식, 가격 구조를 구체적으로 설정해야 한다. 단순히 좋은 서비스라는 구상에 머물러서는 안 된다. 예를 들어, 하루 20인분 규모의 건강 도시락 배달, 주 1회 소규모 운동 프로그램, 아파트 단지 내 소모임을 통한 정서 케어 서비스처럼 작게라도 실제 운영 모델을 가동해 보는 것이 중요하다. 규모는 작더라도 실제 비용 구조와 고객의 반응을 확인해야 다음 단계로 나아갈 수 있다.

이 과정에서 협력 네트워크는 큰 힘이 된다. 지역 복지관, 교회, 아파트 커뮤니티 같은 생활 기반 조직과 협력하면 초기 리스크를 줄이고 실험을 원활히 진행할 수 있다. 나아가 지자체, 민간 기업, 복지 단체와의 연계는 서비스 확장 가능성까지 열어준다.

실험은 결코 크지 않아도 된다. 20~30명을 대상으로 무료 혹은 소액 유료(예: 1만 원 수준)로 진행하면서 참여자의 반응을 꼼꼼히 기록하는 것이 핵심이다. 이때는 이용 빈도, 반복 사용 의향, 실제

지불 의사(예: "월 1만 원까지는 지불할 수 있다", "가족이 대신 결제할 수 있다") 같은 구체적인 데이터를 반드시 수집해야 한다. 이런 정보가 서비스 가격과 운영 구조를 현실적으로 다듬는 데 결정적인 단서가 된다.

실험이 끝난 후에는 반드시 피드백을 반영해야 한다. 짧은 인터뷰와 간단한 설문을 통해 불편했던 점, 가장 유용했던 점을 모으고 이를 토대로 UI·UX(사용자 경험과 화면 설계)를 개선하거나 가격을 조정하는 것이다. 이렇게 작은 보완 작업이 반복되면서 서비스는 점점 더 고객 친화적으로 다듬어진다.

마지막 30일은 완성된 사업을 내놓는 단계가 아니다. 오히려 시장에 아이디어를 던져 보고, 실제 반응과 데이터를 모으는 시간이다. 이 경험은 책상 위에서의 그 어떤 계획보다 훨씬 값지다. 작은 실험에서 확인한 현실감 있는 교훈이 쌓일수록 시니어 비즈니스는 비로소 궤도에 오를 수 있다.

90일 이후를 위한 추가 과제

90일간의 작은 실험이 끝났다면 이제는 다음 단계를 준비해야 한다. 단순히 의미 있는 경험으로 끝내는 것이 아니라 그 경험을 토대로 본격적인 사업화를 구상하는 것이 중요하다. 이 과정에서 반드시 짚고 넘어가야 할 세 가지 과제가 있다.

첫째는 자금 조달이다. 아무리 좋은 아이디어라도 자금이 뒷받침되지 않으면 오래 지속되기 어렵다. 다행히 시니어 비즈니스는 사회적 가치와 경제성을 동시에 갖춘 분야이기 때문에 활용할 수 있는 통로가 많다. 정부가 운영하는 시니어 창업 지원 사업이나 사회적기업 육성 프로그램이 대표적이며, 사회 문제 해결에 관심 있는 소셜 벤처 펀드와 엔젤 투자자들도 이 시장을 주목한다. 여기에 크라우드펀딩을 활용하면 초기 고객 반응을 확인하는 동시에 소액 투자를 유치하는 효과까지 얻을 수 있다. 미리 자금 전략을 세워둔다면 90일간의 실험은 단발성으로 끝나지 않고 다음 단계로 자연스럽게 이어질 수 있다.

둘째는 지속 가능성과 확장성이다. 작은 실험에서 성과가 있었다면 이제는 어떻게 더 넓힐 것인가를 고민해야 한다. 아파트 단지에서 시작한 돌봄 서비스가 동 단위, 구 단위로 확대될 수 있고, 오프라인 운동 프로그램이 온라인 플랫폼으로 전환되면 더 많은 고령자가 참여할 수 있다. 초기 고객층이 60~70대였다면, 점차 50대 예비 시니어까지 확장하는 것도 가능하다. 이렇게 구체적인 성장 시나리오를 마련해 두는 과정 자체가 투자자와 파트너에게 이 사업은 장기적으로 성장할 수 있다는 확신을 심어준다.

마지막은 법률과 규제 리스크 관리다. 시니어 비즈니스는 돌봄, 건강, 금융 등 민감한 영역과 맞닿아 있기 때문에 법과 제도의 영향을 직접적으로 받는다. 돌봄 서비스를 운영한다면 노인복지법이나 의료법과의 충돌 여부를 반드시 확인해야 하고, 앱이나 AI 기반 서비스를 제공한다면 개인정보보호법을 철저히 준수해야 한다. 금융과 관련된 모델이라면 금융감독원의 규제도 피할 수 없다. 이런 부분을 소홀히 한다면 어느 날 갑자기 사업이 중단되는 위험을 맞을 수도 있다. 따라서 창업 초기부터 법률 전문가와 상담하고 제도적 환경을 꼼꼼히 점검하는 것이 안전하다.

　90일은 끝이 아니다. 오히려 시작이다. 작은 실험을 통해 가능성을 확인했다면, 이제 자금·확장·규제라는 세 가지 관문을 넘어야 한다. 이 과정을 차근차근 준비할 때 시니어 비즈니스는 단순한 아이디어가 아니라 지속 가능한 산업의 씨앗으로 자라날 수 있다.

영감 노트:
한국형 시니어 비즈니스 아이디어

조리은퇴 이후의 건강 식생활

　나이가 들면 가장 먼저 힘들어지는 일 중 하나가 바로 요리다. 특히 80세 전후가 되면 체력과 시력, 손의 힘이 모두 약해져 매일 세 끼를 직접 차리는 것이 큰 부담이 된다. 일본에서는 이 문제를 해결하기 위해 다양한 도시락 서비스가 발전했다. 질환별 영양 설계 도시락, 소용량 반찬 세트, 전자레인지로 간단히 조리할 수 있는 반조리 키트 등은 이미 고령자의 식탁을 채우는 중요한 대안이 되었다.

　하지만 한국은 상황이 조금 다르다. 아직 80세 이상 인구가 전체의 5% 수준에 불과하고, 무엇보다 아파트 단지 같은 집합 주거 형태가 압도적으로 많다. 이런 특성을 고려하면 일본처럼 개별 맞춤형 서비스에만 집중하기보다는 아파트 단지형 공동 배송과 커뮤니티 식사 모델이 훨씬 현실적이다.

예를 들어, 단지 내 10가구 이상이 함께 구독해 공동 배송을 이용하면 물류비 부담을 줄이고, 사업자 입장에서도 안정적인 수요를 확보할 수 있다. 나아가 주 1회는 단지 내 커뮤니티실이나 경로당에서 함께 모여 식사를 하며 영양 상담이나 간단한 건강 체크 프로그램을 결합한다면, 이는 단순히 한 끼를 해결하는 데서 그치지 않고 사회적 고립을 완화하고 관계망을 회복하는 장치가 된다.

또한 디지털 친화도가 높은 베이비붐 세대가 본격적으로 고령층에 진입하고 있다는 점도 중요하다. 이들은 카카오톡이나 앱을 통해 식단을 직접 고르고, 영양사와 화상 상담을 진행하며, 웨어러블 기기로 측정한 건강 데이터를 기반으로 식단을 조정하는 데 훨씬 익숙하다. 도시락이 단순한 한 끼가 아니라, 건강 관리 전반과 연결된 맞춤형 솔루션으로 발전할 수 있는 것이다.

이 모델은 80세 이상 고령자만을 대상으로 하지 않는다. 60~70대 예비 시니어, 나아가 맞벌이 중장년층까지 아파트 단지 안에서 함께 이용할 수 있다. 예를 들어, 부모 세대는 저염식 도시락을, 자녀 세대는 간편 건강식을 동시에 주문할 수 있는 구조라면 가족 단위 수요까지 흡수할 수 있다.

한국형 건강 식생활 지원은 단순히 조리 은퇴 이후 불편을 덜어주는 데서 그치지 않는다. 아파트 단지를 기반으로 건강 관리, 관계 회복, 생활 지원을 함께 묶어내는 패키지로 발전할 수 있는 잠재력이 크다. 일본이 개인 맞춤형 도시락 서비스로 시장을 넓혀왔다면, 한국은 공동 배송과 공유 식탁을 결합한 아파트 단지형 모델로 새로운 기회를 만들어 갈 수 있다.

아파트 단지형 생활 모빌리티 플랫폼

고령자에게 이동은 단순한 편의가 아니다. 스스로 생활을 유지하고 사회와 연결되기 위해 반드시 필요한 기본 조건이다. 일본은 고령 운전자의 사고 문제가 커지면서 면허 반납자가 늘어났고, 그 결과 대중교통 공백에 직면한 교통 약자 문제가 심각해졌다. 생활 필수품을 사거나 병원을 가는 일이 어려워지자 쇼핑난민이라는 말까지 생겨났고, 이를 해결하기 위해 이동형 슈퍼마켓, 전동 보조 카트 공유, 방문 판매 서비스 같은 새로운 모델이 등장했다. 일본의 농촌과 중소도시에서는 이미 생활 기반 서비스로 자리 잡았다.

하지만 한국의 상황은 조금 다르다. 이미 쿠팡과 마켓컬리 같은 새벽배송 서비스가 생활 깊숙이 자리 잡았기 때문에 단순히 집 앞까지 물건을 가져다주는 방식으로는 차별화하기 어렵다. 그렇다면 한국에서는 어떤 방식으로 발전할 수 있을까?

핵심은 배송이 아니라 동네 생활을 지탱하는 연결망에 있다. 예를 들어 아파트 단지나 동네 거점에서 전동 카트를 공유하는 모델을 상상해보자. 장을 보러 가는 데만 쓰이는 것이 아니라, 병원·약국 방문이나 커뮤니티 모임 참여까지 지원하는 이동 수단이 된다면 이야기는 달라진다. 이는 물건을 가져다주는 단순 서비스와 달리, 고령자가 직접 외출해 작은 사회적 활동을 이어가도록 돕는 것이 이 서비스의 본질이다. 이동은 곧 사회적 교류이고, 이 교류가 고독감을 줄이고 건강을 지탱하는 힘이 된다.

또 하나의 강점은 지역 상권과의 초근거리 연결이다. 쿠팡처럼 전국 단위 물류망을 지닌 플랫폼과 달리, 이 모델은 전통시장, 동네 슈퍼, 아파트 상가 같은 생활권 상점과 직접 맞닿아 있다. 예컨대 전통시장 상인들이 온라인 주문을 받아 단지 내 전동 카트나 소형 전기차로 묶음 배송을 한다면, 고령자는 익숙한 상인과 거래를 이어가며 정서적 안정감을 얻을 수 있다. 동시에 상권은 안정적인 수요를 확보해 활력을 되찾을 수 있다. 이는 단순한 편의 서비스를 넘어 지역 경제와 공동체를 함께 살리는 구조로 발전한다.

즉, 이 모델은 단순한 쇼핑 서비스가 아니라 동네 생활 플랫폼이다. 전동 카트 공유, 장보기, 병원·약국 방문, 커뮤니티 참여까지 하나로 엮어 고령자가 동네 안에서 독립적으로 살아갈 수 있는 조건을 마련해 주는 것이다. 일본이 주로 농촌을 중심으로 이 모델을 발전시켰다면, 한국은 도시형 아파트 단지와 촘촘한 커뮤니티 구조를 기반으로 현지화할 수 있다. 바로 이 지점에서 한국형 생활 모빌리티 플랫폼은 새로운 기회의 문을 열 수 있다.

시니어 리빙 리모델링 패키지

많은 고령자들이 요양시설에 들어가기보다는 익숙한 집에서 노후를 보내고 싶어 한다. 하지만 현실의 주거 환경은 고령자의 신체적 조건을 제대로 반영하지 못하는 경우가 많다. 욕실 문턱, 미끄러운 바닥, 어두운 조명은 단순한 불편을 넘어 낙상과 같은 큰 사고로 이어질 수 있다. 실제로 낙상은 한국 고령자의 주요 사망

원인 중 하나로 꼽힌다.

일본은 이런 문제를 일찍이 인식하고 다양한 유니버설 리폼(Universal Reform) 시장을 키워냈다. 손잡이 설치, 미끄럼 방지 바닥재, 자동조명 같은 소규모 개조부터 계단 리프트, 단층 주택 개조까지 폭넓은 서비스가 발전하면서 이미 수조 엔 규모의 산업으로 자리 잡았다. 반면 한국은 아직 시니어 맞춤형 리모델링 시장이 본격적으로 형성되지 않았다. 대부분의 리모델링은 미적 요소나 편의 기능에 집중되어 있어 고령자의 안전과 독립성을 직접적으로 보완하는 서비스는 부족하다.

그러나 한국 역시 잠재력은 크다. 1980~90년대에 지어진 아파트들이 30~40년을 넘기며 본격적인 개보수가 필요한 시점에 접어들었고, 이 주택들은 고령자의 생활 안전을 고려하지 않은 구조가 많다. 따라서 지금이야말로 시니어 맞춤 리모델링 패키지를 도입할 적기다.

예를 들어 욕실·조명·부엌을 묶어 개선하는 패키지를 만들고, 이를 보험·금융상품과 연계하는 방식이 가능하다. 리모델링 비용을 장기 분할 상환으로 지원하거나, 안전 개조로 사고 위험이 낮아진 만큼 보험료를 할인해주는 구조라면 고령자 입장에서도 부담을 줄일 수 있다. 더 나아가 정부의 주거복지 정책이나 지자체 보조금과 연결된다면 확산 속도는 한층 빨라질 것이다. 실제로 한국토지주택공사(LH)가 일부 고령자 주택 개조 사업을 추진하고 있어, 공공과 민간의 협력 가능성도 높다.

시니어 리빙 리모델링은 단순한 집수리가 아니다. 이는 고령자가 계속 살던 집에서 안전하고 독립적으로 살아갈 수 있도록 돕는 생활 기반 서비스다. 한국이 보유한 대규모 아파트 단지와 고령화 속도를 감안하면 이 분야는 향후 빠르게 성장할 수 있는 유망한 시장이 될 것이다.

프레일 예방형 생활 피트니스 센터

프레일(쇠약)은 단순히 나이가 들어서 어쩔 수 없이 겪는 과정이 아니다. 생활 습관과 환경에 따라 충분히 늦추고 관리할 수 있는 영역이다. 일본은 이 개념을 일찍 받아들여 지역 체조 교실, 커뮤니티 피트니스 센터, 시니어 맞춤형 헬스케어 앱을 제도와 산업 속에 안착시켰다. 단순히 근육을 키우는 운동이 아니라 균형을 잡아 넘어지지 않는 법을 배우고 또래와 함께 활동하며 사회적 고립을 예방하는 구조가 만들어진 것이다.

한국도 같은 과제를 눈앞에 두고 있다. 특히 70대 이상 인구가 빠르게 늘어나는 상황에서, 가볍게 몸을 움직이고 사람들과 어울리며 동시에 건강 상담까지 받을 수 있는 공간은 단순한 헬스장이 아니라 사실상 생활 안전망의 역할을 하게 된다.

예를 들어, 하루 30분간 근력과 균형을 단련하는 시니어 전용 체조 클래스, 운동 후 함께하는 소규모 식사와 영양 상담 프로그램, 그리고 웨어러블 기기와 앱을 활용해 걸음 수·혈압·체중 변화를 기록하고 맞춤 피드백을 제공하는 시스템을 떠올려 보자. 이렇게 되면 이 공간은 운동만 하는 곳이 아니라 건강 관리, 사회적 교류, 예방 의료가 동시에 이뤄지는 종합 플랫폼으로 발전할 수 있다.

여기에 민간 보험사나 지자체가 참여한다면 확산 속도는 훨씬 빨라진다. 보험사가 피트니스 센터와 연계해 참가자에게 건강 포인트나 보험료 할인 혜택을 제공하면, 고령자 입장에서는 경제적 동기가 더해지고 보험사 입장에서는 장기적인 손해율 관리에 도움을 얻을 수 있다. 지자체가 건강 바우처를 지원하는 방식 역시 참여 문턱을 크게 낮출 수 있다.

이러한 피트니스 센터는 단순한 운동 시설이 아니라 건강하게 오래 사는 법을 배우고 그것을 공동체 속에서 함께 실천하는 생활 커뮤니티가 된다. 일본이 제도 중심으로 이 모델을 다져왔다면, 한국은 디지털 헬스케어, 보험 인센티브, 아파트 단지 커뮤니티와 결합해 훨씬 더 빠르고 넓게 확산시킬 수 있다.

디지털 종활 컨설팅

한국에서 종활(終活)이라는 단어는 아직 낯설고, 죽음을 준비한다는 발상은 많은 이들에게 여전히 불편하게 다가온다. 그러나 시선을 조금만 바꾸면 이야기는 달라진다. 종활은 죽음을 앞서 준비하는 일이 아니라 삶을 스스로 정리하는 과정이다. 오히려 이 과정을 통해 남은 시간을 더 자유롭고 가볍게 살아갈 수 있다.

스마트폰 속을 들여다보면 알 수 있다. 금융 계좌, 사진과 영상, 가족과 나눈 메시지, SNS 계정, 클라우드 문서까지, 눈에 보이지 않는 수많은 자산이 그 안에 쌓여 있다. 만약 소유자가 갑자기 세상을 떠난다면, 이 기록들은 단순히 사라지는 것이 아니라 남은 가족에게는 소중한 재산이자 기억으로 남는다. 바로 이 지점에서 디지털 유산 관리라는 새로운 수요가 등장한다.

일본은 장례 준비와 엔딩노트 작성에서 종활이 시작됐지만, 한국은 디지털 생활이 이미 깊숙이 자리 잡은 만큼 온라인 기반의 종활 서비스가 더 설득력을 가질 수 있다. 예컨대 온라인 플랫폼에서 의료 결정이나 재산 배분, 가족에게 남기고 싶은 메시지를 기록해 두고 필요할 때마다 업데이트할 수 있다면, 단순한 기록을 넘어 가족에게 남기는 중요한 약속이 될 것이다. 또한 카카오톡, 네이버, 은행 앱, 클라우드 계정 같은 디지털 자산을 한곳에 모아 관리하고, 사후에는 가족이 합법적으로 정리할 수 있도록 지원하는 서비스도 충분히 가능하다. 여기에 상속 설계, 유언장 작성, 장례 서비스까지 연계된다면 종활은 삶의 모든 정리를 원스톱으로 제공하는 산업으로 발전할 수 있다.

특히 한국의 베이비붐 세대는 일본 은퇴 세대보다 훨씬 디지털 친화적이다. 이미 온라인 뱅킹, 간편결제, SNS를 능숙하게 다루는 이들이 많다. 따라서 오프라인 상담 중심의 일본식 모델보다 앱과 플랫폼 중심의 디지털 종활 서비스가 한국에서는 훨씬 빠르게 자리 잡을 가능성이 크다. 예를 들어 네이버 인증서나 카카오톡 채널에 내 디지털 자산 정리하기 기능을 붙이면 누구나 자연스럽게 접근할 수 있다. 병원이나 보험사와 연계해 의료 결정이나 보험 수익자 지정까지 통합한다면, 종활은 단순한 기록이 아니라 나와 가족을 지켜주는 안전장치가 될 수 있다.

다만, 금융·의료·디지털 계정과 같은 민감한 정보를 다루는 만큼 개인정보 보호는 이 산업의 생명이다. 모든 데이터는 최고 수준의 암호화 기술로 저장돼야 하며, 플랫폼 운영자조차 직접 접근할 수 없는 구조를 갖추어야 한다. 이용자가 사전에 가족이나 대리인을 지정하고, 접근 권한과 범위를 세밀하게 설정할 수 있는 기능 역시 필수다. 또한 유언장 작성이나 상속 설계는 반드시 법률 전문가와 협업해 법적 효력을 확보해야 고객의 신뢰를 얻을 수 있다.

한국은 1인 가구 증가율이 높고, 세대 간 소통에서도 디지털이 핵심 매개가 되고 있다. 종활은 장례 준비를 넘어 가족 간 불필요한 갈등을 줄이고, 개인의 의사를 존중하며 소중한 기록과 자산을 안전하게 전하는 생활 서비스로 자리 잡을 수 있다.

더 나아가 종활은 보험, 금융, 헬스케어와 자연스럽게 연결되며 새로운 시니어 비즈니스 시장을 열 수 있다. 보험사는 종활 플랫폼과 연동해 상속·보험 계약 관리 서비스를 강화할 수 있고, 금융사는 고령자 전용 디지털 자산 신탁 상품을 개발할 수 있으며, 헬스케어 기업은 건강 데이터와 종활 정보를 통합해 생애 말기 관리 패키지를 제시할 수도 있다.

일본이 장례와 엔딩노트 중심으로 종활 산업을 키워왔다면, 한국은 디지털 생활 정리형 종활이라는 새로운 길을 걸을 수 있다. 이는 남은 삶을 더 단단하게 만드는 과정이자 한국형 시니어 비즈니스의 중요한 기회가 될 것이다.

정서 케어 플랫폼

고령화 사회에서 신체적 건강 못지않게 중요한 과제가 있다. 바로 정서적 돌봄이다. 나이가 들수록 관계망은 좁아지고 대화할 상대가 줄어들며 홀로 지내는 시간이 늘어난다. 고독감은 단순한 외로움이 아니라 건강에도 영향을 미치는 요인으로 사회 전체가 함께 고민해야 할 문제다.

한국은 이미 1인 고령가구가 빠르게 늘어나고 있지만 여전히 가족이나 복지기관 중심의 돌봄 구조에 의존하는 경우가 많고, 정서적 케어를 전문적으로 다루는 서비스는 부족한 상황이다. 그렇다면 앞으로 어떤 접근이 필요할까?

한국의 높은 아파트 거주 비중은 하나의 기회가 될 수 있다. 단지 내 유휴 공간이나 경로당, 커뮤니티실을 정서 케어 라운지로 전환해 음악 교실, 글쓰기 모임, 영화 상영 등 다양한 프로그램을 운영한다면 단순한 여가를 넘어서는 경험을 제공할 수 있다. 기존의 경로당이 돌봄 중심이라면, 이런 공간은 문화와 소통의 거점으로서 새로운 역할을 기대할 수 있다.

또한 AI 기반 정서 매칭을 도입해 이야기를 나누고 싶은 사람과 들어줄 준비가 된 사람을 연결하거나, 혼자 식사하는 이들을 소모임 식사 자리로 안내하는 방식도 가능하다. 여기에 구독형 케어 서비스가 더해지면 지속성을 높일 수 있다. 전담 코디네이터가 주기적으로 전화를 걸어 안부를 확인하고 필요 시 전문가 상담으로 이어주는 구조는 특히 자녀 세대가 부모님을 위해 구독하는 방식으로 확산될 여지가 있다. 부모님 곁을 누군가가 정기적으로 챙겨 주고 있다는 안도감을 제공하는 것이다.

정서적 돌봄은 지역 상권과 연결될 때 더욱 힘을 발휘한다. 동네 카페와 제휴해 커피 쿠폰과 소모임 참여권을 묶어 제공하거나, 전통시장과 함께 장보기 프로그램을 운영하면 생활 속에서 자연스럽게 교류가 이루어진다. 이 과정에서 고령자는 단골 상인과 관계를 이어가며 정서적 안정감을 얻고 지역 상권은 새로운 수요를 확보하며 활력을 찾을 수 있다.

요약하자면, 한국형 정서 케어 플랫폼은 오프라인 아파트 단지 커뮤니티와 디지털 기술을 결합한 하이브리드 방식으로 발전할 가능성이 크다. 오프라인 모임 일정을 앱으로 공유하거나, 온라인에서 매칭된 관계를 오프라인 만남으로 연결하는 식이다. 이렇게 되면 참여 문턱이 낮아지고 관계가 더 오래 유지될 수 있다.

정서적 돌봄은 단순한 복지 차원을 넘어 고령자에게는 삶의 만족도를 높이는 기반이 되고, 기업에는 구독형 서비스와 지역 연계라는 새로운 시장의 기회를 열어 준다. 더 나아가 사회적으로는 공동체 회복을 촉진하는 계기가 될 수 있다. 신체적 건강 관리가 노후의 한 축이라면, 정서적 케어 역시 또 하나의 중요한 축으로 자리 잡아갈 가능성이 크다.

은퇴 이후, 또 다른 출발

우리가 함께 걸어온 여정은 일본이 지난 25년간 초고령사회를 지나며 겪어온 변화와 시행착오를 따라가고 그것을 한국의 현실과 겹쳐 보는 과정이었다. 시니어 비즈니스는 거창한 구호에서 출발하지 않는다. 건강, 경제, 고독이라는 노후의 세 가지 불안이 일상 속에서 문제로 드러날 때, 바로 그 지점이 새로운 기회의 시작점이 된다.

일본은 이러한 불안을 종활, 상속, 돌봄, 프레일 같은 키워드로 구체화하며 산업으로 확장해왔다. 과정은 순탄치 않았지만, 동시에 새로운 시장과 일자리를 만들어낸 것도 사실이다. 한국 역시 초고령사회의 문턱에 선 지금, 같은 질문을 던지고 있다.

"우리는 어떻게 불안을 기회로 바꿀 수 있을까?"

이 책은 정답을 제시하려 한 것이 아니다. 다만 일본의 궤적과 한국의 특수성을 비교하며 창업자와 기업가, 그리고 독자 한 사람 한 사람이 스스로 새로운 길을 모색할 수 있도록 나침반을 건네고자 했다. 제도, 세대, 자산, 기술, 지역, 문화라는 일곱 개의 관문을 살펴본 것도 같은 이유다. 중요한 것은 단순한 모방이 아니라 현지화이며, 추상적인 문제를 구체적인 솔루션으로 연결하는 실행력이다.

이제 마지막으로 현실적인 질문으로 돌아가 보자. 한국은 초고령사회에 들어섰지만 여전히 은퇴 후 창업을 고민하는 많은 사람들이 치킨집, 카페, 편의점으로 발걸음을 옮긴다. 익숙하고 눈에 잘 보이는 선택지이기 때문이다. 하지만 이미 포화된 시장에서 살아남기는 쉽지 않다. 그렇다면 정말 다른 가능성은 없는 것일까?

시니어 비즈니스는 그 대안이 될 수 있다. 돌봄, 건강, 생활 지원, 종활, 프레일 대응 같은 영역은 고령화 사회에서 반드시 필요한 수요다. 일본은 2000년대 초반부터 이러한 분야를 산업으로 키워왔고 지금은 하나의 생태계로 자리 잡았다. 한국도 이제 막 출발선에 서 있다.

창업은 단순히 나의 노후를 위한 생계 수단을 넘어, 다른 세대의 노후를 지탱하는 해답이 될 수도 있다. 돌봄을 돕는 작은 서비스, 디지털에 서툰 시니어를 지원하는 플랫폼, 삶의 마지막을 설계하는 상담업, 지역사회를 잇는 생활 지원 사업 등은 아직 충분히 열리지 않은 시장이다. 경쟁은 덜 치열하고 수요는 앞으로 더 커질 수밖에 없다.

결국 중요한 것은 발상의 전환이다. "내 경험과 자원이 시니어의 삶에 어떤 가치를 더할 수 있을까?" 이 질문에 대한 답을 찾는 순간, 창업은 단순한 자영업이 아니라 미래 산업의 씨앗으로 이어질 수 있다. 일본의 지난 25년이 그것을 증명하고 있다.

이 책의 마지막 장을 덮는 지금, 한 가지 분명한 사실은 남는다. 초고령사회는 이미 현실이 되었고, 그 안에서 새로운 기회를 발견할 수 있을지는 각자의 선택에 달려 있다.

치킨집 너머에도 길은 있다. 그리고 그 길 위에서 우리는 또 한 번의 출발을 준비할 수 있다.

감사의 글

마지막으로 한 편의 리서치 보고서를 책으로 확장할 수 있는 기회를 제안해 주신 매일경제신문사 유승현 편집장님께 깊은 감사를 드립니다. 원활한 출간을 위해 힘써 주시고 배려해 주신 김영일 前 리서치센터장님과 양지환 現 리서치센터장님, 그리고 공동락 부서장님께도 감사의 마음을 전합니다.

그리고 언제나 묵묵히 제 곁에서 응원과 격려를 보내주신 사랑하는 부모님과 가족들에게 가장 큰 고마움을 바칩니다. 이 책이 세상에 나오기까지, 든든한 믿음과 변함없는 사랑이 가장 큰 힘이 되어 주었습니다.

본 도서의 조사분석자료 중 많은 부분은 대신증권 장기전략리서치부의 자료를 인용하였음을 밝힙니다.
본 도서의 내용이나 주장은 저자 개인의 주관적인 견해입니다.

참고문헌

국내자료

- 보건복지부 공공보건정책관 공인식 사무관, 〈호스피스 완화의료 제도 현황 및 발전 방안 (2015)〉, 2015
- 한국보건사회연구원, 〈호스피스 완화의료 활성화 방안 연구 보고서〉, 2015.7
- 월간생명보험, 〈초고령사회에 금융노년학의 역할(인지증 고령자를 지원하는 일본 금융회사의 사례)〉, 2019.7
- 보험연구원 조용운, 〈한일 장기요양서비스 공급체계 비교 및 보험회사 진출 사례〉, 2021.12
- 보건복지부, 한국보건사회연구원, 〈2023년도 노인실태조사〉, 2023
- 보건복지부, 〈제3차 장기요양기본계획(안) (2023~2027)〉, 2023.8
- 한국한의학연구원 정책자료실, 〈2024 노인장기요양보험 통계연보〉, 2024
- 보건복지부, 중앙치매센터, 〈대한민국 치매현황 2024〉, 2024
- 보건복지부, 〈2024년 제1차 장기요양위원회 개최에 관한 보도자료〉, 2024
- 보건복지부, 〈2025년 노인보건복지 사업안내〉, 2025
- 한국은행, 〈일본 가계의 경제구조 변화 및 시사점〉, 2018.6.21
- 보험연구원, 〈장기요양산업 현황과 과제〉, 2021.7.15
- 한국무역협회 국제무역통상연구원, 〈주요국의 실버시장 현황과 우리기업에의 시사점〉, 2022.7.5

- 금융위원회, 〈[보도자료] 신탁업 혁신 방안〉, 2022.10.13
- 통계청, 〈2024 고령자 통계〉, 2024.9.26
- 통계청, 〈2024 한국의 사회지표〉, 2025.3.25
- 보건행정학회지, 〈제2차 호스피스, 연명의료 종합계획(2024-2028) 내 국가 호스피스 정책 추진 방향〉, 2025.3.31

일본자료

- 내각부 경제사회 종합연구소, 〈団塊世代の退職の雇用への影響 – 平成19年企業行動に関するアンケート実施報告書(단카이세대 퇴직의 고용 영향 - 2007년 기업행동에 관한 앙케이트 실시 보고서)〉, 2007
- 전국은행협회 금융조사부, 〈[政策提言レポート] 高齢化社会と金融商品・サービスの提供のあり方([정책제언리포트] 고령화사회와 금융상품・서비스 제공 방안)〉, 2007.4
- 하이 라이프 연구소, 〈団塊世代の退職研究総合報告書(단카이세대의 퇴직연구 종합보고서)〉, 2007.4
- 出家健治(Kenji Deie), 〈高齢化社会とシルバーマーケット研究の潮流(고령화사회와 실버 시장 연구의 최신 조류(동향))〉, 2008
- 일본정책금융공고 종합연구소(월보), 〈シニア起業家の開業―2012年度新規開業実態調査から―(시니어 기업가의 창업 - 2012년도 신규창업 실태조사)〉, 2013.5
- 아오모리현 상공노동부 지역산업과, 〈あおもりシニア起業ハンドブック(아오모리 시니어 창업 핸드북)〉, 2015.10
- 遠藤久夫(Hisao Endo), 〈超高齢国家日本における医療と介護の現状と課題(초고령국가 일본의 의료와 개호 현황 및 과제)〉, 2019.6
- 일본정책금융공고, 〈高齢社会に潜むビジネスチャンス(고령사회에 숨겨진 비즈니스 기회)〉, 2019.10
- 금융조사연구회, 〈わが国銀行を取り巻く環境変化と収益源の多様化(일본 국내 은행을 둘러싼 환경변화와 수익원의 다양화)〉, 2020.3
- 생명보험협회, 〈人生 100 年時代における生命保険業界の 役割 について(인생 100세 시대의 생명보험업계의 역할)〉, 2020.4
- 다이와 종합연구소, 〈超高齢社会と金融ジェロントロジ(초고령사회와 금융노년학)〉, 2020.12
- 국립장수의료연구센터, 〈認知症予防に資する効果的取り組み事業に関する調査研究報告書(인지증 예방에 기여하는 효과적인 시책 사업에 관한 조사연구 보고서)〉, 2021.3

- 퍼솔 종합연구소, 〈シニア人材活性化のカギ~70歳就業時代に向けた高齢者雇用のあり方を探る(시니어 인재 활성화의 열쇠~70세 취업시대를 향한 고령자 고용 방안)〉, 2021.11
- 국제장수센터, 〈地域包括ケアシステムの構築に向けた高齢者の生活支援・介護予防に関する産業界との協働推進に関する調査研究報告書(지역포괄케어시스템 구축을 위한 고령자 생활지원・개호예방에 관한 산업계와의 협동추진 조사 보고서)〉, 2023.3
- 미쓰이물산 전략연구소, 〈超高齢化社会における健康長寿ビジネスとは？−海外最新事例から見えた方向性(초고령화사회의 건강장수 비즈니스-해외 최신 사례에서 본 방향성)〉, 2024.7
- 일본소액단기보험협회 고독사대책위원회, 〈第9回孤独死現状レポート(제9회 고독사 현황 보고서)〉, 2024.12
- 내각부, 〈令和7年版 高齢社会白書（全体版）(2025년판 고령사회백서)〉, 2025.6
- 미즈호 리서치＆테크놀로지, 〈シニアマーケットのポテンシャルの顕在化に向けて―社会課題解決の必要性(시니어 시장의 잠재력 현실화를 위하여 - 사회문제해결의 필요성)〉, 2025.8
- 재무성 재무종합 정책연구소, 〈団塊世代の退職と日本経済に関する研究会報告書(단카이세대 퇴직과 일본경제에 관한 연구회 보고서)〉, 2004.6.29
- 중소기업금융공고 종합연구소, 〈シニア市場に注目する中小企業の戦略と課題(시니어시장에 주목하는 중소기업의 전략과 과제)〉, 2005.3.8
- 다이와 종합연구소, 〈イノベーション生むか？増加するシニア起業(혁신을 낳을 것인가? 증가하는 시니어 창업)〉, 2012.7.23
- 일본정책금융공고 종합연구소, 〈働くシニア世代、支える中小企業~定年後再就職・再雇用・定年延長などに関する高齢者人材の働く事情・働きがい・職業意識・企業側の対応とは~(일하는 시니어세대, 그들을 지탱하는 중소기업~정년후 재취업・재고용・정년연장에 관한 고령자 인재의 노동 사정・보람・직업의식・기업측의 대응~)〉, 2017.7.31
- 노무라 자본시장연구소, 〈2030年の家計金融資産の姿−年齢階層別・地域別の展望と示唆(2030년 가계금융자산의 모습-연령별,지역별 전망과 시사)〉, 2018 Spring
- 미즈호 종합연구소, 〈高齢社会と金融−高齢社会と多様化するニーズに金融機関はどう対応するか(고령사회와 금융 - 고령사회와 다양해진 니즈에 금융기관은 어떻게 대응해야 하는가)〉, 2018.1.31
- 금융청, 〈高齢社会における金融サービスのあり方(고령사회에서의 금융 서비스의 방향)〉, 2018.7.3
- 국립국회도서관(ISSUE BRIEF), 〈超高齢社会と金融の役割(초고령사회와 금융의 역할)〉, 2019.1.17
- 금융청, 〈高齢社会における資産形成・管理(고령사회의 자산형성・관리)〉, 2019.6.3
- 닛세이기초연구소, 〈介護保険制度の現状と課題~20年を振り返り、将来を考える~(개호보

험제도의 현황과 과제~20년을 회고하며, 미래를 고민하다)〉, 2019.12.10
- 아사히카세히 홈즈 시니어라이프 연구소, 〈自立した後期高齢者のフレイル予防と暮らし(자립 후기고령자의 프레일 예방과 생활)〉, 2022.1.11
- NPO법인 전국이동서비스 네트워크, 〈住民主体による高齢者の外出支援 － 全国の事例と法制度 -(주민주체 고령자 외출지원 － 전국 사례와 법제도 -)〉, 2022.10.24
- 후생노동성, 〈介護分野の最近の動向について(개호분야 최신 동향)〉, 2023.5.24
- 일본종합연구소, 〈令和 5 年度ヘルスケア産業基盤高度化推進事業(2023년도 헬스케어 산업 기반 고도화 추진사업 보고)〉, 2024.3.28
- 에이지테크 시장 규모 관련 온라인 기사, 〈エイジテックの企業やサービス事例を紹介｜市場規模拡大の背景とは(에이지테크 기업 및 서비스 사례 소개, 시장규모 확대 배경)〉, 2024.4.1
- 스타트업 매거진, 〈【注目】エイジテック(Agetech)スタートアップ19選(에이지테크 스타트업 19선)〉, 2024.5.9
- 일본노년학회, 〈高齢者および高齢社会に関する検討ワーキンググループ報告書(고령자와 고령사회에 관한 검토 워킹 그룹 보고서)〉, 2024.6.14
- 후생노동성, 〈令和6年版厚生労働白書(2024년판 후생노동백서)〉, 2024.8.27
- 내각부, 〈高齢社会対策大綱(고령사회대책대강)〉, 2024.9.13
- 총무성, 〈統計からみた我が国の高齢者(통계로 본 고령자)〉, 2024.9.15
- 후생노동성, 〈介護保険制度をめぐる状況について(개호보험제도를 둘러싼 현황)〉, 2024.12.23
- NRI 사회종합시스템, 〈現役世代の行動で変わるシニアの生活満足度(현역세대의 행동으로 달라지는 시니어의 생활 만족도)〉, 2025.6.3
- 야노경제연구소, 〈フューネラルビジネスの実態と将来展望～拡大するライフエンディングサービス市場(2025년판 장례 비즈니스 실태와 장래전망(확대되는 라이프엔딩 서비스 시장)〉, 2025.7.31

노후 불안
일본에서 답을 찾다

초판 1쇄 2025년 12월 10일

지은이 나미선
펴낸이 허연
편집장 유승현

책임편집 김민보
편집부 정혜재 고병찬 이예슬 장현송 민경연
마케팅 한동우 박소라 김영관
경영지원 김정희 오나리
디자인 김보현 한사랑

펴낸곳 매경출판㈜
등록 2003년 4월 24일(No. 2-3759)
주소 (04557) 서울시 중구 충무로 2 (필동1가) 매일경제 별관 2층 매경출판㈜
홈페이지 mkbook.mk.co.kr **스마트스토어** smartstore.naver.com/mkpublish
페이스북 @maekyungpublishing **인스타그램** @mkpublishing
전화 02)2000-2632(기획편집) 02)2000-2646(마케팅) 02)2000-2606(구입 문의)
팩스 02)2000-2609 **이메일** publish@mkpublish.co.kr
인쇄·제본 ㈜M-print 031)8071-0961
ISBN 979-11-6484-838-6(03300)

© 나미선 2025

책값은 뒤표지에 있습니다.
파본은 구입하신 서점에서 교환해 드립니다.